人の[illegible]

熊木正則

文化書房博文社

目次

人の道――わが師・わが友　5
心の鏡――実川家の人々　221
心の鏡――想えば友よ　285
心の浮草――恩師　335
あとがき　348

表紙題字　書家　岡本光平
表紙絵　Severine BISERAY (I.R.M.E Les Fioretti)
裏表紙絵　書家　岡本光平

人の道——わが師・わが友

「太陽は今燃えている」

私の生涯にとって忘れ得ぬ恩人の一人に、実川博（じつかわ　ひろし・一九〇七〜八七年）先生がいる。

「熊木君、君が坊や（先生の長男の正浩さん）を連れてくる日が待ち遠しいのだよ。坊やが家に帰ってくると家内が急に元気になるし、何よりも楽しみなのは、家内と坊やの三人でお風呂に入り、文字どおり親子水入らずを楽しめるんだ」と、いつも先生は、私が正浩さんの帰省に付き添って行くと喜んで迎えてくれた。そして、

「坊やが〝あーちゃん、あーちゃん〟と声をかけながら家内の背中を無心に洗い流す姿から、ぼくは政治の何たるかを考えさせられ〝太陽は今燃えている〟と、新たな闘志が湧いてくるんだよ」

と教育者、政治家としての心情を語っては、「ぼくも頑張るから、君たちも頑張れよ」と励ましてくれた。

「熊木君は俳句を勉強したそうだが、家内は短歌だ。文学の話では二人とも気が合いそうだから、家内の話し相手になって慰めてくれ。今は脳軟化症で身体が弱っているが、昔はなかなかの文学少女だったんだ。ぼくは見ての通りの武骨者で、文学は苦手なんだよ」

と言って、細やかな心遣いもしてくれた。

「大人が子供の教育に無関心であったり、過度に功利主義的、投機的な教育に偏れば、知情意のうち、どこか重要な要素の欠落した跛行的な人格を作っていくことになる。」「教育は教育者と被教育者が全身全霊で触れ合ううちにヒントを得、己れの人生観が得られるものである。教育は技術ではなく、真心の触れ合いである。従って、教育者は常に教養を高め、不動の信念の下に目標を見失うことなく、無心に、まっしぐらに進むことが肝要である。」（実川博著『実川博回想録命燃えて』一九八三年・実川博回想録刊行会）

実川先生が一九二五年から五一年にわたって小学校教師を勤め、三十代の終わりに校長に就任（東京都で

は異例の昇格）し、その実践経験から導き出された教育哲学だけに、今もなお心に響きわたり、教育の根本を照らし出すことばとして光彩を放っている。

　先生はこの教育者としての実践経験を基として、戦後復興の日本人のあるべき姿、教育、福祉、都民生活の向上を求め、東京都議会議員活動へと転身していった。政治家実川博のモットーは、「生命あってこそ。かけがえのない生命」であった。

　戦前の軍国主義教育によって戦場へ教え子を送り出さざるを得なかった無念さ、無力さと、重度の知的障害（染色体異常によるダウン症）を負って生まれた長男正浩さんの幸せな生涯、その願いと祈りが、その政治哲学の根本にあったことは、容易に想像がついた。

　実川先生は一九五一年から八一年までの八期三十年間、「『都政の主人は都民である。自分は、その誠実なサーバントでなければならない』と堅く心に戒めて、脇目もふらず努めてきた。したがって、権勢に媚びるのでもなければ、毀誉褒貶にとらわれることもなかった。」と、ひたすら都政の革新に邁進し、いのちを燃やし続けた。

「熊木君、人間は裸で生まれ、裸で死んでいくんだ。生きるとは、その間、人を愛し、人を信じ、人に尽くすことだと思うな。君には君なりの道がある。自分を信じて歩くんだね」と、晩年、先生は私に教え諭すように、「太陽は今燃えている」残り火で語ってくれた。私には、第二の父親のような人だった。

「振り返るとほほ笑みが」

NHKテレビの連続人形劇「プリンプリン物語」（一九七九～八二年放映）の人形作家で、舞台美術の制作者としても知られている彫刻・造形作家友永詔三（ともなが　あきみつ・一九四四年高知県生まれ。東京都あきる野市）さんと初めて出会ったのは、一九八五年二月一一日、「第二回縄文の火祀（まつ）り」実行委員会の時だった。彼は四一歳、私は四二歳だった。

当時の私は、知的障害児者施設「友愛学園」（東京都青梅市）の一介の生活指導員に過ぎず、友永さんのような新進気鋭の有名作家に、そう簡単に近付けるとは思っていなかった。このイベントの発案者で陶芸家の加藤炎山（かとう　えんざん・一九四四年愛知県生まれ。同あきる野市に当時は在住）さんが私のことを新聞記事で知り、「縄文の昔にかえって、土器の野焼きをしよう」と電話で誘ってくれたことが、実行委員会に出席したきっかけだった。

会には、東京の西多摩地域で活動している絵画や陶芸、人形制作などの同好会有志一〇名余りが集まり、顔馴染みのタウン紙の記者もいた。そこで友永さんに実行委員長、加藤さんに土器制作と野焼き指導の責任者を引き受けてもらい、私は「友愛学園」「滝乃川学園」（同国立市）の知的障害者の参加と宣伝係を引き受けた。

「第二回縄文の火祀り」野焼き大会は、深沢荘キャンプ場（同あきる野市）で四月二八日から二九日にかけて一昼夜、赤松や雑木丸太、廃材などを使って燃やし続けた。二学園の知的障害者を含む約一〇〇人が制作した皿、壺、埴輪などの粘土作品一五〇個余りを平地焼き、土中焼き、斜面焼きで焼き上げた。二九日の夕方、焼け跡から取り出した作品は、予想以上に完成度が高く焼き上がっていた。友永さんは、「知的障害者の作品が一番いいね。これならぼくたちと一緒の作品展がやれる。面白いよ熊木さん」と、褒め讃えてくれた。「一流作家は、やはり確かな鑑賞眼を持って見てくれるんだ」と、私はとても嬉しかった。

その言葉どおり、七月二日私を伴って友永さんは、神田で画廊を経営している間瀬藤江さんを訪ねた。「間瀬さん、熊木さんに作品展をやらせて下さい。ぼくも協力しますから」と、彼女に私を紹介し、お願いしてくれた。「友永先生の紹介なら喜んで」と、間瀬さんは快く相談に応じてくれた。

その結果、友永さんと加藤さん、それに友永さんが呼びかけてくれた画家・絵本作家の田島征三（一九四〇年大阪府生まれ。静岡県伊東市）さん、洋画家の宮トオル（一九四二年～二〇一〇年、鹿児島県徳之島出身。当時東京都八王子市在住）さんのプロ作家四人と友愛学園生との合同作品展「福祉・ふれあい・LIFE展」を、七月二九日から八月三日の会期で、間瀬さんの経営する「世界観ギャラリー」（同千代田区神田小川町）で開催することが出来た。当時としては、知的障害者とプロ作家との合同作品展は珍しい出来事だった。

この作品展を契機に、世田谷美術館（同世田谷区砧公園）の開館記念「芸術と素朴」展（一九八六年三月三〇日～六月一五日）に友愛学園生の紙粘土画六点が招待展示されるなど、心身障害児者の美術展「第一回福祉MY　HEART美術展」（同年七月五日～一五日・青梅市立美術館）開催へと、心身障害児者の美術表現活動の道は、一歩一歩切り開かれていった。

また、友永さんが人形制作を教えたフランス・トゥール市在住画家セツコ・ウノ・フェンテス（一九五四年生まれ）さんも紹介。私は同年八月二八日、パリから一人急行列車に乗ってトゥールへ出かけ、彼女を訪ねたことで、フランスとの国際交流の道が開かれ、多くの友を得ることができた。

友永さんと出会って今日までの二六年間を振り返ると、私が無我夢中で歩き続けた心身障害児者の表現文化の道には、いつも彼の親切でやさしい姿が、ほほ笑みかけていた。

「背後に眼差し」

中国の詩人杜甫の「人生七十古来稀なり」の古稀に、いつの間にか近づいてきた。そんなこともあってか、俳人藤田湘子（ふじた　しょうし・一九二六～二〇〇五年）先生に可愛がってもらった青春時代のことが、あれこれと断片的に思い出される。

一九九四年一〇月一五日、東京会館ローズ・ルームで催された先生の主宰俳誌「鷹」三〇周年記念祝賀会に招かれて出席。「鷹」の会員等一〇〇〇名ほど集まった中には、歌人佐々木幸綱、詩人高橋睦郎、小説家丸谷才一、タレント小沢昭一などの顔も見えた。

「鷹」を辞め、俳句を断念してから二〇年近く経っていた私には、ほとんどが見知らぬ人ばかりで、あらためて歳月の流れを思い知らされた。

「先生、突然『鷹』を辞め、編集長を辞めて、本当に申し訳ありませんでした」と改めてお詫びを申し上げたところ、「おお、熊木君よく来てくれた。昔のことはいい。福祉の道でしっかり頑張ってくれ。応援するからね」と先生は、昔と少しも変らない優しさで私を許し、励ましてくれた。私は、心の棘がスーッと抜けてゆく心地がし、晴れやかな気分になった。

思い起こせば、私が先生と初めて出会ったのは、「鷹」創刊七月号（一九六四年）を入手した翌年の三月二八日、飯田橋の日本出版クラブ会館で開かれていた「鷹」俳句会東京例会においてであった。この時、先生は四二歳で私は二一歳だった。以来一一年間、俳人藤田湘子を師と仰ぎ、俳句の手ほどきはもとより、詩歌などの文学や人生観などについても師事した。

「熊木君、勉強になると思う人がいたら、無遠慮にアタックしなさい。君のような若さが、若さ故に許される特権だからね」と教え、励ましてくれた。そんなこともあって、私は気の向くまま折々に、先生の書斎や勤務先の国鉄本社広報部を訪ねては、先生不用の書物をいただいたり、文学談を交わしたり、時々はお酒をご馳走（私はもっぱらサントリーオールドだった）になった。

「熊木君、ぼくは戦時中のドサクサや終戦の混乱など、いろいろな事情で大学に行けなかった。せめて俳句だけは一流の先生に付いて勉強しようと思い、秋桜子の弟子になった。それが良かった。波郷が兄弟子で『馬酔木』の編集長だった。編集部を手伝っているうちに波郷の後を継いで編集長をやってくれという事になって一〇年やった。その間に、いろいろな人と面識がもてたからね。」

と、水原秋桜子や石田波郷との出会いや人物像、俳誌「馬酔木」関係の人間模様などを、飲むほどに酔うほどに沢山話してくれた。また、こんな話をした時があった。

「金子兜太や高柳重信はいいよ。大学や学歴でのつながりがあるから。ぼくにはそれがないから、実力だけの世界が勝負なんだよ。熊木君は大学を中退したけど、その後やり直して卒業したんだから、それを大事に生かさないといけないよ。今は若さだけでいいけど、ぼくの齢くらいになると分ってくるから」

私はこの話を聞いた時、当時の俳壇で俳句革新で名をあげていた金子兜太や高柳重信、赤尾兜子といった中堅俳人と並び立ち、自信に満ち溢れていた人の胸内に、このような学歴コンプレックスや悲哀の情が秘められていたとは、全く知る由もなく、大きな衝撃を受けた。

「弟子は先生にどれだけ甘えられるのか。師は弟子の甘えをどの程度まで許せるのか。そんなことをときどき思う。」（藤田湘子著『俳句の方法　現代俳人の青春』一九九四年角川書店）という言葉は、私の青春時代の甘えにも通じていて、身につまされる思いであった。

私は俳句の道では失格者であった。その後、知的障害者福祉の道に転身したが、その背後にいつも藤田湘子先生の温かい眼差しを感じていた。

「先生の背は心の故郷」

年齢を重ねるにつれて誰もが、小学生時代のおぼろ気となった記憶を訪ねる心の旅は、ほろ苦くもあり、また甘酸っぱく、楽しく懐かしいことだろう。作者名は思い出せないが、

　赤とんぼその日の教師やさしかり

という俳句を思い起こすたびに、私は小学一、三、四年生の担任だった大島水恵（おおしま　みずえ）先生と過した遠い日々の断片を、とりとめもなく思い出す。先生は八十歳半ばだろうか。今なお郷里に健在であることは、私にとっては幸せなことである。

私が小学校に入学したのは、一九四九年四月だった。その頃の日本は戦後復興期の真っ最中で、まだ着のみ着のままの物資欠乏の時代だった。食糧増産が叫ばれ、米作り農家と言えども都会に供出米を出さなければならず、ご飯を腹いっぱい食べることはできなかった。いつも腹の中は水と空気でグゥーグゥーと鳴り、お尻からプープーとガス鳴りがしていた。

私が学んだ小学校は「塩沢町立樺野沢小学校」（一九〇六年創立・現新潟県南魚沼市。十数年前に町の学校に統合され廃校となった）と言って、二学年一教室の複式学級で全校生徒一〇〇人前後の小さな学校だった。この学校に大島先生が在職した期間は、四八年四月から五三年三月までの五年間だったと思う。

当時の大島先生は、まだ女学生の香が残る、「まだあげ初めし前髪の林檎のもとに見えしとき前にさしたる花櫛の花ある君と思ひけり」という島崎藤村の詩のような、樺野沢の村人には感じたことのない初々しさに光り輝いて、私には見えていた。私は入学したその日から、先生を大好きな人と一人勝手に決めこんだ。

「顔つきが、どこか気強いな。色がちょっとだけ黒っぽいな。身体つきは小さいが、何となく四角くって頑丈そうだな。声が太くて大きいな」と、どこをとっても私の品定めにぴったりだった。明日からこの先生と

思いっきり遊べるのかと思うと、嬉しくて嬉しくてたまらなかった。鼻たれ小僧の悪がきだった私は、入学後数日にして同学年のガキ大将となり、二、三学年生とも棒切れを振り回して喧嘩をしながら遊び呆けた。毎日が楽しかった。

「この子は頭が悪いとは思えないが、ちっとも字を覚えない。字は読めるのに、自分の名前さえ書けないんだから。どうやって教えていいか分からない」と、大島先生は私の勉強嫌いに匙を投げるありさまだった。たしかに、小学三年生まで名前も書けなかったのだ。

特に習字は大嫌いで、習字の時間は何もすることがなく退屈で仕方がなく、教室をとび出し、上越線の線路で枕木跳びや線路渡り等の遊びに興じた。そんな私を先生は「危ない！」と追いかけ、「教室に戻りたくない！」と私は線路道を一直線に逃げ走った。先生は速かった。掴まった私は、先生におんぶをされて学校に戻った。

郷里の大沢山温泉「高七城」で、初めて小学校の同級会が開かれたのは、二〇〇一年五月一三日だった。同級生は女子五人、男子五人の僅か一〇人。この時、既に女子二人が亡くなっていた上、一人が欠席、先生を囲んでの会は七人だった。人数は少なかったが、話すことはお互いに山ほどあった。

「正則、習字の時間に教室から逃げ出して、線路遊びに行ったでしょう。どうしてなのか、今もって謎なのよ。定年退職するまで教員をしてきたけど正則のような子はいなかった。どうしてなの」と先生は真面目な顔で聞いた。「学校も先生も大好きでした。でも勉強は大嫌い。特に習字はね。だから逃げ出したんですよ」と私はこたえた。

「そうだったの。積年の謎が解けてよかった」と、得心の笑顔を見せてくれた。先生の背に手を当てると、あの日の温もりが蘇えり、「私の心の故郷がここにある」と思った。

「『勇者』は活動の原点」

「これは凄いことだ」と重度知的障害の人が描いた絵を目の当たりにし、私が初めて感動したのは、一九七三年秋のことだった。私はこの年の二月、知的障害者施設「友愛学園」（東京都青梅市）成人部の生活指導員として就職。その後九カ月余りが過ぎた頃、一一月二日から四日にかけて開かれる「友愛学園文化祭」のテーマ絵画を担当することになり、困り果てた。

私にはまだ学園生の中で誰がどんな絵を描くのか、描けるのか全く分かっていなかったからだ。そこで何人かの職員に聞いてみると、「絵なら清さんだな」と口を揃えて教えてくれた。

「清さん」とは、佐藤清（さとう　きよし・一九三五～二〇〇九年）さんのことで、私より八歳ほど年上の人だった。私は早速、「清さん、文化祭の会場に飾る大きな絵を描いてくれませんか」とお願いした。彼は照れながら「ヤァー、ヤッ、ヤダナァー」と口走りながらも、ニャっとうす笑いを浮かべ、小声で「ウン」と頷き、絵の制作を引き受けてくれた。

それから数日後、清さんと一緒に市内の文具店に行き、ケント紙、絵筆や刷毛、ポスターカラーなど、絵画制作に必要な備品を購入。また、絵画制作に専念できるようにと作業室の一室を片付けて、制作室の準備もした。そこの床に縦五、横四メートルの大きさにケント紙を並べ、ガムテープで貼り合わせて画用紙を作った。裏返すと大きな白壁に見えた。

絵のモチーフになればと思い、私が学生時代に見学した中からピカソ、マグリット、ゴッホ、シケイロスの作品集四冊を選んで清さんに手渡した。彼はシケイロスの作品集に関心を示し、自分の足元に置いた。絵は一週間の制作日程とし、一〇月三一日夜までに描き上げるように、清さんに念を押して頼んだ。

一〇月二五日。画用紙の前に佇んではタバコを吹かすのみで、全く描く気配はなかった。

二六日。前日と同じ。手も足も出さない。

二七日。白い画用紙の中に足を踏み入れ、ゆっくり歩いては立ち止まることのくり返し。

二八日。突然「チ、チェー、ヤ、ヤダー」「チェッ、ナンディー、ヤ、ヤダー、ダメダー」と、呪文をとなえるかのような声を発しては、画用紙の上にあぐらを組んで座った。しかし、鉛筆や筆を手にすることはなかった。

二九日。朝から鉛筆でゴツゴツと下絵を描き始め、夕方五時頃までには描きあげた。

三〇日。朝一番に、昨日の下絵をゴシゴシと消しゴムで全部消して、元の白紙に戻した。私はその様子に「エッ」と絶句。もう駄目なんだと思った。しかし、その後清さんの表情が険しくなり、仁王のような眼光で白い画用紙を睨みつけていた。しばらくすると意を決したのか鉛筆を握りしめ、画用紙の中に入り込んで、一心不乱に鉛筆を走らせた。見る見るうちに下絵が力強く描き出され、昼食時間までには全体像がほぼ描き出されていた。午後から黒マジックで下絵の縁どりを描きこみ、ポスターカラーで色を塗りこみ始めた。その一心な集中力は、ただ驚愕するばかりであった。

三一日。昨日の午後に引き続き、ポスターカラーで色塗り。丹念に丹念に色を塗りこみ、夜八時頃、絵は描きあがった。清さんの表情は、疲れはてながらも充実感に満ちていた。

絵はシケイロスや岡本太郎のような力強さに漲っていた。一週間、私は清さんの制作活動に立ち合い、重度知的障害者の心に秘められた無限の可能性と天才的な表現力を見せつけられた思いがした。私はこの絵に「勇者」と題名を付け、翌一一月一日、会場に面した園舎の壁面に展示板を作って飾り立てた。

残念ながらこの絵は、文化祭終了後、ゴミとして焼却されてしまった。何とも無知な仕儀、無念な結末だった。今は亡き佐藤清さんと共に、あの絵「勇者」は、私の障害児者美術展活動の原点として、今も心に輝いている。

「数奇な運命の画家」

私が洋画家宮トオル（鹿児島県徳之島出身。一九四二年〜二〇一〇年）さんと知り合ったのは、「第一回福祉・ふれあい・LIFE展」（一九八五年七月二九日〜八月三日・世界観ギャラリー・東京都千代田区）からだった。

この作品展は、私が初めて取り組んだ知的障害者とプロ作家四人との合同展。当時、このような作品展は珍しく、新聞やテレビニュースでも報じられ、人々の話題となった。

この時、彫刻・造形作家友永詔三（ともなが　あきみつ・高知県出身・一九四四年生まれ）さんが、宮さんや画家・絵本作家田島征三さん、陶芸家加藤炎山さんに出展を呼びかけ、四作家の二四点の賛助作品が出展されたのだった。以来、宮さんとは自宅を訪ねたり、ご夫妻と私の田舎へ行ったり、個展会場で筆談したり、毎年「お元気ですか」と添え書きの年賀状をいただいたりしてきた。

しばらく振りに、「熊木正則様　宮トオル　1991．10．17」とサインされた『宮トオル画集白月夜（はくげつや）』（同年・河出書房新社）を開き、あの元気な姿にもう一度会いたいな、と思った。そう思いながらも、私は雑事、雑用に追われ、その機会を失っていた。

二〇一〇年二月三〇日、ご夫人いち子さんから、「（略）4月30日、夫宮トオルが持病の合併症のため68歳であの世へ旅立ちました。息を引き取る直前『大変な人生だったね。よく頑張ったね』と声をかけると、閉じた瞼からゆっくりと涙があふれました。それはこの世への別れの涙であり、又、やるべきことはやったという安堵の涙ではなかったかと思います。（略）」という喪中状が届いた。

そう言えば、この年の年賀状に「お元気ですか。小生は去年狭心症で入院。これからはまったりと絵を描きたいと思っています」と書き添えられ、その字面には例年どおりの元気さがなく、また、何か寂しそうだった。今、この年賀状と喪中状を見て、「ああ、何という愚図ったれが。間に合わなかったではないか」と、私は自分自身に腹が立つと同時に、もはや取り返しがつかず、情けなく思った。

宮さんは数奇な運命の人だった。七歳まで生まれ育った徳之島は、終戦から一九五一年までアメリカ軍の統治下にあり、父親は本土へ脱出。そのため母親は島内の隣村の人と再婚。母親を母と呼べない境遇になってしまったのだ。それのみか、やんちゃな少年だった

宮さんは、裸馬に乗って島を駆けめぐり、その馬が突然暴走して海に面した崖の上で竿立ちになり、背から振り落されたという。そして海へ真っ逆さまに落下する途中、断崖に這っていた松の枝にしがみついて一命をとりとめたが、その時に大腿骨と耳を痛め、歩行が困難な身体となり、音が全く聞こえない耳になってしまったのだそうだ。

さらに驚きだったのは、そんな不自由な身体にもかかわらず、宮少年は母への思いを捨て、父親に会いたい一心で徳之島から密航して屋久島へ渡ったというのだ。

私が宮さんを訪ねた時、「ぼくは自分を障害者だと思ったことはない。障害者は障害があるからと自分の殻に閉じこもってはいけない。どんどん自分の障害を外に出して、自分から自分の世界を切り開いていって欲しい。そうすれば、障害者だからという気持が自分の中にはなくなっていくし、人も社会も自然に受け止めてくれるんだよ」と明るく澄んだ目で語ってくれた。

宮さんに「白い道」（一九八二年作）という海を描いた作品があるが、私は宮さんの絵には、いつも、いつまでも少年の涙が宿っていて、その涙に、うつろう海のそこはかとないブルーを感じてきた。喪中状に書かれていた、彼の瞼からゆっくりとあふれた涙もそういう色の涙だったのではないかと、ふと思った。

「高潔な人」

私が「小澤会計事務所」（東京都青梅市）所長小澤英喜さんの夫人博子（旧姓吉野）さんと出会ったのは、彼女が知的障害児者施設「友愛学園」（同）成人部生活指導員として就職した一九七八年一二月だった。私はその頃、同園で六年近く働き、彼女が配属となった一階男子棟の棟チーフだった。

そのことを確かめるため彼女に電話をしたら、「仕事始めに先生が教えてくれたのは、学園生のトイレ掃除でした。その時のことは今も忘れられません」と笑っていた。私はすっかり忘れていた。

私の高校生活は、理不尽ながらも上級生には絶対服従のバンカラな全寮制の気風が色濃く残る寄宿舎生活だった。満開の桜の花に包まれた新入寮生の寮生活の第一歩は、赤レンガ石と縄タワシで汗だくになって磨きあげるトイレ掃除からであった。「社会に出たら、その第一歩は便所掃除からだ」と、上級生に教え込まれた。手抜きをすると直立不動で殴られることもあった。小澤さんのトイレ掃除の話を聞いて、そんな思い出が私の頭をよぎった。

彼女は青梅市内では旧家中の旧家育ちで一人っ娘だった。江戸時代の初期、今のJR河辺駅から羽村駅の一帯は武蔵野原野だったという。その原野を新田開拓し、現在の市街地発展の基礎を作った吉野織部之助を先祖とする「吉野家」の三家中の一家（分家）に生まれ育った由緒ある人なのだ。（吉野織部之助と新田開拓については、「青梅歴史物語」一九八九年・青梅市教育委員会編刊を参照）そのことを彼女は一度も話さなかった。

いきなりトイレ掃除をさせてしまった私は、「変な人」「失礼な人」と彼女に思われていたかもしれない。それはさておき、彼女は学園生に対し、とても細やかな気配り、気遣いをし、余計な口出しはせず、コツコツと創意工夫を積み重ね、自分なりの実践方法で道を切り開いていくタイプの人だった。学園生についての観察力と洞察は鋭く、彼女の意見や見解にはいつも〝ハッ〟とさせられ、確かな裏付け、手応えを感じさせられることが多かった。そのあたりは、吉野織部之助に通じるDNAだったのかもしれないと今にして思う。

「先生が活動で頑張る限り、私も頑張りますから、お身体だけは無理しないで下さい」と彼女が私のヨレヨレの姿の貧乏活動を励ましてくれたのは、いつのことだっただろうか。私にとっては勇気百倍のことばだった。彼女は英喜さんと結婚するため八三年三月に「友愛学園」を退職し、二人で会計事務所を開設した。思えば彼女とは「施設の社会化」や「障害者の表現文化」をテーマに、多方面のボランティア活動に取り組んできた。

主な活動だけを書き出してみても、国際障害者年記念映画上映活動の「国際障害者年の会」(八一〜八八年・青梅市民会館)、心身障害者のソフトボール大会活動の「福祉ふれあいソフトボール大会」(八四〜八九年・青梅市永山公園グランド)、同じく魚釣り大会活動の「福祉ふれあい釣り大会」(八四〜八八年・東京サマーランド秋川自然園)、心身障害児者の表現文化、国際交流、NPO法人「マイハート・インターナショナル」活動の「福祉MY　HEART美術展」(八六年から二〇一一年まで・青梅市立美術館市民ギャラリー)、他に「日仏国際交流記念展」(九六年、〇七年・フランス・トゥール市)、「パラリンピック大会記念・中国・日本・フランス知的障害者美術展」(〇八年・中国・上海市)などがある。

私が今日まで心身障害児者の福祉ボランティア活動を無事続けて来れたのは、小澤博子さんの会計事務、誠実で正直なアドバイスと高潔な人格に支えられていたからだった。

今、あらためてこれまでの道筋を振り返ってみると、自分がいかに恵まれていたかを気づかされ、感謝の思いを深くするばかりである。

「懸け橋の画家」

セツコ・ウノ・フェンテスさんは、現在フランス・ロワール地方の古都トゥール市在住の画家。九四年、同地方のサン・ジョルジュ・ジュール・ムロン市の美術展コンクールで優秀賞を受賞。トゥール市では今、最も注目されている画家の一人で、近年は日本でもギャラリーの企画個展やグループ展などで人気を集めている。

私が彼女のアトリエやフランスでの作品展、日本での作品展を見学した限りでは、人形をモチーフとした童話や童謡の詩的メルヘン、日本的な情緒、抒情感の漂うノスタルジー、それらを自己投影した哲学的な作風だというのが、大雑把な私の素人的な見方による印象である。このことが彼女の個性だとも思っているのだが、果してどうだろうか。

そんなセツコさんとの出会いは、私の記憶では一九八五年の夏だったと思う。当時、知的障害者入所施設「友愛学園」（東京都青梅市）の学園生作品と彫刻・造形作家友永詔三さんら四人のプロ作家との合同作品展「福祉・ふれあい・ＬＩＦＥ展」（同年七月二九日〜八月三日・世界観ギャラリー・千代田区神田小川町）を開催。夏休みで来日していたセツコさんが夫のピエールさん（当時中学校教員、現在高校・大学教員）と一緒にこの作品展を見学。この時、二人とどんな挨拶をかわしたのか全く私には記憶がないが、受付ノートにピエールさんは「Ｂｒａｖｏ！」と感想を記入していた。この時は、ただそれだけのことであった。

翌八六年、心身障害者の美術展「第一回福祉ＭＹ ＨＥＡＲＴ美術展」（七月五日〜一五日・青梅市立美術館市民ギャラリー）が終った後、八月二五日から二週間ほど夏休みを利用して、私は妻と小学校六年生の娘を伴ってヨーロッパ旅行に出かけた。その折、友永さんが「フランスに人形教室の教え子がいるから、訪ねてみたら」と、セツコさんを紹介してくれた。

八月二八日、私は妻と娘をパリに残し、一人でセツコさんを訪ねた。当時、セツコ夫妻はトゥール市郊外のアゼー・ル・リドー町に住んでいた。パリからトゥール駅までは、急行列車で三時間ほどかかった。駅に着くと迎えに来てくれた夫妻は、その足で同市の新市街の住宅地にある知的情緒障害児学校「レッソー」に案内してくれた。

そこで午後の半日、校長先生はじめバカンス先から集まった七、八人の先生とディスカッション。この場でお互いの信頼関係が生まれ、その後も先生たちや生徒との文通が続いた。「福祉MY　HEART美術展」への同校生徒による出展参加をお願いし、「第2回展」(八七年)から「第6回展」(九二年)までこの出展参加交流は続けられた。

友永さんがセツコさんを紹介してくれ、セツコ・ピエール夫妻が同校案内と適切な通訳、助言をしてくれたお陰で、私は心身障害児者日仏国際交流の道を切り開くことができたのだった。私の人生にとって、とても幸運なことだった。

その後、「第7回展」(九三年)からは、トゥール市から車で一時間半ほど離れたリシュリュー市の知的障害児学校「レ　フィオレッティ」の教員ブリジット・リシャーさんに日仏交流は引き継がれた。

九六年にトゥール市で私とセツコさん、ブリジットさんの三人が力を合わせ、「福祉MY　HEART美術展一〇回記念日仏交流展」(四月一一日〜五月二四日・保険会社MPFギャラリー)を開催することが出来た。

これを契機に翌九七年、ブリジットさんが「マイハートフランス協会」を設立。ここから私の日仏交流の道は予想以上に大きく広がることになり、活発化していったように思う。

このように日仏国際交流の道が切り開かれ、この道を今も歩み続けられているのは、画家セツコという献身的で実直な懸け橋があったからなのだ。

「幸運な出会い」

一九八六年から今日まで続いている心身障害児者の美術展「福祉MY　HEART美術展」（主催NPO法人マイハート・インターナショナル）と「EXPOSITION　MY　HEART　FRANCE」（主催ASSOCIATION　MY　HEART　FRANCE）との日仏作品交流、親善訪問交流を振り返ると、私には忘れ得ぬ人がいる。

フランス・ロワール地方のトゥール市にある知的障害児学校「レッソー」の元校長ジャックリーヌ・セルソー先生だ。私とセルソー先生の出会いがなかったなら、おそらく両国のMY　HEART美術展の国際交流活動、障害児者同士の出会い、ふれあいの機会は訪れなかっただろうと思う。

私はそのことにふれて、二〇〇七年一一月一五日から三〇日の会期で開催された、日本の「福祉MY　HEART美術展」第二〇回展、フランスの「ASSOCIATION　MY　HEART　FRANCE」（マイハート・フランス協会）設立一〇周年を迎えた記念展「MY　HEART日仏二〇&一〇記念国際交流展」（会場　知的障害児学校『IME　Les　Elfes』TOURS）の閉会式挨拶で、次のように述べた。

「（略）私が日本で障害者の美術展『福祉MY　HEART美術展』を東京の青梅市立美術館でスタートさせたのは、一九八六年七月でした。この美術展が終了した直後の八月末、私は友人のセッコ・ウノ　ピエール・フェンテス先生夫妻を訪ねてフランスに来ました。その時、折角の機会だからとピエール先生が、トゥール市の知的障害児学校『レッソー』を紹介してくれました。ご夫妻の案内で同校を訪問し、ジャックリーヌ・セルソー校長先生と七、八人の先生に会うことができ、日本との作品交流について話し合いました。この出会いがなかったら、MY　HEART日仏交流は生まれなかっただろうと思います。セルソー先生が夏休み中にもかかわらず、私の訪問をあたたかく迎え入れてくれたことは、とても幸運なことでした。

一〇年が過ぎた今も、その時の感謝の気持ちに変りはありません。この二〇年の思いをこめて、皆さんと一緒に、セルソー先生に感謝の気持ちを送りたいと思います。ジャッククリーヌ・セルソー先生、本当にありがとうございました。ますますお元気でありますよう、心からお祈り申し上げます。（略）」

閉会式が終った後、「ムッシュ　クマキ、あなたが夏休みに訪ねて来た日のことは、今も覚えていますよ。あの日の出会いが、こんな風になるとは思ってもみませんでした」と、セルソー先生は声を詰まらせて言った。そして、「フランスと日本の障害者の皆さんが一緒に作品展を開いたり、お互いに握手を交わし合うことなども、あの時は全く想像できませんでしたね」と万感の思いでつぶやいた。

今回の日本からの出品障害者を含む総勢二四人の訪問団や、一九九六年の「福祉MY　HEART美術展10回記念日仏交流展」（四月一日から五月二四日・保険会社MPFギャラリー・TOURS）で、同じく二二人の訪問団が美術展見学で喜んだ姿、障害児学校、施設訪問で障害児者同士が握手を交わした笑顔など、様々な光景を思い浮かべ、私は胸の奥が熱くなった。

セルソー先生は何歳になっていたのだろうか。初めての出会いから今年で二五年。今も健在であれば（一昨年からクリスマスカードが届いていないのだが）、八〇歳半ばではないだろうか。

そんなセルソー先生が、「閉会式で私との出会いを皆さんに紹介してくれて、こんな嬉しいことはなかった」と言って、車椅子から両手を伸ばし、私の両手をしっかりと握りしめてくれた。その目には、「これが最後かも知れない」という別れの思いが、青く光っていたのを私は今も思い出す。

「活力を与えてくれた作家」

今年（二〇一一年）の一月一五日、「生命の記憶『田島征三作品集1990－2010』出版記念シンポジウム&展覧会」（展覧会一月一五日～三〇日・ヒルサイドフォーラム・東京都港区）に出かけた。

会場は大勢の見学者で賑わい、その熱気でコートを脱ぐほどむんむんしていた。作品はぶ厚い大きな手漉き和紙の上に、拾い集めたモクレンやタイザンボク、コナラ、ヤマザクラなどの木の実で、防腐、防虫、針金加工を施して仕上げられていた。大きな作品は、一万個以上の木の実を使ったそうだ。気が遠くなるような指先作業である。

その根気というか、こだわりというか、そういう執念深さは、いかにも田島征三さんらしい気質だと、私は作品を目のあたりにして感服した。思わず脳細胞が熱くなった。

この驚きと感動はと思い、「田島征三作品集1990－2010」（二〇一〇年一二月三一日・現代企画室刊）を開いてみた。パッと次のような対談が目に入った。

宮迫　命の記憶が残っている？

田島　うん、残っている。命を抱えていたものなんだよね。実だから。こうなるまで種子がいっぱい風で飛び散つて、そのうちの一本はどこかで芽を吹いているかもしれない。そういう命の記憶をもった抜け殻だから、何だろう、やっぱり魂かな。肉体は滅びても、ここにあるのは魂。抜け殻ではないんだよね。一種の生命体かな、と思ってしまうね。だから、何というかな、たとえばこれで作品を作るでしょう。そうするとすごくインパクトを与えるんだよね。だってこれは生きていたものだから。

（同書の〝対談「木の実と生命の時間」田島征三×宮迫千鶴〟より）

「そういうことなんだ、成る程な」と思った。

田島さんがゴミ処分場問題への警告書「森からの手紙」（一九九三年・労働旬報社）を書き記した四年後だっただろうか、その闘争中に胃癌におかされたのは。九八年に胃癌の摘出手術を受け、幸いにも一命をとりとめた。そんなこともあって彼自身は、その身を丸ごと種子と感じとった〝生命の記憶〟を、小さな一粒一粒の木の実に宿る〝生命の記憶〟なる転生エネルギーと重ね合わせて、木の実のコラージュ作品制作に没頭できたのかもしれない。私の浅はかな想像力に過ぎないが。

私が初めて田島さんと出会ったのは、八五年一二月二七日だった。この日は夕方、彫刻・造形作家友永詔三（ともなが　あきみつ・東京都あきる野市）さん宅の忘年会に招かれ、朝日新聞記者園田二郎さん、知的障害者生活指導員大越春雄さん、田島さん（当時は東京都日の出町在住）と奥さん娘さん、そして私と妻と娘の八人が集まった。

皆とどんなお喋りを楽しんだかは、すっかり忘れてしまった。ただ友永さんが、高知県のご実家から届いたばかりの鰹料理を沢山ご馳走してくれたことと、田島さんがお正月用の餅搗きで遅くなってしまったと、搗き立ての餅を一臼分、背中から下ろした姿がいかにもお百姓さんらしく見えたことが忘れられない。

その頃の田島さんは、知的障害者施設「信楽青年寮」（滋賀県信楽町）の手漉き和紙や陶芸などの工房活動に関り、そこで作品制作に励む知的障害の人達の創造力や独創性に触れ、彼らをアーチストとして社会に押し出していた。その辺のことは、「ふしぎのアーチストたち」（田島征三著・一九九二年・労働旬報社刊）に詳しく述べられている。

そんなこともあってか、田島さんは八五年以来、心身障害児者の「福祉MY　HEART美術展」やフランスと中国での国際交流展、美術ギャラリーでのグループ展など、私が今日まで取り組んできた作品展活動の資金にと、作品を提供してくれた。賛助出展もしてくれた。私はその都度、歩き続けられたのだった。

「書家との出会い」

学生時代、私は漢文学史や書道史、書道科教育法、書道実技などを受講した。いずれも暇つぶしに過ぎず、何も覚えず身に付かなかった。教授には申し訳ないが面白くなかった。

そんな学生の頃を振り返りながら、書家岡本光平（おかもと　こうへい・一九四八年愛知県生まれ。東京都東村山市）さんの作品展や書ライブを、気の向くまま幾度となく見続けた。

「面白い」と思った。あくまでも感覚的な印象であるが、私には何故か筆と墨、紙や布などの材と書の流れが、風の如くに感じられた。筆の戯れ、墨の漂い、空間に刻まれた文字の形象変化（へんげ）が、影の表裏を覗くように楽しいのだ。

その辺りのことを、小説家夢枕獏さん、女優戸田菜穂さんを受講者としたＮＨＫ教育テレビの〝趣味悠々「岡本光平の文字を楽しむ書」〟（二〇〇三年放映）で、岡本さんは実技を見せながら解説してくれた。詳しくは、同タイトルのテキスト（二〇〇三年・日本放送出版協会刊）を参照されたい。

岡本さんは文字の起源や源流の遺跡、書の歴史、遺稿の探訪調査をライフワークとしている。中国や韓国、ベトナム、モンゴルなどアジア各地のほか、トルコ、エジプトなどを、三〇歳半ばから巡り歩き、今日も続けているという。その記録や感想、現地での詩作、詩画などの文筆活動も行なっている。私は時たま、断片的な資料をいただいているに過ぎないが、その探究心の旺盛なこと、その博識と分析力ならびに推論の確かさに、いつも感服させられている。

そんな岡本さんに私が初めて出会ったのは、一九九二年一〇月一七日だった。当時、岡本さんは「『国連・障害者の十年』最終年記念国民会議芸術祭」（主催＝同会議芸術祭組織委員会）の障害者部門運営委員を務め、そのプロデューサー兼アートデレクターであった。

その日、急にスタッフ一〇人ほどを伴って、私を訪ねてきた。用件は、朝日新聞社東京本社新館「浜離宮朝日小ホール」（東京都中央区築地）で、同芸術祭の知的障害者アート展を開催するので、私の心身障害児者美術展「福祉ＭＹ　ＨＥＡＲＴ美術展」の中から、何人かの出品者を紹介して欲しいという相談だった。

会期が一二月四日から九日と迫っていたので、私は即座に了解し、知的障害児者入所施設「友愛学園」（同青梅市）の陶芸クラス工房と「青梅学園」（同市）の絵画教室を案内し、岡本さんたちに作品を見てもらった。もう一カ所、同通所施設「日の出ユートピアサンホーム」（同日の出町）の絵画クラブを案内したかったが、時間がなく後日とした。

岡本さんたちは、既に「さをり織」の創始者で織物作家城（じょう）みさを・英二さん主宰の手織適塾「ＳＡＯＲＩ　ＨＩＲＯＢＡ」（大阪市北区中津）の障害者が織った反物作品三〇点近くと、自宅在住者の絵画作品二〇点余りを集めていた。それと合わせて「友愛学園」の陶人形三〇点、「青梅学園」、「日の出ユートピアサンホーム」のペン画、水彩画、ポスターカラー画など四〇点余りを選び、合わせて一二〇点余りの作品を揃えた。

知的障害者部門のアート展「ＯＰＥＮ　ＭＩＮＤ　ＡＲＴ　１」は、こうして岡本さんの努力によって無事開催された。同時に一二月六日、「彼等の芸術は宇宙に直結している」というテーマを掲げたシンポジウムも開催された。プロの作家やカメラマン、アートカウンセラー、障害者アーティストの保護者、施設職員が参加し、司会進行を岡本さんが務めたシンポジウムで、三〇〇人余りの聴衆を集め、大きな反響を呼んだ。

私はこの作品展を通じて、書家岡本光平という人間の幅広さ、奥深さ、叡知の高さを知った。そして、現代書家として相田みつを、榊莫山に次ぐ世代の大書家の一人として成長していくだろうと思った。

「音が見える画家」

洋画家八木道夫（やぎ　みちお・一九四七年静岡県生まれ）さんは、故郷の焼津市文化センターで開催された「1965―1988の歩み八木道夫作品展」（八八年一二月一日～四日）のパンフレットに、数点の自作についての思いを書き記していた。その中で、

「静心P12号

私は耳が聞こえない。
波の音を聞きたいと願った。
風が通り抜け、時間が過ぎる。
波の音は聞えない。
心がシーンとする。」

と、作品と重ね合わせて自身を語っていた。

八木さんは生まれつき音が聞こえない聴覚障害の画家。ならば、それはそれとして受けとめ、だからと言って「音がない」という世界ではない。「自分には音がある」から「心がシーンとする」音が心に響いたのだろう。私はこのフレーズから、こんな風に彼が持っている心の音が想像されて仕方がなかった。

私が初めて八木さんと出会ったのは、八七年一一月七日。この日、私は東京都社会福祉協議会の月刊公報誌「福祉広報」編集モニター会議に出席した帰りに銀座をぶらつき、銀座ヤマト画廊で開かれていた「八木道夫展」（一一月四日～九日）を見学。そこでの出会いだった。

その時、たまたま見学者が私一人だったこともあってか、八木さんは初対面とは思えない笑顔で、少年時代のことや、焼津の海に心を慰められたこと、画家を志したことなど、思いつくままメモ帳で筆談してくれた。「ああ、何と心の熱い人、心の清い人か」というのが、その語らいから感じた印象であった。

この出会いがきっかけとなり、「第二回福祉ふれあいＦＲＩＥＮＤＳ展」（八九年二月一七〜二二日・朝日ギャラリーＣ室・立川駅ビル「ウィル」）に八木さんは、版画家井上員男、画家・絵本作家田島征三、彫刻・造形作家友永詔三さん達プロ作家と共に、作品展費用にと作品提供してくれた。その応援のお陰で、この知的障害児者の作品展は〝プロ作家とともに詩うわたしたちの作品展〟をキャッチフレーズに、東京多摩地区で大きな反響を呼びおこすことができた。また、この作品展を契機に、私が中心となって活動している心身障害児者美術展「福祉ＭＹ　ＨＥＡＲＴ美術展」や国際交流展の折々にも、八木さんは快く支援してくれた。

今年、八木さんは回顧展風の個展「ピエロが語る『八木道夫の世界　過去・今日・そして明日へ』」を開催（六月八日〜一二日・南青山セピア絵画館「Ｈ．Ａ．Ｃ．ＧＡＬＬＥＲＹ」）。展示作品は、初期のものから現在までの大小を合わせ五、六〇点余りであった。

この中で特に私が目を奪われた作品は、「爾時（にじ）」というＦ一三〇号の大作だった。サーカスの舞台が赤く明るい紅葉のような濃淡に彩られ、赤いトンガリ帽のピエロが両手で胸に白い仮面を持って立っていた。その顔は正面を見据えながら、どこか淋し気な愁いをたたえていた。その周りにはセピア風にバイオリンやトランペット、フルート、マラカスの少年など六人の楽士と、その音楽に合わせて踊る飾り馬三頭が描かれていた。

私はその絵を見て瞬時に、「あっ、八木さんには音が見えているんだ。響きの色が聞こえているんだ。成る程な」と思った。そして初めて八木さんのアトリエを訪ねた時、「ぼくは最近、クラシック音楽を聴くのが楽しいんだ」と話してくれたことを思い出していた。

八木さんに会うたび、「俺は絵かきだ」という凛としたプライドや「音には見える音もある」ということを、いつも教えられてきたように思う。またピエロは絵の中の分身だとも言っている。この先々、どんな「音の色」を見せてくれるのだろうか。

「モノクロームの紙版画家」

一九八五年二月七日、私は青梅市立美術館の当時の管理課長だった宮崎廷（みやざき　ただし・後に青梅市教育長）さんの所に、心身障害児者美術展の相談に伺った。ちょうど美術館では、特別展「モノクロームの詩的情景 - 紙版画家井上員男の世界」（二月一日～三月三日）が開催されていたので、相談の後見学した。

不勉強で、この時まで紙版画についても井上員男（いのうえ　かずお・一九三二年香川県生まれ。東京都あきるの市在住）という作家についても全く知らなかった。紙版画を見たのも初めてだった。

どれも墨絵のように見えながら、やはり紙版画ならではの刷りこみの美しさがあった。中でも、最も私の目を引きつけたのが阿波浄瑠璃の人形像版画二〇余点であった。

私は幼少期の頃、「マサや、今日は芝居見に行こうぞ」と祖母に連れられ、よく村々の農村歌舞伎を見に出かけた。そんなことを思い出しながら、版画の浄瑠璃人形像を楽しんだ。「何というモノクロームの精緻さ、克明な表情か」と、そのリアルな刻線の迫力に、思わず息の止まる緊張感を覚え、われを忘れて見入った。

それから三年後の八八年一二月二九日、当時青梅市柚木町に住んでいた井上さんを訪ねた。心身障児者美術展への協力をお願いするためだった。ちょうど、井上版画の代表作となった「版画平家物語」の制作に没頭されていた時期でもあった。八二年から手がけて九三年に完成したもので、「我身栄花（わがみえいが）」から「大原御幸（おおはらごこう）」までの一二場面の絵と対の「詞書（ことばがき）」一二枚、それに建礼門院が後白河法皇に地獄を見た様子を語る「六道（ろくどう）」の詞書を加えた六曲一二双半の屏風に仕立てられた大作で、並べ立てると全長は七六メートルを超える壮観な絵巻物語りであった。

紙版画は、井上さんが独自に開発した技法だという。その技法は、最初に鉛筆で下絵を描き、それをトレーシングペーパーに写し描きをする。次に樹脂加工した厚紙の原版とトレーシングペーパーとの間にカーボン紙を挟み込み、赤いボールペンでトレーシングペーパーの絵をなぞって原版に描き写す。それから、原版に写した絵をカッターナイフや彫刻刀、極細部はカミソリ刃などで彫り刻む。最後に、油性の黒インクを原版に塗り込み、エッチングプレス機や馬楝（ばれん）あるいはローラーで和紙に刷り込んで仕上げるのだと、井上さんは教えてくれた。

木版や銅版に比べると紙版は耐久性が弱く、井上さんの場合でも十数枚の刷り上がりが限度だとのこと。それだけに、髪の毛ほどの極細な線や黒インクの濃淡の絶妙さは、静寂を生みだし、モノトーンの奥深さとなって、見る人の心を惹きつけた。

井上さんは、八八年にユネスコの日本週間展覧会のアーチストとして招聘され、パリのユネスコ本部で「井上員男展」を開いた。その折に立ち寄ったオルセー美術館で見たセザンヌの初期作品展について、次のような感想を語っていた。

「セザンヌほど頑固一徹な画家は見たことがない。絵がそうなっている。黒と白が基調で色数は少ない。何という深遠、透徹、静謐。田舎の風景をこれほどまでに整理された深い美しさをもって描いた画家がいただろうか。」（井上員男著「パリに期す―一九八八年ユネスコ日本週間展覧会報告―」一九八九年一月一日刊・非売品）

私はこの感想を目にし、「これは井上員男自身を語っている」と思った。同時に、「版画平家物語」の後半部の制作に当って、少なからずセザンヌの絵を意識しながら、創作意欲を高めていったようにも感じられた。

私はとてもいい時期に、井上さんと巡り合った。そして、こんなご縁をいただいたバックに、井上さんの心身障害児者の美術活動に対する深い理解があったことを、感謝せずにはいられない。

「画僧に導かれ」

「第一七回福祉MY　HEART美術展」(二〇〇四年一二月一日~五日・青梅市立美術館市民ギャラリー)の見学に、日本画家岩崎巴人(一九一七年~二〇一〇年)さんが千葉県館山市の自宅から「今朝、一番の特急電車に乗って来ました」と駆けつけてくれたのは、同年一二月一日のことだった。見学の後、私は妻を伴って巴人さんを国民年金健康保養センター「おくたま路」(東京都青梅市)のレストランでの昼食に案内した。

その時、巴人さんは釜めし御膳を食べながら、「実を言うとね、ぼくは岩崎弥太郎の孫なんですよ。父は医者で弥太郎の息子。母は御嶽神社の神主の娘という訳でして。どうも……」と、出自話をにこやかに語ってくれた。私も妻もびっくりして、「エッ、あの三菱財閥の創始者が先生のお祖父さんなんですか」と聞き返す有り様だった。

一方で巴人さんは還暦を機に、京都西山禅林寺の亮明法主によって、たけ夫人と共に出家得度した。巴人さんは善空、たけ夫人は恵空という法名であった。そんなこともあって各宗派の管長、大本山貫首らが名を連ねた「現代名僧墨蹟展」(主催・財団法人全国青少年教化協議会)というチャリティー展に、巴人さんは画僧として毎回出展協力していた。私も数回、都内のデパートの会場で拝見した。

そんな巴人さんが、私の取り組んでいる心身障害児者の美術展「福祉MY　HEART美術展」に資金作りの賛助作品や作品集の鑑賞文を寄せてくれるようになったのは、一九八七年の第二回展からだった。以来死の直前まで、同展の心身障害児者に「私は皆さんと共に在る」と、二三年間にわたって温かい心を寄せ続けてくれた。本来ならば日本画の巨匠、大家として「巴人画伯」とか「巴人先生」と敬称すべきであるが、心身障害児者に寄せてくれた思いや、私のような未熟者に優しく接してくれ、いつも温かく教え導いてくれたことを思うと、敬愛の念から「巴人さん」と呼ぶ方が、「良寛さん」と同じように親しみを感じることができる。いつもそう呼ばせていただいてきた。

いつだったたか、「国連・障害者の十年『私の地球、私の仲間』絵画展」（主催NHK、NHK厚生文化事業団・国際障害者年推進会議・品川文化振興事業団O美術館一九九二年一二月四日〜一三日・O《オー》美術館）の審査員を頼まれたと言って、電話をくれたことがあった。「熊木さんとのご縁でと言って、今度障害者の美術展審査員を頼まれました。ぼくは熊木さん達の美術展を見続けてきて、あの人達は〝いのち〟を直感的に描いていると感じます。だから、本当は選ぶべき作品ではないと思っていますが、どういうことになりましょうか」と話していた。

巴人さんの言葉の背景には次のような思いがあったのではないか。

「一文不知の無知のともがらがいいとは言っていない。（略）無常迅速の世にしずかに生をのりきる底であった。雪舟の絵、利休の茶、芭蕉の句の中に流れるものは、尊すぎるくらい尊く思われる。（略）離欲寂静の中に仏はしずまりたもうのだ」

（岩崎巴人著「蛸壷談義」一九七八年・神無書房刊の〝悲しき願望〟より）

「蛸壷談義」には、巴人さんの芸術論、批評論が痛快なまでの思考、視座、視点で書き留められていた。私は心身障害児者美術展活動の在り方を、この本から多く学び、わが身、わが思考を振り返りつつ、今日まで直進して来れたように思っている。「福祉MY HEART美術展」作品集に毎回寄せていただいた鑑賞文にも多くの教えがあった。

巴人さんは出家後、「画僧巴人」とか、「山僧巴人」とか称しながら、禅画の境地を深めていった。

私は、「遊びをせんとや生まれけん」「戯れせんとや生まれけん」の画僧としての巴人さんと巡り合えたご縁を、ありがたく、不思議に、懐かしく思っている。

「天下一品の猫画家」

猫の油絵では天下一品だと思う画家、かじゅこ松島（一九三八年東京都生まれ）さんの個展「かじゅこ松島猫展，八七」（八七年一月二〇日〜三一日・世界観ギャラリー・同千代田区神田小川町）を見学したのは、一月二二日だった。

当時、松島さんは中野区の自宅で35匹の猫と暮らしていた。猫は人間のご都合主義で行き場を失った捨て猫、迷い猫、野良猫。「何で私が猫の世話に追われ、絵が描けないほど苦しまなければならないのか」と、猫に対する人間の無責任さに憤慨していた。

作品展は、そんな猫たちの姿をリアルなタッチで描いたものばかりだった。絵の前に立つと、眼光が鋭く突き刺さってくるもの、眼球が野生に研ぎ澄まされているもの、音なき音に耳立っているものなど、猫を猫たらしめる描写力のフラッシュさに驚嘆した。

「私は、面ではなく線で描く方なの。そのため、どうしても可愛らしさよりも鋭さになってしまう。だから思うようには売れない。売るため、売れるための描き方も知ってるけど、今は描きたくない」ということだった。私はこの作品展で、松島さんと知り合った。猫に対するひたむきな暮し方、画家としての誇りとざっくばらんな人柄に、心打たれるものがあった。松島さんの個展の直後、私が取り組んでいた「第２回福祉ＴＯＫＹＯ　ＬＩＦＥ展」（同年二月六日〜一二日・同ギャラリー）が開催された。

この作品展は、知的障害者施設「友愛学園成人部」（同青梅市）、「東京都練馬福祉園」（同練馬区）、「太陽の家福祉作業所」（同日の出町）の障害者、「青梅美術協会」（同青梅市）会員有志９名と日本画家岩崎巴人（千葉県館山市）、イラストレーターＢｉｌｌ　ＷＯＭＡＣＫ（アメリカ）のプロ作家二人との合同展だった。この時、松島さんは世界観ギャラリーと「ギャラリー間瀬」（同千代田区駿河台）の経営者間瀬勲・藤江さん夫妻の呼びかけに応じ、猫作品を賛助出品してくれることになった。そして、作品展初日に訪ねて来てくれた。

「松島さんは、猫の福祉をやっている訳ですね。捨て猫、迷い猫、野良猫たちが松島さんのアトリエに保護されて、何とか大都会の中で生き延びられている訳だから。40匹ちかい猫との共同生活は、大変なんてもんじゃないでしょう。絵が売れても猫の餌代や治療費などに全部使ってしまうと、間瀬さんから聞きましたけど……。本当なんですか」

「ほんと、大変なのよ。ウッハハハ……。そう言われてみると、私って猫たちの福祉をやっている訳よね。熊木さんはうまいことを言うわ、あなたとどこがどう同じか分からないけど。でも、どこか同じ仕事になるのよね。人は〝かじゅこのバカ〟って言うけど、熊木さんの話を聞いて救われたわ。頑張ろうね。」

その時、こんな談笑を交わし、私は松島さんとすっかり意気投合したことを憶えている。

この作品展の折だっただろうか。私は松島さんに取材用の略歴をお願いしたことがあった。それによると、松島さんの青春・学生時代の活躍ぶりは、実に輝かしいものだった。学生時代は、全日本学生油絵展賞、二科会ジュニア展賞四回、毎日新聞社杯賞などを受賞。さらに二科展に六回入選と、その前途は洋々たるものだった。さらに、六八年八月にフランスへ渡り、パリの美術大学「グランシュミェール・エコール・ドゥ・ボザール」で学び、七三年末に帰国するまでの五年余り、パリで留学生活を送ったという。

留学中、キャンパスを白絵の具で塗り固めその上に絵を描き、輪郭線をナイフで削り出す技法を学んだそうだ。「面ではなく線」を日本画的に身につけたのだ。それ故、松島さんの描く猫は、面相が鋭く、姿態に潜む野生や獣性が線によって浮き立って見える。それを「怖い」「気味が悪い」と感じる人が意外に多く、絵は思ったほど売れないという。松島さんの絵は、他に並び立つ画家はいないと思っているのだが。

「隣にいる天才画家」

私は洋画家古沢岩美（一九一二年佐賀県生まれ）さんの死を、二〇〇〇年四月二七日の毎日新聞の「シュールレアリズム美術の先覚者古沢岩美さん死去八八歳」という大きな見出しの写真入り訃報記事で知った。

「日本のシュールレアリズム美術の先覚者として知られ、官能的な裸婦画でも一世を風靡した洋画家、古沢岩美（ふるさわ・いわみ）さんが一五日午後一〇時二八分、肺気しゅのため東京都板橋区の病院で死去していたことがわかった。八八歳だった。」「五〇年代後半には裸婦像をモチーフに、精細な描写と独特のエロチシズムあふれる幻想的な作風を確立した。官能的な裸婦デッサン集や『千夜一夜物語』『カサノバ回想録』などの挿絵でも知られ、三島由紀夫からも絶賛された。」等と訃報記事は伝えていた。

私はこの訃報記事を目にし、驚いた。というのも、前の年「古沢岩美個展」（一九九九年六月四日〜一二日・GALLERY　IGARASHI・東京都豊島区）と「二〇世紀末超現実・女を描く鬼才・古沢岩美展」（同年一〇月二〇日〜二〇〇〇年一月二四日・ジャポニスム美術館・静岡県熱海市）の案内状をいただいて、個展を六月一一日に見学。「先生は高齢ながら元気で絵を描き続けていらっしゃる」と、勝手に想像していたからだった。

私が初めて古沢さんを訪ねたのは、都内の出版社の編集部に勤めていた七二年頃だっただろうか。当時、芥川賞作家石川利光（いしかわ　としみつ・一九一四年大分県生まれ）さんの短編小説を単行本にまとめる作業を担当。石川さんはスポーツ新聞数紙に官能的なエロチシズム小説を連載していた。その中から、私はできるだけ抒情性の高いエロチシズム小説を選び抜き、石川さんに了解を求めた。石川さんは、「君らしい選び方だな。君に任せるよ」と二つ返事で了解してくれた。そこで、この短編小説に何枚かの絵を付けたいと考え、古沢さんに相談してみようと、板橋区前野町のアトリエを訪ねたのだった。

「俺は世間で色気狂いと言われている。そうかもしれない。でも、若いモデルの裸体を毎朝スケッチしないと絵の目が覚めない。裸体の線を描き、線が生きるように次の線を描く。線には生命がある。俺は線を消して線を描きなおすことはしない」と古沢さんは、若い私の目を見据えながら、一気に語った。

「凄い画家だ」と私は感動し、古沢さんの画家魂に圧倒されてしまった。彼はこうも言った。「もしゴッホが君の隣にいるとして、君は彼が天才画家だと気付いただろうか。当時のゴッホは、誰からも天才だとは思われなかったんだよ。今、君の隣にいる古沢岩美を天才だとは思わないだろう。大抵の場合、隣に天才がいても天才だとは気付かないいんだ。それが同時代という空気の流れなんだね」と。

さらに画集を見せながら、「さすがは三島由紀夫だよ。俺の絵を見て、天才だ、このエロチシズムにはロマンがある、と言ってくれたからね。ウッハハハ。」と笑いとばした。

古沢さんは機嫌よく私の持ち込んだ仕事を引き受けてくれた。「後日改めてカメラマンと伺いますのでよろしくお願いします」と挨拶し、私はアトリエを辞した。

それから一年後、私は出版社を辞めて知的障害者福祉の道に進んだ。そこで初めて知的障害者の絵に接し、彼等の制作過程の姿を目にし、「絵を描く集中力に知的障害はない」と感じた。その姿、気迫は、まさに「天才的だ」と思った。同時に、古沢岩美というアバンギャルドな巨星画家が語った「君の隣に天才がいる」ということを、私は改めて実感できたのだった。

私は古沢さんの最晩年の個展を見学しながら、若き日にアトリエを訪ねた時のあの空気を、この絵にも、この絵にもと感じながら、懐かしく思い起こしたのだった。

「燦然と輝く人」

日仏の知的障害児者作品展の相互交流は、一九八六年に始まり、今年（二〇一二年）で二六年を数える。この国際交流のフランス側の窓を大きく開け、道を繋いで私と共に歩いた人がいる。ブリジット・B先生だ。彼女と巡り合うきっかけは、次のような手紙が私に届いたことによってであった。

「私はブリジットと申します。私の専門は知的障害児の教育です。私は三四歳で、一〇人の不適応症（社会生活）の一四歳から二三歳までの人たちを教えています。

マダム・シュレとマドモワゼル・フィンが、私にあなたと若い人たちのデッサンを通して交流を持つことをすすめてくれました。

私にとっては喜びです。あなたの活動の中に、私の好む情報を与えて下さることを願っています。あなたとの良き出会いでありますことを、お祈り申し上げます。もっとも良き規範であります。また、近いうちに」

（三月五日高橋KOKO訳）

私はこの手紙に、不思議なご縁の深さを感じた。と言うのは、文中のシュレ、フィン両先生と八六年の夏、トゥール市の知的障害児学校「レッソー」を訪ねた時、デスカッションに共に参加し、帰国後も手紙を交わしていたからだ。そんな二人が、アンドレ・ロワール県の教員研修会で、当時、リシュリュー市の同種学校「レ　フィオレッティ」の教師だったブリジット・B先生と知り合い、彼女に日本と交流するようにすすめたのだという。それには次のような事情があった。

私の訪問を温かく迎え入れ、日本との交流に理解を示していた「レッソー」の校長ジャックリーヌ・C先生が、九二年の秋、突然辞任させられ、六年間続いた日本との交流が続けられないという事態が生じたのだった。

「レッソー」から日本との交流をバトンタッチされ

たブリジット先生を訪ねて、翌九四年の九月、夏休みを利用して私はフランスへ出かけた。九月一六日、トゥール市在住の友人画家セツコ・Fさんが、私のためにブリジット・B先生夫妻を招き、自宅で歓迎夕食会を開いてくれた。その席で私は、フランスとの交流を続ける意思を伝えた。さらに、九六年に「福祉MY HEART美術展」が一〇回展を迎えるので、その記念展をフランスで開催できないだろうか、と相談を持ちかけてみた。

すると、当時高校教師で大学のスペイン語講師だったセツコさんの夫ピエール先生が、「それは素晴らしいことだ」と声をあげてくれ、皆も「とても良いアイデアだ。是非実現させましょう」と次々に賛成してくれた。ブリジット・B先生は、「わが意を得たり」と、蒼い目を輝かせ、美しい限りだった。

約束通り彼女はフランス委員会の委員長を努めてくれて、献身的にフランス側の準備に取り組み、トゥール市街の保険会社「MPFアシュラン」を会場に、九六年四月一一日から五月二四日の会期で「福祉MY HEART美術展一〇回記念日仏交流展」を開催。その手腕は見事だった。私は、出品した五人を含む知的障害者八人と保護者や施設職員、ボランティアを合わせ、総勢二一人の親善交流訪問団を結成し、フランスへ渡航した。トゥール市では知的障害児者の美術展は初めてであり、さらに日本の障害者が親善交流訪問したということで、大きな反響を呼んだ。

その結果、フランスでも日本と同じように障害児者美術展への気運が高まり、ブリジット・B先生が中心となって、九七年にフランス一九〇一法に基づく「マイハートフランス協会」を設立。彼女が会長に就任し、九八年から「Exposition MY HEART FRANCE」を定期的に開催。

ブリジット・B先生と共に歩んだ道は、私にとってはかけがいのない、日仏交流の信頼の道だった。彼女の情熱と専心は、今も燦然と輝き続けている。

「優柔不断の人」

私との関係では優柔不断で約束事が予定通りに進まないこともありながら、その人物に接すると「まあ、仕方ないか」と思わせる、そんな気質の人がベルナール・プロトラン先生である。彼は現在、トゥール市やサンシール・シュ・ロワール市、リュインヌ市に知的障害児者の学校、職業訓練施設、重度者生活施設など六部門の施設を持つ「APEL」のゼネラルマネージャー。日本で言う「統括施設長」で、彼いわく「ビッグボス」なのだ。

また彼は、フランスの障害者美術展「マイハートフランス協会」（一九九七年設立・トゥール市）副会長でもある。そんな彼と私が初めて出会ったのは、フランス・ロワール地方で初めての障害児者美術展「福祉MY　HEART美術展一〇回記念日仏交流展」（九六年四月一一日〜五月二四日・保険会社『MPFアシュラン』ギャラリー・トゥール市）の折だった。

四月九日の展示作業中、突然「ムッシュクマキの指示は理解できない。何故なのかを説明してくれ」と私に質問してきたのがベルナール先生だった。私は同展のフランス側委員長ブリジット・B先生に「展示はクマキに任せる」と言われていたし、「日本人を舐めるなよ！」という気持もあったので、それまでにフランスのスタッフが飾り付けた作品を全部外させた。そして、改めて作品の大小、画法、色彩などの傾向別に作品を分けて床に並べ、飾り付けの配列を決めた。私の説明に、日本語が分からない彼等も、床に並んだ作品を見て、「ウィ、ウィウィ」「ウィ、クマキ」と皆納得してくれた。

フランス人は、〝分かるだろう〟という思いだけでは通じない。〝これこれだ〟とはっきり言葉を口にすれば通じる、ということをベルナール先生から改めて教えてもらった気がして、「日本人を舐めるなよ」という私のケチくさい気持もどこかに吹き飛んでしまった。

それからは、私が長い棒で「この作品はここ、それはこっち」と飾り付けの指示をすると、ベルナール先生とスタッフは「ウィ、ウィ」と次々に壁面に作品を飾り付けていった。

午前中の作業が終ると、ベルナール先生も五、六人いたスタッフも「オーヴァー、午後からはバコンス」と言って、一斉に引きあげて行った。午後からは、友人の画家セツコ.U.Fさん、ブリジット・B先生と私の三人だけになってしまった。セツコさんが苦笑いしながら、「フランスの人たちは、お互いにこうなのよ。日本人には理解できないでしょうけど、フランスでは普通なのよ」と説明してくれた。ブリジット・B先生も、「ベルナールは奥さんの尻に敷かれているかららね。彼女とのバランスが大事なのよ」と皮肉った。私も、「日本からはるばるやってきて展示作業をしているのに、何の気遣いもしないんだね」とボヤくしかなかった。

この展示作業での出会いが、ベルナール先生に「ムッシュクマキは、ぼくと同じ感性を持っている」と言わせ、私に対する信頼感を抱かせたようだった。しかし、それは彼の優柔不断さに対する忍耐力と寛容さを私に必要とさせるものであった。

二〇〇七年に開催された「MY HEART日仏20&10記念国際交流展」(一一月一五日~三〇日・「I・M・Eレ・エルフ」・トゥール市)は、ベルナール先生のイニシアチブで実現した。しかし、私との打ち合わせでは、開催日時、セレモニー、交流訪問団をめぐって計画が二転三転し、「これでは日本の委員会をまとめられない」と、私は一時的に中断せざるを得ない状況に追い込まれ、悩ましい限りであった。結局、私の準備計画に合わせる形で、彼が計画を調整して何とか無事に開催することが出来た。

このような経験をいくつも重ねながら、ベルナール先生との交遊は、今日も続いている。

勿論、活動の根底にある彼の熱意はまぎれもなく本物であったからである。

「職人気質の人」

口数が少なく温厚で実直、頑固一徹で素朴な人というのが、大越春雄（おおごし　はるお）さんに対する私の人物観である。彼は一九四二年生まれで私より一歳年上だったが、青梅市内にある知的障害児者施設「友愛学園」成人部の生活指導員として同期に就職。七三年から二〇〇三年の定年退職まで三〇年間、知的障害者福祉活動で苦楽を共にした。

彼は、私が取り組んだ心身障害児者の美術展「福祉MY　HEART美術展」の第一回展（八六年・青梅市立美術館）から主力メンバーの一人として参加していた。第五回展（九一年）から第一九回展（二〇〇六年）まで実行委員長として私の相談相手となって心血を注いでくれた。彼なくしてはこの美術展を今日まで続けることは難しかったと思っている。

そんな彼が第一九回展（二〇〇六年）が終ったあと、突然「長い間お世話になりました。また、書家の岡本光平さんを紹介してもらい、ありがとうございました」と、私に改まった様子で挨拶にきた。私は驚き、何が何だか分からないまま、何も聞くことが出来なかった。それっきり彼は再び私の前に現れることがなかった。いまだに私は、「彼に何があったのか」「私が気付かないことで彼に迷惑をかけたのか」等と思い悩むことがある。

大越さんが「友愛学園」の陶芸工房「焼き物クラス」（七五年、生活指導員山口信彦さんが開設）を担当するようになったのは八〇年からで、以来退職するまで二三年間、代わることなく担当した。彼の父親は昔気質の家具職人だったと言う。そんな父親ゆずりの職人気質が彼の心に目覚めたのか、〝土と炎〟の世界にはまりこみ、粘土の生成や成型、釉薬、焼成温度、道具類の開発などに没頭し、その一途さには陶工人さながらの雰囲気があった。

「オオコシはオッカネェーんだ」と呟きつつ、クラスの人たちは、めきめきと作品作りの腕を上げていった。その結果、吉田尚古（よしだ　なおたか・一九四六年生まれ・現在は山形県大石田町の「水明苑」在住）さんが、八七年の「第二回東京都障害者総合美術展」（東京都主催・日本チャリティ協会主管）に出品した陶人形「リカ先生」で優秀賞受賞。続いて椿三千夫（つばき　みちお・一九五〇年生まれ。「友愛学園」在住）さんが、九二年の七回展に出品の陶板絵「青の世界」で佳作入賞、翌九三年の第八回展では「鉄の世界」を出品し、審査員奨励賞を受賞した。

しかし、こうした成果を喜ぶ職員ばかりではなかった。「誰々ばかりが目立ち過ぎる」とか、「福祉なんだから学園の名前が有名になる必要はない」などといった陰口が、聞こえてくることも多かった。そういう時、大越さんと私は、「そんなことはない。社会には知的障害者の実体や施設の実情を知らない人の方が多いはずだし、何人にとっても、表現の自由は尊重されなければならない」と話し合い、その後の作品展や美術展活動への取り組みをすすめていった。

「出る釘は打たれる」が如くの保守的な職場環境、管理主義的な空気が蔓延する中、「打たれても打たれてもへこたれない」で、知的障害児者の心の奥底からこみ上げ、噴き出す〝やむにやまれぬおもい〟の表現を私は追い求め続けた。そんな私の活動を、大越さんはいつも親身になって支えてくれた。

「福祉ＭＹ　ＨＥＡＲＴ美術展」活動は、その組織運営やネットワークを継続していくための費用が乏しく、私も毎年少なからず自分のポケットマネーからの負担を余儀なくされていた。私は運営委員長として全責任を果してきたつもりだったが、今にして思うと実行委員長としての大越さんにも、もしかして負担をおかけしたことがあったのかもしれない。彼はそんなことを口にする人ではなかったが。

九六年、大越さんにとっては初めての海外旅行だったという「日仏交流展」での彼の笑顔が、今も昨日のごとく脳裏に深く焼き付いて離れない。

「永遠の眼差し」

フランス・トゥール市在住の友人画家セツコ・U・Fさんが、私に「ヒデキさんは私の憧れの画家だったのよ」と言ったのはいつだっただろうか。画家坂口日出樹（さかぐち　ひでき・一九五二年熊本生まれ。アメリカの高校・大学に学び、フランスのサンシール・ロワール市に在住）さんが少年の頃、画壇の大御所坂本繁二郎に見い出され、天才少年画家として新聞紙面を賑わせていたのを少女時代のセツコさんは知っていたという。

その坂口さんがひょっこりわが家を訪ねて来られたのは、二〇〇二年一月一六日のことだった。用件は、自分が使っていたノートパソコンが不用になり、「伊万里ちゃんが使ってくれるなら」と届けにきてくれたのだった。私はこの時が初めての出会いだった。娘伊万里がフランスに留学（九八年～〇一年、トゥール市の語学予備校「Ｔｏｕｒａｎｅ」を経てＴＯＵＲＳ大学「ＤＥＦ３クラス」コースへ）した際お世話になったお礼の挨拶をしたかったが、彼はおかまいなしに、パソコン操作を二時間ほどで娘に教え終えると、風の如くに立ち去っていった。

数日後、プリンター機を渡し忘れたと言って再び訪ねて来た。私は画家活動の様子を少しでも聞き出したかったが、坂口さんは全く語らず、「フランスでお手伝い出来る機会があったら」と言ったきりだった。「天才は黙して語らずだ」と思った。そして、日仏マイハート展活動においても坂口さんとのご縁が新たな展開につながるかもしれないと思った。

そんな期待感を抱いた矢先の〇四年一月一日、セツコさんから電話で悲痛な報せが届いた。坂口さんが〇三年一二月三〇日の夕方、心筋梗塞で急死したという報せだった。私は絶句。娘も声を詰まらせて泣いた。享年五一歳だった。友人の書家岡本光平さんがかって私に「天才は五〇歳までに死んでいる」と言ったことがあるが、坂口さんもそうした一人だったと私は自分に言い聞かせて哀惜する他なかった。

○四年四月一九日、私は妻と連れ立ってフランスの坂口さん宅をセツコ夫妻の案内で訪ね、日出樹さんの霊前に献花し祈りを捧げた。ヒロコ夫人は三〇点余りの遺作品を家中に飾り付け、「ここに日出樹は居るんです」とおっしゃっていた。馬、馬、馬……。たしかに絵の中に馬を愛し、馬の美しさを追い求めた画家坂口日出樹の永遠の眼差しが、生きて輝いていた。

一一年一月二八日、「先日は賀状やマイハートでのご尽力の絵画集他を、お送り頂きましてありがとうございました。いつもご無沙汰ばかりで申し訳ありません。熊木様の日々活動されているご様子を垣間見る事が出来ました事、嬉しく思います。（略）気持ですが、主人の画集を送らせて頂きました」というロワールの古城Ｃｈｅｎｏｎｃｅａｕの美しい絵ハガキと一緒に、ヒロコ夫人から画集「ＥＱＵＵＳ夢飛行　坂口日出樹」（一九九四年刊）が送られてきた。〝ＥＱＵＵＳ〟（エクウス）はラテン語で、〝馬、英語のＨＯＲＳＥの意〟と註釈されていた。

全ページが馬の絵で、一瞬の動きとダイナミックな筆写、激しさ、優しさに輝く生命の流動感が詩情ゆたかに描き出され、謳いあげられた作品集だった。収録作品は、油絵がカラーで一八点、墨絵の活写モノクロが二一点。帯に「この美しきもの、愛しきもの、坂口日出樹の世界」と記されてあり、まさしくその通りであった。

「私がこの道に進むきっかけをつくってくれたのは、保育園時代の西野先生である。何百枚もの子どもの絵を見てきた先生は、私がたわむれに描いた絵に何か違うものを感じたのだという」と、坂口さんは絵を描きはじめた頃を述懐していた。五歳で初個展。七歳で上野松坂屋で二回目の個展。そして八歳の時、坂本繁二郎に絵の才能を見い出され、直接教えを受けたという。

マイハート展活動の中で出会ったこの画家の眼差しが今も忘れられない。

「境遇に負けない私小脱家」

晩年に新潮文学賞を受賞し、最後の私小説家と評された作家川崎長太郎（かわさき　ちょうたろう　一九〇一〜八五年・神奈川県小田原市）さんを訪ねたのは、一九七二年初秋の頃だった。その頃私は、公害問題を取り扱った「環境科学」という月刊誌の編集に携わっていて、エッセイ原稿を依頼するためだった。

私が川崎さんに原稿を依頼することを思いついたのは、学生時代に雑誌「文藝春秋」で見たグラビア写真が忘れられなかったからである。そこには、小田原の海浜の電気も水道もない掘立小屋で、ビールの空木箱を机にしてローソクを灯し、小説家暮らしをしている川崎さんが紹介されていた。奇人変人では済まされない私小説家としての文明社会に対する批評がそのグラビアから感じられ、「世の中にはこんな生き様の小説家もいるんだ」と大きな衝撃を受けたのだった。

川崎さんは徳田秋聲を「秋聲先生」と敬って師事し、一歳上の中山義秀（一九三八年「厚物咲」で芥川賞受賞）を終生の友とし、宇野浩二を囲む「日曜会」で文学青年たちと交遊し、二〇代のはじめから三六歳過ぎまで東京暮らしをした後、郷里の小田原に戻って食うや食わずの生活の中で小説を書き続けたそうだ。

その間、「都下の大きな通信社へ、無署名の原稿を売り、月々細い定収にありつき、どうにかひとり口を塞いでいて、第二回芥川賞候補に挙げられた覚えもある」と、私小説「忍び草」（一九六九年一二月「群像」）の文中にて述懐されていた。小田原に戻っての作家活動は、「夢破れて故郷あり」の心境で、その胸中はいかばかりであっただろうか。

私の依頼した原稿は、少年時代を回想した内容で、小田原から箱根の強羅まで魚を運び上げ、数軒の旅館に売り歩く父子の姿を四季の移りや彩り、情愛で味付けした文章だった。公害を直接批評した文章ではないが、大自然と人とのかかわりが心に深く映るエッセイだと、その時私は思った。

その五年前に脳出血で右半身が不自由となった手にボールペンを握りしめ、原稿を期日までに書き上げてくれた、そのことにも胸が熱くなるのを覚えた。原稿用紙の桝目にたどたどしく書き込まれた一字一字に、作家魂が滲んで見えた。

「こんな老いぼれの食うや食わずの小脱家なのに、それでもいいから結婚してくれと言って、大阪から押しかけて来たんだ」と、川崎さんは照れ笑いしながら、お茶を運んできた奥さんを紹介してくれた。見た感じでは、父娘と見えても不思議ではないほど奥さんは若かった。三〇歳ほど年下とのことだった。育ちの良い上品な立ち居振る舞いが美しく、細身の着物がよく似合っていた。

「主人はあなたの原稿依頼がとても嬉しかったようです。ゆっくりしていって下さい」と言って、奥へ下った。川崎さんは、「人生って何が起きるか分からないね。こんな不能な男にも、訳の判らないご縁が突然天上から降ってくるんだから」と小声で私に呟き、「ハハハ……」と笑いとばした。

「余生、余命とは、いみじくも謂ったものである。じたばたしても先はみえている。흘砂漠に消える一条の流れでしかなかった」(「忍び草」一九七二年・中央公論社刊の〝七十歳〟より)と、私小説家としてその生涯を貫きとおした思いを、川崎さんは自分自身に問い質すかのように言い切っていた。

日本の私小説文学の流れの中で、川崎長太郎という名を知る人は少ないだろう。私も「文藝春秋」のグラビアを見なかったら、知らないままでいたかもしれない。それだけに、私には余計に忘れ得ぬ作家の一人として心に残っているのかもしれない。

川崎長太郎さんの人間性が、私が後に深く関ることになる心身障害児者アーチスト達とどこかで繋がっているようにふと思った。

いかなる境遇にもへこたれず、負けない作家であった。

「美術展を動機づけてくれた人」

一一月に入ると、夜明けの空気が急に冷たく、硬く感じられるようになる。その感覚が、東京都施設職員海外派遣研修でスウェーデン、イタリア、スイス、フランス、イギリスの心身障害児者施設や障害児学校を見学して廻った一九八二年一一月のカルチャーショックを想い起こさせる。いわゆる障害者の社会的な人権解放を唱えた「ノーマライゼーション」のことである。

私に心身障害児者の美術展を動機づけてくれたのが、この研修で一緒だった当時医療ケアの重症障害児施設「島田療育園」（東京都多摩市）の児童指導員山本治史（やまもと　はるふみ）さんだった。彼は研修帰りの機中で、「熊木さん、ぼくが園で担当している為水さんという人がいるんだ。彼は絵を描くことが大好きで、絵を描くために命を繋ぎとめているような人なんだ。ぼくは彼が生きている間に何とか個展を開いて、〝生きていてよかった〟という思い出を作ってあげたいと考えているんだけど、なかなか会場が見つからないんだよ。どうしたらいいもんかね」と、私に呟いた。私は即答する術も無く、その時は聞くだけだったが、この話は私の心に鉛のごとく重く沈みこんでいった。

それから四年後の八六年に心身障害児者の美術展「福祉ＭＹ　ＨＥＡＲＴ美術展」（青梅市立美術館市民ギャラリー）を立ち上げ、山本さんの個展の希望には応えられなかったが、団体展という形でひとつの答えを出すことができた、と私は思った。彼もそれでよしとしてくれて、「島田療育園」と同じような重症障害者の施設「東京都立府中療育センター」（同府中市）や「むらさき愛育園」（同板橋区）に出展参加を働きかけてくれた。この当時、寝たきりの重症障害児者が施設生活の中で、絵画や造形工作活動をしていることなど知らない人が多かった。それだけにこの美術展は、そういう重症障害をもつ人たちの存在を社会的に明らかにするという意味で、大きな意義があったと自負している。

「スウェーデンの福祉の先進性は『弱者救済』ではなく、すべての差別や抑圧から解放し、個人の権利と自由と平等を基本においた人間同士の連帯によって生きていくべきであり、また生きていける展望を重い障害をもっている人たちを含めて切り開いていこう、という国家レベルでの実に大きな試みだと思える」「目に見える物質的、経済的（国レベルの経済力では日本も負けていない）な差だけでなく、精神的な豊かさの差、それがスウェーデンと日本の差であろうし、ノーマライゼーションをより一層学びたくもある」と山本さんは「海外派遣研修報告書」の中で、忌憚のない感想を述べていた。

私も山本さんと同じ思いであった。私の「福祉MYHEART美術展」は、その思いを具体化させた、私にとっての「ノーマライゼーション」への第一歩ではなかったかと今にして思う。

今年（二〇一二年）開催した「第二三回福祉MYHEART美術展」（一〇月八日～一四日・同館市民ギャラリー）を見学した山本さんは、私に「ヨーロッパ研修から三〇年が経ちましたね。お互いに良い出会いでした」と言ってくれた。心に響く挨拶であった。

山本さんは、多摩市市議会議員を三期つとめた後、肢体、身体、知的、精神的に二重、三重の障害をもっている人たちにも働く場を作るべきだとの信念のもと、社会福祉法人施設「桜ケ丘共働学舎」を設立、理事長兼園長として奮闘、活躍している。彼は、「島田療育園」で培った児童指導員の経験、市議会議員としての地域福祉施策活動などの経験を経て、「桜ケ丘共働学舎」でどんな「ノーマライゼーション」の花を咲かせてくれるのだろうか。私はそこから、「働く喜び」のエネルギッシュなアート作品が生みだされることを期待しているのだが。

＊「ノーマライゼーション」＝障害者と健常者が分け隔てなく普通に共存できる社会こそがノーマル（正常）な状態であるとの理念をもとにした活動・施策。

「ピカソになりたい」

鈴木伸明（すずき　のぶあき・一九七六年愛知県生まれ。知的障害・自閉症。東京都武蔵野市）さんから〝楽しく、可愛い動物たちを描きました。どうぞ会いに来てください。〟と「鈴木伸明第11回絵画展　2012年12月11日（火）―12月16日（日）12時―18時（最終日17時まで）アクリル画、切り絵、ガラス絵の展示を行います。新作のカレンダーの販売もあります。アートギャラリー絵の具箱　東京都武蔵野市吉祥寺本町2の24の6吉祥寺グリーンハイツ205」の案内ハガキが、一一月一七日に届いた。

冒頭このような案内状を紹介したのは、伸明さんの「日本のピカソになりたい」という熱い思いや次のようなことが思いだされたからだ。また、その特異な資質と才能をこの機会に大勢の人に見て欲しいと思ったからでもある。

心身障害児者の美術展「第二三回福祉MY　HEART美術展」（同年一〇月八日～一四日・青梅市立美術館）の最終日のことだった。「鈴木伸明の第11回展は青梅美術館でやります。熊木さん！青梅美術館でやります」と、私に向かって繰り返し繰り返し連発。それを聞きつけたお母さんがギョッと驚いた表情で「そんなこと私には一言も言わないで、どうして熊木先生に言うの。私困っちゃうじゃないの」と困惑。お母さんのことなどは意に介さず、「熊木さん、青梅美術館でやります。鈴木伸明展は一二月、青梅美術館でやりたいです！」と続ける。

「エッ、一二月。そんなこと勝手に決めて、もう間に合わないでしょう。お正月が終ってからだって、伸はお母さんと相談したんでしょうに。勝手なこと言わないでよ。お母さん本当に困っちゃう。」

「お母さん、私が伸明さんに分かるように、はっきり青梅美術館は駄目と話しますから心配しないで」と応じた。

青梅市立美術館は一年間の使用予定が決まっていて、今から一二月は無理なこと。青梅は遠くて、武蔵野市から見学に来る人が少ないこと。沢山の作品を青梅美術館まで運ぶのは大変だということ。友だちが電車に乗って青梅の美術館に来るのは大変だということ。こんなことを一つ一つ伸明さんに言い聞かせた。

するとはしばらく「グチョグチョ」呟いていたが、頭の中の整理がついたらしく、「分かりました。青梅美術館は無理です」と、はっきり私に答えてくれて、私もお母さんもホッと安心することができた。伸明さん自身もホッとした様子だった。

美術館でそんなやりとりをした直後の一〇月一九日、「鈴木伸明展は武蔵野市でやります。熊木さん、ちゃんと教えてくれてありがとう！マイハート展楽しかったです。熊木さんは体に気をつけて下さい。ごきげんよう！」と伸明さんから自筆のハガキが届いた。「あの時の話を本当に分かってくれたのだ」と思うと、言いようもなく嬉しかった。

そのハガキには一重にパッと開いた菊のような花模様の小さな器が、モノクロの版画風切り絵として貼られていた。「おちょこ」と書き添えられ、「の」の落款が押されてあった。一見何気ない、素っ気ないようでいて、その実こうした繊細なところが彼の性格なのだろうと思った。

二〇〇八年刊の画集『～ぼくのすきなもの～一本の線から』（印刷・製本東京コロニー）を再び見ながら、四歳から始まった「一本の線」が、〇四年の「第一七回日本の自然を描く展」（上野の森美術館主催）の〝美ヶ原高原美術館賞〟と二〇〇一年の「同二四回展」での優秀賞受賞というように、一般公募展の中でもその大きな成長ぶり、躍進ぶりを見せていっていることに改めて驚いた。きっとこの先、さらに伸明さんの個性的なデフォルメに磨きがかかり、「日本のピカソ」へと一段一段登りつめ、一枚一枚彼独自の絵を描き重ねていくことだろう。

「美術展活動の心の支え」

日本の社会福祉研究者として高名な一番ケ瀬康子先生が、二〇一二年九月五日脳梗塞で亡くなった。享年八五歳。日本女子大学、東洋大学、長崎純心大学の教授を歴任し、晩年まで社会福祉啓蒙活動に専心した学者だった。

そんな一番ケ瀬先生が中心となって〝福祉の文化化と文化の福祉化〟を唱えた「日本福祉文化学会」（東京都中野区）が、新しい学術研究・実践団体として創設されたのは、一九八九年。創設時から二〇〇八年まで会長を務め、〇九年、立教大学教授河東田博先生に会長を引き継いだ。その折「名誉会長に」と推されたが、「福祉文化学会は、一番ケ瀬個人のものではない。むしろ……個人の名前を残すより、これからは皆さん自身が、福祉文化発展のために尽力して欲しい。私の播いた種が、一人ひとりの会員のこれからの実践や研究に展開していくことこそ嬉しい」と表明され（一二年一二月二三日の河東田博セミナーメモ）、一名誉会員ならばと承諾されたという。一番ケ瀬先生らしい実に潔い話だ。

その日本福祉文化学会主催の「故一番ケ瀬康子氏追悼セミナー・偲ぶ会」が、一二年一二月二三日立教大学池袋キャンバスで開かれ、私は「第一部追悼セミナー」（同大・太刀川記念館）に参加した。その公開座談会「日本福祉文化学会が目指したもの　一番ケ瀬康子が遺したもの」は、私の知らないことばかりが聞けて楽しかった。登壇者は河畠修（元副会長・浦和大学教授）、桜井里二（元副会長・特別養護老人ホームさくら苑苑長）、薗田碩哉（元副会長・実践女子短期大学教授）、多田千尋（元事務局長・芸術教育研究所所長）、司会島田治子（現副会長・目白大学教授）の諸先生。各人が一番ケ瀬先生との出会いやエピソード、学会活動等での思い出を語り合った。

拝聴する中で「オヤッ」と思う話があった。それは薗田先生の話だったと思うが、「私は一番ケ瀬先生に〝オンナ〟を感じたことがなかったし、本人もそんなことを気にする人ではなかった」と語り、「しかし、こんな話もあった」と話しだしたのは、彼女と作家三島由紀夫の結婚話についてであった。二人の父親同士が外交官で親しい間柄だったので、「君の娘を息子の嫁にくれないか」という話があったらしい。それを彼女に確かめると、「そういう話はあったが、あんな男と誰が結婚するものか」と、きっぱり断ったという。

もし二人が結婚していたら、三島由紀夫の浪漫主義的な文学がどんな風に展開し、どんな文学者人生を歩んだだろうかという思いが、私の頭の中を騒がしく駈けめぐった。私のような俳句や文学の道を断念した心身障害者福祉の道のはぐれ者にとっては、大変興味深い話であった。一番ケ瀬先生には無礼千万の話ではあったが。

ところで、私が同学会の会員になったのは九四年。以来今日まで名前だけの登録会員として過ごし、学会活動にいそしみ、成果をあげている方々には申し訳ない限りで、平身低頭する他ない。

と言いつつ、私は図々しくも一九八六年から取り組んでいる心身障害児者の美術展「福祉ＭＹ　ＨＥＡＲＴ美術展」（青梅市立美術館市民ギャラリー）の第一五回展（二〇〇一年）から、毎回、後援名義を使用させてもらい、時たま学会の公報誌「福祉文化通信」にも取り上げてもらっていた。

そのことによって、一番ケ瀬先生の「『福祉』をたんなる主観的な心情としてとらえるのではなく、主体的に人間らしく幸福に生きる権利（日本国憲法一三条）の基盤、機会、条件であり、日常の暮らしの中での必要への努力、それが『福祉』であり」（一番ケ瀬康子・遠藤興一ほか著「社会福祉入門」有斐閣新書・七九年刊）という福祉の考えに共感、共鳴し、今日までこの美術展活動の心の支えとしてきた。

一番ケ瀬先生の死は、改めて私自身の福祉への取り組みを見つめ直す機会でもあった。

「恩師の温情」

「ここの松茸ご飯は美味しいよ」と、中学生の時の恩師長谷川新先生（はせがわ すすむ・一九二六年新潟県上越市＝旧高田市生まれ。同市在住）が、上杉謙信の居城春日山城跡の登り口にある茶店で、昼食をご馳走してくれたのは、二〇〇三年一〇月一一日のことだった。

小高い茶店の前庭に立つと、遥かに直江津港から広がる日本海が見えた。そこから吹き渡ってくるほのかな海の香りと松茸ご飯の香とが和し、先生の心尽くしでもあり、何とも言えない美味しさであった。

前日、私は「こころの時代といわれてひさしいが、私たちは観念的に『こころ』について理解していますが、親子・家庭及び支援者等はどんな事でこれを実践しているかを考えてみたい」という趣旨で開催された「第八回上越地域福祉作業所協議会研修会」の講演を依頼され、上越市から電車で三〇分ほどの能生町せまぐち温泉「権現荘」へ出かけた。能生町町長、町議会議長、糸魚川健康福祉事務所所長をはじめ上越市、新井市、糸魚川市、浦川原、三和村、頸城村、青海町、能生町の福祉作業所指導員、保護者ら八〇人余りが参加した研修会だった。

ことばを話すことも文字を書くこともできない、それらがままならない心身障害者の絵画や造形作品には、「こころ」が描き出され、色や形として作り出されているのではないか。その行為、行動を「表現の自由」として尊重し、文化活動としてどう受け止め、その心をどう理解していくか。そのことが彼らの精神的、文化的、社会的なノーマライゼーションを切り開く原動力となるのではないか。フランスとの作品交流を通じて、フランスの人たちにも理解されるようになり、共通認識されるようになった、というようなことを体験を交えて語った。

私は話しながら、かっての長谷川先生の世界史の授業のことをふと思い出した。「マケドニアのアレキサンダー大王は……」と西のエジプトから東のインダス川流域までの大帝国を築きあげた、東方遠征の一大スペクタクルと東西文化の融合へレニズムのロマンを語ってくれた、あの情熱と正義感に満ちた語り口を。そして、どうしたらあんなにも上手に物語れるのか、話し方を教えてもらっておけばよかったなぁと。

余談はさておき、折角能生町まで来たんだから会いましょうと言って、先生は変形性膝関節炎で痛む左足を引きずりながら、直江津駅に出迎えてくれた。二〇〇〇年一一月五日の「湯沢グランドホテル」（湯沢町）での塩沢中学校（南魚沼市）同期会以来、三年振りの再会だった。先生の歩く姿は痛々しく、三年で随分お齢をめされたようにお見受けした。「先生大丈夫ですか」と声をかけると、「幸い左足だから、車の運転には支障がないんだよ」とおっしゃって、車で春日山城の茶店まで連れて行ってくださったのだ。その背中を見て、私は何とも名状しがたい思いを抱いた。

そんな先生から、

「（略）資金難、いずくも同じです。わらび座の『アトム』上演、榊原藩に関するフォーラムなど、会長や理事として携わる事業に、いつも資金集めで頭を痛めています。（略）マイハート・インターナショナルに寸志を払い込みました。あなたが発想、発起、育てられた『思い』へのささやかな気持ちです。混迷の時代、ますますのご活躍をお祈りしています。同期の方々にお会いの折には、よろしく申し上げてください。お元気で――長谷川新」

と、一一年一月二一日付けのお手紙をいただいた。先生も大変なご苦労をされていたのだった。

私のような貧乏活動に明け暮れる教え子は、心配極まりないにちがいない。それだけに、半世紀余りもそのご縁に甘んじて、励まされているわが身が何と果報者かと思わずにはいられなかった。先生の温情を無にせず、昨年「第二三回福祉ＭＹ　ＨＥＡＲＴ美術展」が開催できたことを素直に喜びたい。

「励まし続けてくれた記者」

元読売新聞の社会部、文化部記者岡田康晴（おかだ　やすはる・一九四七年埼玉県川口市生まれ）さんから、二〇一三年一月海象社刊『阿弖流為（あてるい）別伝　残照はるかに』が贈られてきた。著者は斉東野人（さいとう　のひと）、岡田さんのペンネームである。

この本は、「古事記」「日本書紀」「万葉集」など二七冊もの文献資料を縦横に駆使し、一〇年以上の歳月をかけて、大和朝廷と戦った蝦夷（えみし）の総大将阿弖流為を主人公に「三八年戦争」と呼ばれる古代東北の争乱を描いた歴史スペクタルの長編小説で、「第一章疾風（はやち）たちまち」の青少年時代から、「終章　残照はるかに」の斬首刑までの全一〇章、七五九頁の大作、労作であった。

〝音が見える〟〝光が聞える〟〝大気はゆるみ……天も欠伸をしているような〟〝冷たい水が喉に沁み……体中を巡る水音までもが、はっきり聞こえるようであった〟というような描写、詩的語感の鋭さ、精緻さが全編を通じて感じられ、その緊張感に私はすっかり魅了させられてしまった。また、滅びゆく者の反骨心、その精神性の美学、もののあわれの無常観など、作者の深い洞察力に感銘した。

「日曜画家ならぬ日曜作家のつもりで遊んでいたら、このような本が出来ました。小説本の出版は六五歳にして初めてです」と、岡田さんらしいさらりとした挨拶に、私はびっくり仰天するほかなかった。

私が岡田さんと初めて出会ったのは、一九八四年一月二〇日。当時、私が勤務していた知的障害児者施設「友愛学園」（東京都青梅市）成人部の入所者作品販売展を「西友」河辺店で開催することになり、その取材で彼が来園した折だった。岡田さんは三七歳、私は四二歳だった。取材を通じて、岡田さんから同世代としての誼や熱く気さくな人柄が感じられ、「この記者なら信用できる」というのがその時の第一印象だった。

私が岡田さんと出会う前の八二年、東京都の施設職員海外派遣研修でスウェーデン、イタリア、スイス、フランス、イギリスを巡り、各国の施設、学校、行政機関などを研修視察。そこでは「国際障害者年」（八一年～九〇年）の施策と「ノーマライゼーション」のプログラムが実行に移されている時期だった。

そんな中、スウェーデンで「ノーマライゼーション」の提唱者で同原理の育ての父と称されたベンクト・ニィリエ博士（一九二四年生まれ）の講義を受講できたことは、幸運であった。しかし、その内容を日本の社会や施設で直ちに実施、実行に移すことは困難であろうと思われた。

一介の施設生活指導員にすぎない私に出来ることと言えば、入所者に対する人権的な思いやり、作業活動や余暇、文化活動の社会参加、一般市民に関心と理解を呼びかけることなどであった。それらを地道に一歩一歩取り組む他に方策はないだろうと思った。

そこで、施設作品展と販売店のネットワーク、スイミング教室、体操教室、福祉映画会、ソフトボール大会、魚釣り大会、美術展、グループ作品展や個展、プロ作家との合同展、フランスとの作品交流展、親善交流訪問など、思いつくままに企画して実施していった。

その活動のほとんどが勤務外、自己経費負担、寄付金呼びかけによるもので、私は「無欲無心」に徹していた。活動範囲は、西多摩地区、多摩地区、東京区部、フランス・ロワール地方など。岡田さんは「熊木さん頑張ってるね」と、八四年以来九一年までの七年間、「多摩版」に取材記事を掲載し続け、励まし続けてくれた。

記事の掲載は一年で九回、十回のこともあった。お蔭で、私なりに取り組んできた「ノーマライゼーション」の考え方、活動姿勢をそれなりに社会に伝えることが出来、理解の輪も広げることが出来たのではないかと思っている。

岡田さんの小説を読みながら、久しぶりに彼の熱い気持ちに支えられていた当時のことが思い出された。

「以心伝心の人」

かつて心身障害児者の「福祉MY　HEART美術展」の第八回展（一九九四年）から一四回展（二〇〇〇年）まで実行委員を務めた、東京都板橋区にある心身障害児総合医療療育センター「むらさき愛育園」の元指導科長丸林敏幸（まるばやし　としゆき・五一年福岡県久留米市生まれ）さんから二〇一三年二月一八日、秋月水虎著『本願寺顕如』（一二年一〇月叢文社刊）の出版案内ハガキが届いた。

秋月水虎（すいこ）は、丸林さんのペンネームで、彼はこれまでにも『修羅の王道夢窓国師』（九六年同社刊）と『極楽寺忍性』（九九年同社刊）の二冊を出版。いずれも参考文献の史実を元に描いた、名僧の歴史小説だった。私にとってこのような名僧の物語は、全く未知の世界だっただけに面白く、また勉強にもなり、その労作ぶりに感服させられもした。

一〇年ぶりの音信だったので、私は直ぐさま出版祝いの返状を丸林さんに書き送った。すると、

「出版のお祝い、真に有り難うございます。同居していた母親が亡くなり、平成二二年一〇月末に家族のいる和光市に戻っています。現在は『アスポート川越』という所で、ホームレス・生活困窮者の生活支援の仕事をしており、多忙な毎日を過ごしています。

熊木様が一〇年たった今もマイハート美術展の活動をされていることを新鮮に感じます。

以前購入していただいた極楽寺忍性の本とアスポートの本も送らせていただきます。

これからもご活躍ください。」

という手紙が添えられ、三月三日『本願寺顕如』と合わせ三冊の本が宅配便で贈られてきたのだ。

音信が途絶えて一〇年。しかし、一〇年前と少しも変わらない丸林さんの心がこの手紙から読み取れて、私は嬉しい限りだった。

確か丸林さんと初めて出会ったのは、九四年八月

二六日に青梅市教育会館で開かれた「第八回福祉ＭＹＨＥＡＲＴ美術展」実行委員会の折だったように思う。以来何度も会って話をする機会があったが、いつもやや疲れ気味ながらも沈着冷静で物静かな表情だったことが、今も印象に残っている。

丸林さんが実行委員になってから「むらさき愛育園」の出展作品は、重症心身障害の人たちが精一杯の力で「これが私の作品」「これが僕たちの感性」と力強く主張するようになった、と私は感じていた。それだけに次回はどんな作品が来るのだろうかと心ひそかに期待し、楽しみにもしていた。ところが、「突然ですが、今月末にて退職し、福岡に帰郷することになりました。これまでのむらさき愛育園に対するご援助、ならびに私に対するご指導ありがとうございました」という挨拶状が、彼の実践考察レポート『以心伝心』（六六頁、〇一年八月）と一緒に突然送られてきて、驚かされた。

それ以来、丸林さんの音信はプッツリ途絶え、「むらさき愛育園」の出展も途絶えてしまった。私は『以心伝心』を読み、福祉の道を断念したのかと思い、とても残念に思った。後日分かったことだが、彼は母親の看病のため同園を退職し帰郷せざるを得なかったのだ。

ちょっと唐突な話になるが、今回書かれた『本願寺顕如』と前の二冊を改めて通読してみると、そこには丸林さんの福祉思想がベースにあって名僧の生き方、清浄な境地を捉えた三部作として読み取れた。そのことは、彼が長年「むらさき愛育園」の重症心身障害児者に寄り添って歩んだ道、母親の晩年期を最後まで看病した献身などによって、彼の中に蓄積されていったものであろうことは想像に難くない。

現在はホームレス・生活困窮者の生活支援として活躍されているという。いかにも丸林さんらしい生き方だ。彼自身が思い描く名僧たちの世界へ一歩づつ近づいていく道になるに違いない。

「低く暮らして高く思う」

瀬戸内海に浮かぶ島々の一つ豊島（てしま・香川県土庄町）にある知的障害者施設・社会福祉法人「みくに成人寮」の活動だより『みくに』が、一九九九年以来年四回送られてくる。それを見開くと私はいつも瀬戸内海の穏やかな波、爽やかな潮風、そして凛とした心意気を感じ、元気を取り戻す。

入所者の絵画活動を調べたいと思い、手元にある四十数冊を通読。そして、あらためて創設者で理事長の高田久（たかだ　ひさし・一九二八年香川県生まれ）先生が、毎号書き綴った巻頭言を再読し、その思念の広さと深さに感銘。

「私も施設創設時に多額の寄付を求められ、一介のサラリーマンとして多額の蓄えがあるわけがなく、長年勤めた企業の退職金を提供した。その後も、給与の半分は法人に寄付して今日の拡充に寄与してきた」と創設時を述懐。

さらに、「バブルを経験した企業では倫理観の低下を招いている。（略）歴史ある大企業で、経営者が関与した不祥事が頻発している。現在の企業では、そのリーダーの選任に人格はあまり顧みられず、その能力や功績だけで経営責任者などの幹部が任命され、高額な報奨が与えられる」

と、能力主義一辺倒の風潮を痛烈に批判。続けて、「しかし多くの人々を率いるリーダーとは、報酬のためではなく、その使命感を持って集団のために、社会のために自己犠牲を払うこともいとわない、高潔な人格をもっていなければならない」と、リーダーとしての資質を問い質している。

最後は、「私も企業に長くいて厳しい競争の社会に生きてきた。勤めの中で今風にいえばリーダーとして人格欠如と思われる事もあった。しかし人生の後半になって福祉に関わり、弱い者のその弱さを担い、社会に少しは役立つことと関わりをもって、人生の幕を閉じることができるのは幸いなことである。引き続き低く暮らして高く思う日々でありたい」（『みくに』二〇〇二年一〇・一一、一二月号No．76　寮長高田久〝低く暮らして高く思う〟より）と、何の汚れもなく人生の終末へと歩み続ける心意気を、簡潔明瞭に語り結んでいた。

私の未熟な意訳や解釈よりも、直接高田先生の文章に触れていただいた方が、先生の清廉潔白さ、高潔な人柄を知っていただけると思い、引用が長くなってしまった。

ところで、私が人間的に尊敬し、今日もなお薫陶をいただいている高田先生と初めて巡り合ったのは、九四年五月一六日のことだった。当時、「財団法人日本知的障害者福祉協会」（東京都港区）の入所更生施設部会が、入所施設の改革と将来展望の報告書をまとめたいと、『入所更生施設あり方研究会』を設置。北は北海道から南は沖縄までの九ブロックの地区会長や代表者一一名が研究委員に就任。高田先生は四国地区代表委員だった。研究会の討議文章のまとめ係りをやってくれと、東京都知的障害者福祉協会と関東ブロック会長から懇願され、私は非公認の私的立場で協力委員を引き受けることになってしまったのだ。

私の立場は、そんな訳で職場でも非公認だったため、研究会への出席や出張、報告書の執筆作業などの時間は、公休、有休、夜勤明けを利用。活動経費は研究会で負担していただいたほかは、下調べの史料、参考書、ワープロ化、コピー、文書通信等の費用は、ほとんど全額自己負担であった。

時を同じくして、私は障害児者の日仏国際交流美術展をフランスで開催する企画準備も進行中で、心身ともに疲労。その上、この交流美術展にも自己負担金を投入していたので、金銭的にも空っぽの状態であった。

そんな折高田先生は、「熊木先生にはご苦労かけますなあ。こらえてつかあさい」と、私の内情を察しながら温かく励ましてくださった。高田先生と巡り合えたことが、何よりも尊い人生の果実だったように思えた。

「評論家の洞察力」

文芸評論家・多摩美術大学教授奥野健男（おくのたけお・一九二六〜九七年・東京都渋谷区）先生を訪ねたのは、一九七二年初夏の頃だった。当時私は「環境科学」という月刊誌のエッセー欄編集に携わっていた。毎号、執筆者捜しにアタフタしていた。

ある日、執筆者捜しのため渋谷の書店に入って本を物色していると、新刊書コーナーに置かれた『文学における原風景　奥野健男』（一九七二年四月・集英社刊）という本が目にとび込んできた。タイトルが面白そうだったので購入し、帰宅後直ぐ読みふけった。難しいながらも鋭い洞察力だと思った。

早速私は、奥野先生に「当たって砕けろ」の思いで原稿依頼をすることにした。「このたび出版された先生の『文学における原風景』を読み、是非先生に環境問題についてエッセーを書いていただきたいと思い、お電話いたしました」と切り出した。すると意外にも、「分かりました。もう少し話を聞いた上で考えてみましょう」と、あっさり返事をしていただけた。

数日後、約束した時間に奥野先生のご自宅を訪ねた。どこの路地をどう歩いたか、定かには思い出せないが、樹齢二、三百年ほどの欅が二、三十本、うっそうと茂った住宅街の一角であったことは覚えている。JRの恵比寿駅から歩いて、迷いながらも一〇分足らずではなかっただろうか。

先生のお宅にたどり着くと、玄関での挨拶もそこそこに直ぐ書斎に通された。書斎は洋館風で天井が高く、小さな家一軒分の広さに感じられた。窓を除く書棚には何万冊あるのだろうかと思うほどの書物が並び、それでも納めきれない本が、うず高く積み重ねられてあった。評論家と言われる人の書斎とはこういうものか、と私は驚くばかりだった。

私は恐る恐る「『文学における原風景』を素読しました。私には難しい内容でしたが、それでもこれから先、小説を読む上でとても良い刺激、参考になるお話しと思いました」と口火を切った。「そうですか、それはどうも。ぼくは作家と作品の元になっているものを探ってみたかったのと、それが作家にどんな影響を与えたかを考えてみたかったものですから」と、私のような浅学者にも分かるように、柔和な口調で話してくれた。

その論点は、東京人として育った先生自身の原体験、原風景としての〝原つば〟、〝隅っこ〟、〝洞窟の幻想〟を関数的にとらえ、作家と作品の関連性を文学上の方程式で解き明かそうとしたように、私には思われた。いかにも東京工業大学卒の先生らしい、数学的、工学的な文学思考だと思った。

「〝原風景〟とは、客観描写できぬ風景なのだ。それは単なる風景ではなく、時間と記憶が累積している、血縁、地縁の複雑にからまる、それは恥とコンプレックスと憎しみのるつぼである」と〝原風景〟という用語の使い方を説き、「と同時になつかしくかなしい安息の母胎である。そこから彼のイメージが、彼の現実に対する姿勢が決まる。彼の文学はここから産まれるのだ」と、作品の成立について論じていた。(「」は、同書「造型力の源泉—原風景とは何か—」より)

先生との文学談が一段落する頃、私はすっかり緊張感がほぐれていて、「先生、今のような話の内容で、四ページ分ほど原稿を書いていただけませんでしょうか。今のまま公害問題を放っておくと、環境破壊や自然破壊がどんどん広がり、人間も動植物も滅んでしまう。文学も成立しなくなります」「それは大問題だ。何とか時間を見計らって書きましょう。ぼくはこの方面には疎いから、意にそえるかどうか分らないけど。書きあがったらぼくから電話をしましょう」と、先生は快くエッセー原稿を引き受けてくれた。

忙しい最中にもかかわらず、約束の期日までに書き上げてくれた原稿は、分かりやすい内容で、文学と自然環境、風土と風景の関連性を説いた、ねらいどおりの原稿であった。

「先輩後輩の仲」

羽村市にある多摩川の取水堰から福生市、東大和市方面へと流れる玉川上水路に沿って、所々に櫟、楢、欅などが空高く繁り、今も武蔵野の雑木林の面影を残している福生市熊川の住宅地に、知的障害者入所施設「福生学園」が開設されたのは一九九四年一〇月だった。

まことに無念なことに、学園の創設者前田弘文（まえだ　ひろふみ・一九四九年山梨県上野原市生まれ）さんは、二〇〇二年一月一八日、五三歳で急逝。彼が亡くなって早や一一年、時の流れは何と無常迅速であろうかと。

生前、前田さんは「先輩」と私を呼び親しんでくれていた。彼は私より六歳年下で、東洋大学の同窓として先輩、後輩の関係であったこと。また卒業後、知的障害児者施設「友愛学園」（東京都青梅市）の成人部生活指導員として私は七三年に、彼は児童部の児童指導員として七九年に就職。二人とも三〇歳でこの道をスタートし、当時の就職事情ではかなりの出遅れであったことなども共通していた。

成人部は一八歳以上、児童部は一八歳以下の入所施設ということで、同じ敷地内にありながら、グラウンドを隔てて園舎は法制上別々に建てられていた。そのためか、運動会や学園祭などの行事以外、日常的な両部の交流はほとんどなく、私と前田さんが出会ったのは、八五年二月の下旬頃だった。

そのきっかけは、「十二日正午すぎ、立川市柏町三丁目の東京相互銀行立川支店で、現金二百五十万円が奪われる強盗事件があったが、現場近くにいた市民がバイクで逃げる犯人にタックルし捕まえた。（略）この人は、青梅市にある精神薄弱者（児）施設『友愛学園』の指導員で、立川市砂川町一丁目、前田弘文さん（三六）」（朝日新聞一九八五年二月一三日多摩版）という前田さんの写真入り記事を見て、「こんな正義感の強い人が児童部にいたんだ」と、その時初めて彼の顔と名前を知ったことによる。記事はさらに、ピストルを持った強盗犯人は一九歳の少年で、ピストルは偽物だったことが後で分かったと伝えていた。凄い勇気だと私はびっくりした。

その事件から一〇日後くらいだった。宿直明けで帰宅しようとグラウンドの出入り口に行ったときだった。いきなり彼が「やあ先輩！俺も先輩に負けないように頑張りますよ。先輩の活動を時々新聞で見てます。俺は大学の後輩として尊敬してますし、誇らしく思っています」と声をかけてきた。「前田さんも東洋大でしたか。ピストル強盗を捕まえるなんて凄いじゃないですか。ぼくだったら逆にその場から逃げたかもしれないよ。ハハハ……」と笑って答えた。「そんなことはないでしょう」と彼は即座に打ち消した。「あ、この人は甲州人らしく気骨のある人物、生真面目な性格の持ち主なのだな」と感じたのが私の第一印象だった。と同時に、こんな私を「先輩」と敬って呼んでくれたことが、とても嬉しかった。

そんな前田さんが、成人部に人事異動で移ってきたのは、八八年四月だった。それから彼は「福生学園」設立準備のため九三年三月に退職するまでの五年間、同じ生活棟で一緒に働いた。彼はとても充実した日々を過ごしていたように思う。

というのも、「福生学園」設立の母体となった学童保育クラブの通所訓練所「実生学舎」（東京都府中市）を八九年四月に、彼は自費で私設開所（後年東京都の認可施設となった）し、「友愛学園」成人部に勤務のかたわら、公休や夜勤明けの時間を利用して運営活動に励んだ。また一方では、都内荒川区の知的障害児者の保護者団体「かたつむりの会」と入所施設づくりの相談や準備に、昼夜なく奔走していた。そんな知力、体力の限りを尽くしていたのを私は見ていたからだった。

時々、「先輩、ちょっと疲れた」と言って、学園生のベッドで勤務時間中に居眠りをしていた。「いいよ、ゆっくり休め」と、私は先輩らしく見守っていた。

「純文学的な官能小説家」

私は青春時代、何の目標もなく大学生活を七年過ごして卒業の後、出版社に勤めた。ある日、「このスクラップから一冊分を選び出せ」と編集長から命じられたことがあった。「えっ、いつまでに?」「早いほどいい。二、三日中だね」と言われ、私はムッとした。

スクラップは、芥川賞作家石川利光（いしかわ　としみつ・一九一三〜二〇〇一年）のスポーツ、芸能関係の新聞に連載された短編小説だった。私は机に置かれた山ほどの新聞の切り抜きに、頭を抱えへたり込んだ。

その頃私は、月刊誌二誌の企画連載とぶ厚い『東京都公害防止条例集』の校正とを担当。次々と仕事に追われ、時間的にも能力的にも手一杯の状況だった。編集長を恨むしかなかった。

夜を徹してスクラップを読み飛ばし、どうにか一冊分の分量を予定日までに選び抜いた。若造のこんな雑な読み、選び方で、果たして石川先生が納得してくれるだろうか不安だった。当時の私が知る限りでは、石川利光、川上宗薫（かわかみ　そうくん一九二四〜八五年）と言えば、ロマンポルノ作家、官能小説家として、このジャンルでは名高い流行作家だったからだ。

私が選び抜いた小説のスクラップを携え、当時国立市の住宅街にお住まいだった石川先生を訪ねたのは、一九七二年五月頃ではなかっただろうか。「今日は、熊木ですが」と入口に立つと、玄関を開けてくれた先生の表情は「あれ!こんな田舎くさい若者か」とでもいった表情で少し驚いたようだった。「遠い所をありがとう」と言って、客間の座敷へ通してくれた。初対面の私は、ガチガチに緊張していた。

座敷の座卓をはさんで、自己紹介をかねていろいろと話した。新潟の山村の農家に生まれ育ったこと、学生の頃から俳句を始め、俳人藤田湘子に師事し俳誌「鷹」の編集に携わっていること等々。私の田舎くさい話しぶりに先生の気分もだいぶほぐれてきたようで、「僕は純文学から出発したけれど、いつの間にかこのジャンルになってしまった。飯を食うために、人間はいろいろと回り道をするんだね。だから人生って面白いんだろうな」等と話し、「男と女の関係も同じようなもんだ」と言った。私は話を聞きながら、石川利光という作家の文学観がほんの少しだけ分かった気分になった。

「ところで先生、私が選んだ小説はこんな感じなんですが、どうでしょうか」と、持参したスクラップを見てもらった。先生は、一枚一枚めくりながら、「うん、うん」と頷き、「君らしいセンスで良く選んでいると思うよ。これだけの分量を選ぶのは大変だったね」とおっしゃって、「僕に異存はない。あとは君にまかせるよ、ご苦労だが」と気分よく了承してくださった。これで石川利光短編小説集の単行本原稿が決まったのである。

原稿の中で私が一番印象深かった小説は、女性の演歌歌手がカムバックする物語だった。妖艶な歌声を作り出すため、一夜の恋情事に身を委ね、カムバックした後やがて湯末に消え去っていくという内容だった。「先生の小説を読みながら、時には永井荷風を、時には谷崎潤一郎的なものを感じました。男女をめぐる宿命と業の哀切、情愛関係が果てる空虚感、そういうところが面白いと感じましたが、その辺の読み方はどうなんでしょうか、作家としては。」

「そうですか。君がそう読んでくれたのは嬉しい。でも新聞小説の読者は千差万別だから、いろいろな読み方で楽しんでいるんだろう。作者としてはこう読んでくれたらという願望があっても、こう読むべきだということは言えない。俳句も同じでしょう」と、先生は笑いながら私の愚問に答えてくれた。

時々JR青梅線特快電車で都心へ出掛けることがあるが、電車が国立駅を通過する時、ふと私は四〇年余り前に石川利光先生をたびたび訪ね、様々に談笑したことが、断片的に鮮やかによみがえるのだった。

「静心なご縁」

今年の春、吉川博千（よしかわ　ひろゆき・一九二七年東京都青梅市生まれ）先生が、『静心楊名時太極拳の心をつなぐ』（二〇一三年三月印刷・製本株式会社精興社）を出版。内容は、太極繰の楊名時（よう　めいじ・一九二四年中国山西省生まれ。京都大学卒業。東京中華学校校長を経て早稲田大、大東文化大、東京都立大、明治学院大などで中国語の教鞭をとる。大東文化大、中国山西大の名誉教授。二〇〇五年没）先生から「楊名時太極拳」の指導を八七年暮れから受け、その技のみでなく、根本に流れる〝心〟を伝えたいと、青梅楊名時太極拳同好会の会員向けに二〇〇七年から一二年まで書き続けた会報「静心」をまとめたもの。

平易、平明な語り口の読みやすい文章で、元小学校の校長先生らしい温かさと柔らかさ、人生八十年を渡ってきた心の深さが重層的に伝わって、私のような太極拳を全く知らない者でも、ぐいぐい心が惹きつけられるところがあった。

会報の題名「静心」は「無心」と同じ意味とのことで、楊名時太極拳の目標は、「健康・友好・平和」だと言う。そこで大事なことは、「同心協力」「和而栄」という心の働き。これは聖徳太子が説かれた「以和為貴」と同じ意味だと言う。三段論法的に読めて、「なるほどなぁ」と私は感じ入った。

こんな境地に楊名時太極拳の師範として吉川先生は到達されていたからなのだろう。「熊木さん、継続は力なりです」と、私が活動の中心となって青梅市立美術館で開催している心身障害児者の作品展「福祉ＭＹＨＥＡＲＴ美術展」を続けるよう、いつも励まし続けてくれた。途中、資金集めや準備作業に追われてヘトヘトに疲れきって、「もうこれで終わりにしよう」と思うことが度々あったが、その都度吉川先生のことばが背中を押してくれていた。

そんな吉川先生に、同展第一二回（一九九八年）から二二回（二〇一〇年）まで、毎回作品集に感想・挨拶文を寄せてもらった。途中の回から、「もう書くことがなくなった。弱りましたなあ」と苦笑しながらも、原稿を寄せ続けてくれた。先生の原稿はやはり平易、平明で分りやすく、読みやすかった。

「私が特殊学級（当時の呼び名、公用語）の担任の当時は、今から思うと多くは白い目で見られていたのが実態であった。だから障害を隠そうとしていた。皆の目に触れないようにしていた」と五〇年代頃の体験を振り返り、さらに「その人でなければ表現できない作品である。一流の画家や工芸家には絶対に表現できない作品である。だから見る人の心に訴えるものがある。」（第二二回展作品集の〝あいさつ　歩き続けるといつか道になる〟より）と感想を寄せてくれた。「世界に一つだけの花」という歌を引き合いにして述べたものだった。毎回、このような実体験や作品に対する実感のこもった感想文だった。それだけに出品者や美術展活動の関係者にとっては、大きな励みであった。吉川先生みずからも、「継続は力なり」と心に念じて、挨拶文を書き続けてくれたのだろう。

「青梅にはね、知恵遅れのお子さんを教えた吉川博千先生という方がいます。熱心な先生で、『吉川学級』と皆さんから呼ばれ、慕われていました。西多摩では四小（青梅市立第四小学校）に初めて設けられた学級だったそうで、それはそれは大変なご苦労をされたと思います。この障害者の美術展が、こうして青梅で開かれるのも、考えてみると吉川先生のご苦労と何かでつながっているのかも知れませんね。不思議なご縁です」と、第一回展（八六年）当時、同館館長稲葉松三郎（故人）先生の話してくれたことが、懐かしく思い出された。私が吉川先生と出会ったのは、その話を聞いた二年後の八八年二月頃だった。稲葉先生が言った「不思議なご縁」が、この美術展には確かに働いていたと、私は今でも思っている。

「二人目の受賞者」

私が知的障害児者施設「友愛学園」（東京都青梅市）の生活指導員を定年退職して、いつの間にか一〇年が経った。今も時々、障害者福祉文化活動等の用件で同園を訪ねている。入所者、椿三千夫（つばき　みちお一九五〇年東京都港区生まれ。知的障害・ダウン症）さんが、私の老いぼれ姿を見かけると、「オー、お前ぃ、よーく来たな」と眼鏡ごしの目を丸くして駆け寄ってくれる。相変わらずの元気さを嬉しく思う。

「どうだ、ハゲ爺いになっただろう」と私が挨拶の手を差し出すと、「ホント、ホント、クマゴロウ、ハゲになって可愛いね。ウッハハハ……」と彼は大笑い。その後、私の手を握りしめ、「お前ぃ、元気で頑張れよ。俺が見てるからなぁ」と励ましてくれた。

そんな椿さんが、油性のフェルトペンで絵を描いたり、陶芸の創作活動を開始したのは、私の記憶では一九八〇年頃からだった。当時、作業訓練の陶芸班「焼きものクラス」に入って五年ほど粘土造形を修練。同時に絵付けも行なうようになっていた。このことが彼の中にあった芸術的な才能を目覚めさせ、引き出したように私は思っている。粘土造形では、小さなものより比較的大きめの壷、花瓶、傘立などを手びねりで作るのが好きだったし、得意だった。そこに彼の気質が良く表れていた。

その頃、母親が私に「三千夫は誰に似たのか、頑固なんですよ。家では私の言うことなど〝フーン〟と鼻であしらって、自分の思い通りですから。でもね、お兄ちゃんの言うことはよく聞くし、叱られるとシュンとなるんです。だから私は困るとお兄ちゃんに言ってもらうことにしているんです。」と楽しそうに話してくれたことがあった。

私は話を聞きながら、椿さんの絵も陶芸作品もキッチリ、カッチリしたところは、性格の頑固さ、気質の一徹さによるものなのだということが、改めて再認識できたと思った。さらにそのことが、椿さんならではの個性になっているのだとも思えた。

椿さんは、粘土造形にいつしかフェルトペン画を線刻し、それに釉薬で色付けすることを覚えていった。彼にとって粘土造形が楽しい、絵を描くことも楽しい世界となり、内なる芸術的な個性と感性がどんどん引き出され、磨かれていった。

そこで私は、画家・絵本作家の田島征三（たしませいぞう・一九四〇年大阪府堺市生まれ）さんに椿さんの絵を見て貰おうと、九一年一二月一二日田島邸を訪ねた。年末に向かって忙しい中、田島さんは二時間ほど時間をさいて、私の持参した十数枚の絵を見てくれた。

「この人の絵は、同じパターンながらも色使いの奥行に変化と原色のとり合わせに鋭さがあって、面白い描き方だと思う」と評した。さらに絵を裏返し、「あれ、裏にも色を塗って、裏絵にもなっているんだ」とびっくり。「普通の人はここまでやらないいな」と一言つぶやいた。

翌九二年、田島さんは絵本ジャーナル「ＰｅｅＢｏｏ」一〇号（同年七月三一日発行ブックローン出版）のへんしゅう責任者となって、〝ＡＲＴ　ＢＲＵＴ（アールブリュ）・生の芸術〟特集を組み、精神病者と知的障害者のアート活動を取り上げた。そこで、この号の裏表紙に椿さんの絵を使わせて貰えないだろうかと、田島さんから連絡があった。早速そのむねを椿さんに伝えると、「本か、それいいよ。どんどん使えなって言ってやれ。クマゴロウ、お前ぃよーくやったな、頑張れよ」と喜んで了承。

田島さんのこの取り計らいから、さらに椿さんは絵の図案に工夫を凝らし、パターンを広げて描くようになった。その結果、九三年の「第八回東京都障害者総合美術展」に出展した「鉄絵の世界」と題した陶板画が審査員の高い評価を得て、審査員奨励賞を受賞。私の在職中、「友愛学園」では、吉田尚古（よしだ　なおたか）さんに次いで二人目の受賞であった。

「この道の先覚者」

昨年（二〇一二年）の秋、「このたび、この感激を胸に健康に感謝し、（略）私の『女性（60年間）』と妻の『鎌倉彫（20年間）』による二人の作品展を開催することにいたしました」と、高木金次（たかぎ　きんじ・一九三二年静岡県三島市生まれ）さんから傘寿と金婚の記念「高木金次・高木桂子女性画・鎌倉彫展」の案内状をいただいた。何と素晴らしいご夫妻の人生だろうと思った。

この二人展は、一一月九日から一三日まで東京銀座四丁目の松崎画廊で開かれた。私は一二日に見学。女性画四一点、鎌倉彫はセット作品を含め四五点。絵は若々しく溌剌とした映画スターのように明るく、目が永遠の青春性に輝き、これは作者の「心の青春性」を描き出していると感じ入った。そして、女性の表情をここまで描ける力はプロだと思った。

一方鎌倉彫は、彫刻の確かさや精緻な彫りの動きが女性ならではのしなやかさを感じさせ、塗りの仕上げと相俟って美しかった。二人展は、共に歩み続けてきた心の五〇年を表わした喜びの美しさがあった。

見学の折にいただいた作品集に、高木さんは、「幼い頃から絵心があり、家業が劇場（みしま歌舞伎座）ということもあって、いたずら心から舞台装置を手伝ったとか——。長じて美人画家を志すも家庭の事情や絵かきの生活を知り断念」と記していた。また「六〇年間コツコツと描きためてきた作品」とも述べていた。美人画が映画看板や浮世絵的な感覚を私に感じさせたのは、「成る程、そういうことだったか」と得心できた。

だからこそ彼は、「福祉は医療、施設、生活支援に止まらず、文化を大切に」との思いを胸に、一九六六年任意団体「日本チャリティ協会」（東京都新宿区）を設立し、福祉文化支援活動を存分に展開できたのだろう。その活動の着実な実績によって八一年に財団法人、今年（二〇一三年）四月に公益財団法人への移行が認可された。高齢者や障害者の福祉文化活動の道を切り開きつつ、今日まで四七年もの長い年月、この道を歩み続けて来たことになる。この分野の団体を、こんなにも長く運営してきた人物は他にいないだろう。

高木さんは現在八一歳ながらも同協会の会長として、今も精力的に事業のリーダーシップを発揮している。私などこの道の青二才、到底その足元にも及ばない。

そんな高木さんとの出会いは、「昭和六二年度障害者・文化育成基金（杉浦基金）助成金贈呈式」（東京都障害者福祉会館・港区）が行なわれた八七年三月四日だった。私が責任者であった心身障害児者の美術展「第二回福祉MY　HEART美術展」（同年七月・青梅市立美術館）開催のための助成金を頂ける日であった。高木さんは第一回展を見学していたこともあって、「福祉文化活動への思いは同じです。資金集めは厳しいと思いますが、何とか続けられるよう頑張って下さい。出来る限り応援しますからね」と言って、励ましてくれた。その言葉どおり第一二回展（九八年）まで交付助成金を続けてくれた。

こんな出会いがご縁で、それ以来今日まで「熊木さん、ちょっと相談に乗っていただけませんか」とか、「お手伝い願えませんか」と、折々に同協会の障害者美術展活動に対する相談や呼びかけをいただいた。力不足の私には、荷が重いと思うこともあったが、今振り返って考えると、その一つ一つが良い勉強の機会だったように思う。

最も思い出深いことは、私の定年退職を案じた協会の役職就任の要請だった。当時私はフランスのパリで高血圧のため倒れて緊急手術を受けた後だったことや、執筆、講演、海外交流などの雑事と貧乏暮らしのことなどを考え、お断りするしかなかった。高木さんは、私の事情を察し私の気持ちを受け止めてくださり、快く放免してくれた。高木さんは、私にとって「この道」の先覚者であり、恩人でもあった。

「思念深い人」

滋賀県野洲市にある「第二びわこ学園」（現・びわこ学園医療福祉センター野洲）は、重度の知的障害と重度の身体障害とを合わせもち、医療ケアを必要とする重症心身障害児者の療育施設。そこで暮らす人たちの「こころのまんなかから、ぐっとのびた手がしずかに土に触れると、なまのままの小宇宙が、もうそこにひろがっているのです。」と書かれた案内状に誘われて、「にゃにゅにょびわこ学園ねんど作品展」を見学したのは一九九三年九月二三日だった。雨がしとしと降っていた。

作品展は「ストライプハウス美術館」（東京都港区六本木）で、同月二二日から二八日までの開催だった。会場に足を踏み入れると、戸次公明（べつき　こうめい）さんの作品だったと思うが、直径一メートル、高さ二メートルほどの陶筒レリーフを中心に、大小の立体、平面造形の素焼き作品がびっしりと展示され、そのエネルギーの凄まじさに圧倒され、言葉を失ってしまうほどの衝撃を受けた。作品群はそれぞれの在るべき形を主張しながらも、諸行無常の生命を響かせ、無限の喜びを謳っているかのように私には感じられ、身も心も洗い清められる思いがした。

この日、運よく同園粘土室の専任指導員田中敬三（たなか　けいぞう・一九四三年京都市生まれ）先生に会場で出会った。私は「先生はどんな指導をしているんですか」と質問した。「特別なことはしていません。園生さんがやりたいように、遊びたいように粘土を準備するだけです」と彼は言った。彼は私と同年齢ながらも、その落ち着いた表情やもの静かな口調から、とても同年齢とは思えない人格者だった。私は咄嗟に最澄の〝一隅を照らす、これ即ち国の宝なり〟ということばを思い出した。重症心身障害児者の心を、こんな風に形象化させるまでに導き出し、その喜びを輝かせる力を、彼に感じたからだった。

この作品展で私は、堀江慈子さんの陶板「顔1」（縦五〇×横四〇cm）「顔2」（同四五×三五cm）、高岡源一郎さんの造形立体「人形1」（同一〇×二〇×高さ二九cm）「人形2」（同九×一二×一六cm）、戸次公明さんの陶画「顔」（同八×六cm）ほか一点をなけなしの小遣で購入した。と言うのも、翌年に青梅市立美術館で開催する「第八回福祉　MY　HEART美術展」（一九九四年一〇月一九日～二三日）に出展し、青梅市民や多摩地域の出展参加施設の人たちに、「第二びわこ学園」の粘土活動に寄せた熱い思いの一端を伝えたかったからだ。

そんな私の思いを汲みとり、作品展終了後、田中先生は忙しい最中にもかかわらず、「いったん作品を学園に引き揚げたものですから」と言って一〇月七日滋賀県野洲市の学園から青梅の私の自宅まで、車でわざわざ作品を届けてくださった。その心遣いに驚かされるばかりであった。これでは作品代が往復のガソリン代等を計算したら大赤字だったろうと思うと、お礼の言葉も出なかった。そして同時に、こんなに人との出会いを大切に思う人、作品を大切に思う人が、障害者施設の職員で他にいるだろうかと、同じ障害児者施設で働く人間として、深く考えさせられた。その心遣い、人格の高さに私はすっかり敬服し、敬愛の念を抱いた。私はこの作品展で素晴らしい人に出会った。そんな田中先生から、先生の著作『粘土でにゃにゅにょ土が命のかたまりになった！』（二〇〇八年七月岩波ジュニア新書・岩波書店刊）が贈られてきたのは、発売直後の夏だった。

「ぐちゃぐちゃ、にゅるにゅる、不思議な感触」の世界で、人間と粘土が溶けあって変化自在に生命の形が作られ、形が生命を輝かす。そんな輪回の展開を、彼はドラスチックに写真入りで謳いあげ、書き綴っていた。その根底にあるものは、「障害者福祉の父」と呼ばれた糸賀一雄（一九一四～六八年）の「この子等を世の光に」という言葉に示された精神ではなかっただろうか。

「恩師に見守られて」

「あんたみたいな頭の悪い子が、知恵遅れの人たちのために頑張ってくれていると思うと、私本当に嬉しいのよ」と言い、「今や社会人として立派に活躍なさっているから、頭が悪い子なんて言ってはいけないんだけどもさ」とも。さらに「教師ってさ、教え子が幾つになっても教えた頃のことが頭にこびりついているの。失礼なこと言ってご免なさいね」と、私が中学一年生の時の担任だった上村英（かみむら　えい一九一三〜二〇〇三年）先生が話してくれた時のことを思い出した。

先生は戦後間もない頃、私の一番下の叔母が中学生の時も担任し、叔母が私の姉だと思い込んでいたらしく、「あんたのお姉さんは勉強ができて頭のいい子だったの。だから新潟大学医学部の看護学校に進学させたのさ。その弟のあんたがさ、あまりにも頭が悪すぎて、それで私あんたのことを覚えていたってわけ」と、話のタネを明かしてくれたのだった。妻は、「先生、主人はそんなに勉強嫌いで頭がわるかったんですか。ウッホホホ……」と大笑い。先生もいたずらっぽい笑顔で、「そうだったの！」と笑ってうなずいた。そんな風に覚えられていたのかと思うと、私も苦笑するしかなかった。

そんな親しさで話せる上村先生と、中学卒業後二二年ぶりに再会したのは八〇年八月一〇日、郷里の「シャトー塩沢一本杉ホテル」（新潟県南魚沼市）で開かれた塩沢中学校第一一期卒業生同年会に出席した折のことだった。四クラスの担任恩師三人（一人欠席）を招き、七〇人余りが集まった。

その時上村先生が私に心配そうな顔で、「あんた、みよし（叔母）さんの弟だね。樺野沢の熊木だね。今どうなさっているの。みよしさんの話だと、チャランポランに生きているって言うから、気になっていたのさ」と、周囲の人に気遣う様子の小声で聞いてきた。

「心配かけて申し訳ありませんでした。三〇歳から友愛学園という東京の青梅市にある知恵遅れの人たちが暮らす施設で何とか働いています」と答えた。「それじゃあ、こっちの小出にある魚沼学園と同じような所ね。ああ、よかった。これで安心できたがね」と言って喜んでくれた。

「私ね、定年前に知恵遅れの子たちの特殊学級を受け持ったのさ」と言って、顔を曇らせた。「長いこと普通の子どもしか教えてこなかったでしょう。それが急に定年間際になってあの子たちを教えろだよ。専門知識がある訳じゃないから、教え方が分らなかった。こんな報いのない教育はないと思ったね。だからやり残したことばかりで教員生活が終わってしまった」と、いかにも残念そうに話してくれた。先生は辛かっただろうと感じた。

その後、私の肩をポンと叩いて、「教え子の中にあんたのような人がいてくれて、私救われた思いがする。私がやり残したこと、出来なかったことの万分の一でもいい。私の分までうんとこさ頑張って頂戴な」と励ましてくれた。私は胸がいっぱいになった。

「世の中の人は、〝福祉〟ということばだけで、その内容までは分ってない。だから図々しいとか厚かましいとか、自己宣伝だとかいろいろ言われるかも知れないが、お仕事だとか活動内容をどんどんＰＲしなさい。それが正しい理解の輪を拡げることになるんさね」と勇気づけてもくれた。

上村先生は、大正年代の大審院（現最高裁判所）判事で法学博士の父（九歳の時に死別）と東京女子高等師範学校（現お茶の水女子大）卒で新潟県女子師範学校の教員だった母（四歳の時に死別）の元で、女中二人に囲まれて幼少期を過ごした令息女。そんな育ちの良さからか、世の中についての見方、考え方、ものの言い方にキッパリとしたところがあり、心の気品と剛直さを感じさせながらも、死の直前まで私の福祉文化活動を温かく、優しく見守ってくれた先生だった。

「誇りに思うフランス人」

話すことも文字を書くこともままならない心身障害児者にも表現の自由はあって然るべきだと思い、戦後〝障害者福祉の父〟と称された糸賀一雄（いとが　かずお・一九一四～六八年）の「この子等を世の光に」という言葉を胸に、私は心身障害児者の美術展「福祉ＭＹ　ＨＥＡＲＴ美術展」を一九八六年四月に発足させた。展覧会場は青梅市立美術館にお願いして、七月に開催した。

展覧会終了後の八月、私は資料を携えてフランスへ出掛けた。私を待っていたのは、彫刻・造形作家　友永詔三（ともなが　あきみつ・一九四四年生。東京都あきる野市）さんの教え子でトゥール市在住の画家セツコ・ウノ（Ｓｅｔｓｕｋｏ　ＵＮＯ）、ピエール・フェンティス（Ｐｉｅｒｒｅ　ＦＵＥＮＴＥＳ）夫妻。当時ピェール先生は中学校の教員だった。彼は、私が知的障害者施設の生活指導員だからということで、教員仲間を通じて同市住宅街にある情緒障害児学校「レッソー」（Ｉ・Ｍ・Ｐ　Ｌ，ＥＳＳＯＲ）に私が訪問する旨のコンタクトをとってくれていた。

昼食後、夫妻の案内で同校を訪ねると、夏休みの保養先から駆けつけたと言って、校長先生はじめ一〇人ほどの先生が待ち受け、午後二時から三時間あまり、美術展のことや日仏双方の障害児者教育、社会事情などについて語り合った。その結果、校長先生が「お互いに信頼しあって生徒の作品交流をすすめましょう」と、帰り際に言ってくださったことは、天にも昇る嬉しさだった。こうして第一回展終了直後から日仏交流展の道が開けたのは、ピエール先生のお蔭であった。

因みに彼は、その後高校教員に転身し、大学講師も兼ねるようになった。私はこれまでに一〇回ほどフランスへ出掛けたが、その度毎にセツコさんには通訳、ピエール先生にはフランスの社会事情や文化的なことを教わり、私なりにフランス人の気質やスピリチュアルが理解できたように思う。私にとって彼は、私が誇りに思うフランス人であり、文化人であり、大切な日仏友好の友人であると思っている。

そんな彼にも、二〇一一年に定年退職の時がやってきた。四、五年前に、校長だった友人のフランス人から聞いた話では、給料の八割程度の年金だから、生活上それほど不自由ではないと言っていたが、その後も同じなのだろうか。

それはともかくとして、その年の一〇月、日本の紅葉が見たいと言って来日した。そこで二三日から二五日、私は郷里（新潟県南魚沼市）の山々へ夫妻を案内した。まだ紅葉シーズンには早すぎたためか、色鮮やかとは言い難かった。しかしそこは文化人、立ち枯れ木と秋の青空とのコントラストは哲学的な趣きがあって、実に素晴らしいアングルだとカメラを向けて喜んでくれた。私も同感であった。

山から戻って、夕方宿場町として栄えた昔の街並みをリフォームした塩沢町を案内した。街路灯や店々の灯が、日暮れとともに道路をはさんで両側に、ほんのりと点る街並みは、レトロな情景で心が和んだ。ピエール先生が突然、「熊木さん、これは小津安二郎の映画で見たような光景だよ！こんな風景に出会えるとは思っていなかった」と大喜びで、カメラのシャッターをパチパチと何回も押した。

そう言えば、彼は若い時から写真を撮り続け、退職後は写真作家として活動し、何回か写真展をギャラリーで開いたとセツコ夫人から電話やポストカードをもらっていた。いつだったか、日本映画について「ぼくは小津安二郎の映画は、最も日本的で美しい画面を写し出していると思う。その意味では、タケシ（北野武監督）の映画カットも素晴らしい」と語ったことがあった。いかにもピエール先生らしい感受性、感想だと思った。彼のモノクロ写真は、いつも哲学的に見えるのだが、只この先どのように変容するか楽しみである。

「ノルマンディーの作家を訪ねて」

フランス・ノルマンディー地方のセントオーエン・ド・ミブレ（Saint OUEN de MIMBRE）に住んでいるガラス造形作家チェリー・オーガン（Thierry AUREGAN）さんを訪ねたのは、二〇〇四年四月一一日の夕方だった。

彼は、二階建の母屋と納屋三棟が並び建つ、敷地三〇〇坪ほどの古い農家を使いこなして、作家活動に励んでいた。周囲に人家はなく、見渡す限り畑が広がっている中にポツンと建つ一軒家だった。

「こんな広大な畑の中の一軒家なんて、日本では見たことがありません。淋しいとか心細いと思うことはないんですか」と、私は思わず質問した。すると彼は、軽く笑って「ガラスを切ったり磨く音、鉄や木材を加工する音などで隣近所に迷惑をかけずに済むから、思い切り作業ができるんだ」と答えた。さらに、奥さんがピアノ教師をしていて、彼女もピアノの音を気にしないで、自由に弾けるから満足しているようだ、とも話してくれた。

チェリーさんは早速、アトリエに使っている納屋を案内してくれた。作りかけの作品が、何点も壁に立てかけられてあった。完成した作品は、高さ一～二m×幅二〇～三〇cm×厚さ一cmのクリスタルに磨きあげられたガラス板が、直径三〇～四〇cmのセラミックで固めた球状の台座に固定されて立つものだった。私にはその姿が、天と地を結ぶ光の柱、神と人間の心をつなぐ光の糸、玉葱やチューリップの芯が天に向って無限に伸びていく生命の力、そんな象徴性を表現しているように思えてならなかった。また一方では、そのあまりにもシンプルな形状から、禅的、哲学的な空間美をも感じさせられた。彼の作品展はベルギーやドイツでも開催され、高い評価を得ているとのことだった。

そんなチェリーさんと私が出会えたのは、「Ass

ociation MY HEART FRANCE」協会長ブリジット・ビジェン（Brigitte BIZIEN）先生に、「マサノリに是非会わせたい人がいるの」と強くすすめられたからだった。当時彼女は、ロワール地方の知的障害児学校の教員からノルマンディー地方の同種学校を含む総合施設の副施設長（施設長の有資格者）に就任し、同地方の心身障害児者美術展を構想中だった。そんな思いの中で彼女は、チェリーさんと出会い、意気投合したのだそうだ。

チェリーさんは毎月二回、ボランティア活動で知的障害者施設のアート教室に出向き、絵画やクラフト細工、造形工作の指導をしていた。だから知的障害者に対しての理解が深かった。また、とてもヒューマンで温かく心の広い人格の持ち主だった。ブリジット先生が出会うべくして出会った作家だった。「ぼくは施設の人たちから、教える以上に沢山のことをおしえられている気がする。彼らはぼくの心を磨いてくれるし、人間の在り方を生のままぶつけて、宗教的にも哲学的にも問いかけてくる」と、彼はボランティア活動での実感を語った。そして私とブリジット先生に、「こういう障害を持っている人たちの心の表現に、ぼくは〝ハッ〟と気付かされることが多く、自分の作品作りに大きく心を揺り動かされる力となっているように思う」と言い切った。

この時のデスカッションは、私の日本語を妻の法子（のりこ）が英語通訳、それをブリジット先生が仏語通訳でチェリーさんに伝え、チェリーさんの話を逆行させて私に伝えるという風であった。二重の通訳ながらも、心は以心伝心であった。

この時の三人が語り合った心が、チェリーさんの献身的な協力を得て、翌二〇〇五年六月一四日～二四日、「2005EXPOSITION MY HEART FRANCE ALENÇON」（アロンソン）展として開催され、ノルマンディー地方では初めての障害者美術展となったのである。

「人間本来のやさしさ」

昨年（二〇一三年）の五月五日、職場の同僚だった詩人藤波透（ふじなみ　とおる・本名鎌田豊一九五〇年徳島県徳島市生まれ）さんから七冊目で最後の詩集となった「たま」（同年五月八日・けやき出版）が届いた。「前略　元気にお過しのことと思います。詩集ができたのでお送りします。気晴らしに読んでもらえると嬉しく思います。早々」と、見馴れたボールペン字の栞書きが挟みこまれていた。

私は早速詩集を手にし、夢中で読んだ。そして、七日づけで感想を彼に書き送った。

「『武蔵野の風』という詩について。人それぞれの思い出や記憶の彩りとか、香りを呼び覚ましてくれる力を感じました。〝五月は／息を吹き返した武蔵野の風が〟のポピュラーな感覚がいい」「『銀杏』という詩では、マンションのベランダに舞い落ちた一枚の銀杏の葉を愛おしむ、〝朝方／一人暮らしの老人が／窓を開けると／いかにも愛しさを覚える姿で〟に、シャンソンのペーソスを聴く思いがした」等々。

すると彼から、

「前略　わざわざお手紙をいただきありがとうございます。一篇の詩でも、一行の詩句でも、共感していただけるところがあるなら、お送りした甲斐がありますす。そして更にお祝いまでいただき恐縮です。これからも健康に気をつけて、益々ご活躍されることを願っています。早々」

と折り返しの礼状が一二日付けで届いた。「鎌ちゃん、相変わらず元気で励んでいるな」と私は嬉しくなった。この時、まさかそんな彼が一年後に亡くなるとは夢にも思っていなかった。

「思いすごしだったなんて」（一九八二年・MY詩集出版部）、「あこがれてひとり」（一九八五年・芸風書院）、「夢は五月の空に」（一九八六年・同）、上記三詩集収録の「あこがれてひとり」（全一八四頁・

一九九一年・花神社)、「わたくしあめ」(一九九三年・同)、「東京スナップ」(二〇〇三年・詩学社)、「たま」、これが私の知る限りの藤波透が刊行した詩集のすべて。

これらの詩集を読んできたかぎりでの私の感想は、どの詩集もその年齢に相応しい等身大の日常が、何となく照れくさそうにシャイな感覚、感性でとらえられ、読みこまれ、詩いあげられていたように思われた。それだけに、平易、平明な詩的エッセンスや情感が、読む人の心に伝わりやすく、共感しやすいと感じた。

ところで、鎌田さんは私と同じ知的障害児者施設「友愛学園」(東京都青梅市)で一九七七年一月から二〇一〇年三月に定年退職するまで、知的障害児者と共に暮した生活指導員だった。彼はたとえようもなくヒューマンな人で、入所者も職員もなく「鎌田豊」として人間本来のやさしさで人に接していた。誰からも好かれ、慕われていた。

そのやさしさの根元を知る手がかりの一端を、「大気も/大地も冷えきっている/でもひかりは/振り返ったようにあかるい」と書き、「なにもないのではない/何を抱いているのか/わからないだけだ/まだ固い蕾のように/春が/やがて春になるように/いつか/ぼくはぼくになれる」(「夢は五月の空に」収録の『一月』より)と書き結んでいたところに、垣間見た思いがした。暑い日も寒い日も、「おい、君たち、今日も元気かい」と鎌田さんは、にこやかに朝の声かけを続けた。するとあっちからもこっちからも「カマタ、カマタ」、「アマ、アマ」と入所者が寄り集まって来た。彼を中心に皆の顔が、今日という日に輝いて見えた。私はいつも素晴らしい光景だと、心を和ませてもらっていた。

そんな鎌田さんが、今年の正月明けに体調を悪くした。診察の結果は、大腸と肝臓の末期癌だったという。判ったのが三月で、本人は死を覚悟して入院。四月二日、桜の花が咲き初めた天空へ、気高く清らかに旅立って逝った。

「磨き抜かれた知性の市長」

一九八七年から三期一二年間、東京都西多摩地区の中核都市である青梅市（人口約一三万人）の市長を務めた田辺栄吉（たなべ　えいきち・一九二四年青梅市生まれ）さんが、高齢者叙勲の旭日小綬章を受賞されたのは二〇一二年だった。私はこのことを同年八月一五日発行の「広報おうめ」によって知った。田辺元市長八八歳での受賞ということだった。

私はこの受賞記事を目にし、果たして私のような軽輩がお祝いのご挨拶に伺ってもいいのだろうかと思いながら、九月六日「先生、このたびはおめでとうございます」とご自宅を訪ねた。俊子夫人が「まあご丁寧に。さあ、どうぞお上がりください」と応接間に案内してくれた。少しして、「ヨッコラショ、ヨッコラショ」と足を引き摺りながら、田辺さんは奥の間から出てきた。「やあ熊木さん、忙しいのにわざわざ来てくれて恐縮だね。ありがとう」と明るく迎えてくれた。

「この間転んじゃって、少し身体をいためたもんだから、散歩もできないんだ。歳をとると思いがけないことが起きるもんだね、ハハハ……」と甲高く元気に笑いとばした。その後、次のような話をしてくれた。

「ぼくの親父は脳溢血で亡くなったんだがね。その時、何とか助けられないものかと思った。今のような医療機関があれば、もしかしたら助けられたかも知れないが、当時のことを考えれば仕方がない。医学史の本を読んでつくづく思うのだが、人の命にかかわる医療に、地域や地方格差があってはならないね」と言い、さらに続けて

「幸いにもぼくは皆さんに選ばれて市長になれたもんだから、国や東京都に働きかけて、何としてでもこの西多摩地区に緊急病人のための医療機関を作らなければと思い、青梅総合病院に隣接の形で国指定の救急医療センターを作ることができた。西多摩地域の皆さんは、これでひとまず安心できたかと思うんだがね。

この事業が、ぼくにとって一番心に残ったことだね」と感慨深そうに語った。

話を聞きながら、私はフッとご子息の晃（あきら・株式会社「釜屋」社長）さんから聞いた、「親父さんは若い時から本が好きで、商売はそこそこにして暇さえあれば本ばかり読んでいる人でした。子供心にあれで店の方は大丈夫なんだろうかと思いましたね」という話を思い出していた。さらに「親父さんは、慶應義塾大学経済学部で経済を勉強したはずなのに、何故か経済史とか医学史、歴史書などに興味を持ったらしく、そっち方面の本が多いんだ。もっと儲け話の本を読んでくれていたら良かったのにね」と笑いながら言っていた。

晃さんの話からもうかがい知ることができるが、田辺さん自身も普段から「趣味は読書」と言っていて、蔵書は二万冊にも及ぶという。私は一度だけ、本人の留守中に晃さんの案内で蔵書に囲まれた書斎を見学させてもらったことがあった。その本の多さは、私が青春時代に訪ねたことがある文芸評論家で多摩美術大学教授だった奥野健男（おくの　たけお・一九九七年没）先生の書斎の蔵書の多さと比べても勝るとも劣らない本の多さだった。

田辺さんの書斎は、お店の二階スペースが全部あてられてていて、何十畳かも分からないほどの広さで、中央に座り机と腰かけ机がガランとしたなかに置かれ、いつでも原稿執筆や読書ができる状態になっていた。私にとっては、なんとも羨ましい限りの空間だった。

この書斎を大地として、田辺さんの知識や博識、文化人としての知性の泉がこんこんと湧き出し、市長としての市政策の根本理念に流れ込んでいたことが、私には容易に想像できた。

この豊富な読書により磨き抜かれた知性の市長、田辺さんに、私はいつも励まされていたのだった。

「名画と並び立つ作品」

画家ムンクの作品「叫び」が美術館から盗み出され、幸いにも無事発見されたというニュースが世界中に報じられたのは、今から二十数年前ではなかっただろうか。不勉強にして私は、ムンクという画家についてもその代表作「叫び」についても全く知らず、このニュースで初めて知ったという具合で、何とも恥ずかしい限りであった。

テレビに映し出された「叫び」は、絶望の究極の叫びが全身を振り絞る表情で、私の心の内に迫り胸を締め付けた。ムンクが何故このような人間の絶望感を叫びで表現し得たのか、あるいはせざるを得なかったのか、その時代背景や画家としての苦悩について何一つ知らなかったが、それでも絶望的な叫びが、世界に谺しているようなリアリティが感じられ、凄い迫力だと思った。

そんなムンクの「叫び」と同じような感じの作品が、「第一六回福祉MY　HEART美術展」（二〇〇三年九月二四日～二八日・青梅市立美術館）に出品された。作者は徳島県松茂町にある知的障害者入所施設「春叢園」で暮らす羽田芳文さん（当時六九歳）。作品は「悪口」（油絵、縦九七×横七九cm）と題されたものだった。この作品を梱包から取り出した時、「あっ、ムンク以上のムンクだ！」と私は驚いた。というのも、ムンクの「叫び」の原罪的な哀しみの表情に比べ、羽田さんの「悪口」は何と贖罪的な怒りに満ちた叫びの表情だろう、と思ったからだった。その表情のリアリティーも凄かった。

かつてスペインのプラド美術館でゴヤの「着衣のマハ」「裸のマハ」を見て面白いと思ったことがあったが、同じようにムンクの「叫び」と羽田さんの「悪口」を並べて美術館に展示したら、世の評論家たちは何と評するか、聞いてみたい気持ちが思わず私の頭の片隅をよぎった。やはり面白い名作だと評判になったのではないかと思っている。

この「悪口」という作品は、羽田さん自身に直接か、あるいは他の入所者にか、生活指導員か誰かが頭ごなしに問答無用で理不尽な叱責を行ない、思わず「ちがうんだよ！」と絶叫した形相をとらえたものではないかと、私には感じられた。

今にも顔から飛び出しそうな目玉、眉間まで伸びた白く細い鼻筋の線、そして大きく縦長に開いた顔半分ほどの口、すさまじい表情だ。その口の奥の奥から「クソヤロウー、バカヤロー」とこみあげてくる怒りのエネルギーが炎のように吐き出され、まるで火山の噴火を思わせる迫力であった。「悪口」という感情を見事に描き切った表情であった。

たかが素人、知的障害の人の作品と見過ごしてはならない。表面的な絵画技法しか感じられないプロの作品よりも、表現者としてやむにやまれぬ思いの発露で描かれたこのような作品に、心深く感動させられるのだ、たとえ技法の未熟さが多少あったとしても。だから、名画に匹敵する作品だと私に思わせたのだろう。

そんな折、悲しい知らせが同園の生活指導員山田憲さんから届いた。

「(略) この度、悲しいお知らせをしなければなりません。先月の六月七日、『悪口』の作者羽田芳文氏が昏倒し帰らぬ人となってしまいました。(略) 本人は作品を本にしていただいたり、海外への作品出展の橋渡しをしてくれた熊木さんに感謝していると思います。彼がこれほど輝く場を与えられたことはほとんどなかったのではないでしょうか」(二〇〇四年七月一二日) という羽田さんの不慮の死の知らせだった。

「悪口」の荒々しい激昂に続いて、次作はどんな作品を描いてくれるのだろうと、私は期待をし楽しみにしていた。それだけに無念というほか私には言葉が出てこなかった。七〇歳で急逝した羽田さんは、どんな思いだったのだろう。私には想像もつかないが、「悪口」からは確かな人生が読み取れた。
＊二〇〇四年当時に書いた原稿です。

「10年越しの返答」

フランスの心身障害児者美術展協会「Ａｓｓｏｃｉａｔｉｏｎ　ＭＹ　ＨＥＡＲＴ　ＦＲＡＮＣＥ」の会計責任者ドミニク・ロトロー先生が校長を務める重症障害児学校「シャルルマーニュ」（Ｉ・Ｅ・Ｍ　ＣＨＡＲＬＥＭＡＧＮＥ　アンドレロワール県）を訪問したのは、二〇〇七年一一月二〇日だった。既に、日本の真冬並みの寒さであった。

この時は、同協会設立一〇周年と私たちの「福祉ＭＹ　ＨＥＡＲＴ美術展」が第二〇回展を迎える記念として、トゥール市にある知的障害児学校「レ　エルフ」（ＩＭＥ　Ｌｅ　ＥＬＦＥＳ）で、「ＭＹ　ＨＥＡＲＴ日仏20＆10記念国際交流展」を開催。日本から同展出品の知的障害者を含む二七人を伴い、記念展の親善交流で訪仏したのだった。

私とは旧知の仲だったドミニク先生は、「ムッシュクマキ、久しぶりだね。日本の皆さんようこそ、さあどうぞ」と満面の笑みで、私たち訪問団を来客ホールに迎え入れた。「生徒たちは今、別棟の教室で授業中のため、皆さんとお会いできず残念ですが」と言って、生徒たちの活動ビデオを見せてくれた。そのビデオの中に、前年ベルギーで開催されたＥＵ障害者ダンス、ファッションショーに生徒たちがダンサーやモデルとして出演したものがあった。どの場面も車椅子や補助器具を使いこなし、「私が主役よ」と誇らしげで、音楽のリズムに合わせた華麗な姿を見ることが出来、感動させられた。

ドミニク先生は私に、「一〇年前、クマキが〝どんなに重い障害を持っていても、生きる喜び、生きたいと思う心の表現を彼らは持っている。それが芸術と言える表現かどうかは分らないが、それを尊重し大事に見守ることが、私たち現場に立つ者のエデュケーションではないか〟と言った意味が、あの時にはよく理解できなかったが、このＥＵ活動でようやく理解できた」と話してくれた。

それは確か、一九九六年四月一〇日、彼と初めて会った時のことだった。

ドミニク先生が難しそうな顔で、「ぼくは重症者の学校で働いているが、生徒たちの意思が確認できないんだ」「生きていることの意思さえ分らない状態の人に、表現世界が存在するのかね」「意思があるのか、ないのか分らない人たちに、障害者美術展と言っても、そこに何の意味があるんでしょうか。ぼくには全く分らない」と立て続けに疑問を投げかけてきた。難題だと思った反面、こういうふうに真面目に真正面から生徒と向かい合っている先生がいるということに好感を持った。

「難しい問題ですね。私は日本でこんなことを経験しました」と前置きして、次のような話をした。「明日をも知れない命だと医師に言われた寝たきりの重い障害の人が、幼い時から絵を描くことが好きで、絵を描き続けることで何度も死を乗り越え、ついには画集を出版しました」「その画集を見て、絵を描く様子を知りたいと思い、彼を訪ねました。

彼はフェルトペンを口にくわえ、首を上下、左右に振って、一本の線、一つの点を画面に見定めながら描いていました。体力、気力とも午前、午後の一時間程度が限界で、一枚の絵を仕上げるのに数カ月、一年かかるものもあるそうです」「私はその姿を目の当たりにし、まるで蚕（かいこ）が口から糸を吐き出すような生命の輝きを感じ、心の底から感動しました」

この時、ドミニク先生は、答えになっていないと思っていたようだったが、それでも私の話に頷き、真剣な顔で聞き入っていた。

彼は私が知っているフランス人の誰よりも控え目で、奥ゆかしい振舞いの人である。あの当時の彼の様子からは、仕事を続けて校長にまでなっていることなど想像もできなかった。それだけに、「ようやく理解できた」と彼から、一〇年越しの返答が聞けて嬉しかった。

「待ち続けている恩師」

私が新潟県立「加茂農林高等学校」（新潟県加茂市）の農業土木科に入学したのは、一九五八年四月だった。入学時の同級生は男子五五名で、学級担任は卒業までの三年間、高鍋昭夫（たかなべ　あきお・一九二七年福岡県大牟田市生まれ。国立東京農工大卒）先生だった。

私は高校卒業以来二六年間、高鍋先生や同級生とは音信不通で過し、「熊木はどこかの工事現場で事故死した」と思われていたようだった。一九八八年一二月二五日、東京の新宿駅で先生と二六年振りに再会した時、涙ぐんだ目で私に駆け寄り「熊木、生きていたか！」が第一声だった。私は答える術もなく、茫然と立ち尽くすのみだった。気が付くと先生は私の両手を握り、私が幻ではないことを確認するかのように、しっかりとした力で握りしめてくれた。その力が、私を高校生の頃に引き戻していった。

思えば、「この恩師なくしてわが人生なし」だった。二年生の冬休み前、私は寄宿舎の押入れに隠れて一升瓶の酒を飲み、運悪く舎監の先生に見つかってしまったことがあった。

当時の校則では飲酒、喫煙、暴力等の違反行為は退学処分ということになっていた。寄宿舎生活の違反でもあったから、職員会議の結果は退学だろうと覚悟していた。ところが結果は、二週間の停学処分で自宅謹慎ということになり、退学は免れることになった。

私は冬休み二週間前に帰省し、家人に「今年は冬休みが早くなった」とうそぶき誤魔化した。父は真相を知っていたが誰にも話さなかったらしく、母や祖母は「早く帰って来た」と喜んでくれた。この処分軽減について、高鍋先生は大変に尽力してくれたようだ。多分、親元を離れた寄宿舎生に対する監督責任は学校にあるとか、指導責任は自分を含め舎監の教師全員にあり、そのことを考えると保護者に対する責任から、退学処分はいかがなものか。本人を諭して反省の機会を与える意味で、停学が妥当ではないか、等々私のために弁舌を尽してくれたに違いない。

先生の弁舌といえば、普段の授業でもいつもどこか覚めた苦笑を含んだ論理的な口調で、内容が分かっても分からなくても私は厭きることがなかった。また、皮肉をこめた笑い顔には、得体の知れない朧気が感じられ魅力的だった。そんな先生の職員会議での弁舌の様子がどんな風だったたか、私には容易に察しがついた。先生は私を農業土木科の職員室に呼んで、「こうなった以上、何が何でも卒業するんだぞ。俺はお前を信じているから。卒業したら大学に行け。お前の学力ならちょっと頑張れば、俺が出た農工大だって行けるから大丈夫だ。この処分で落ち込むなよ」と励ましてくれた。私は先生にしこたま叱られることを覚悟していたが、逆に温情深く励まされ、卒業を心に決めた。

私の高校生時代の思い出は、先生との再会でこんなセピア風に蘇ったのである。

今年（二〇一四年）の八月二三日、ご夫人あい（小説家竹原素子・茨城文学賞、長塚節文学賞など受賞）さんから、「舟納豆」という珍しい名産納豆の詰め合わせが送られてきた。直後、「高鍋です。納豆が届きましたか」と電話をいただき、恐縮の限りだった。

「近頃、山田洋次監督の寅さんの映画を見ては高鍋を思い出しているの。彼はあなた方教え子を訪ねる旅を楽しみにしていたでしょう。あの人情ぶりと瓢々と出掛けていく姿が、寅さんと似た雰囲気だったから」とあい夫人の話は続いた。夫人は一九二七年加茂生まれだから、先生と同年齢ということになろうか。それにしては、八七歳とは思えない、明るく弾んだ若々しい元気な声で嬉しかった。

新宿駅で再会した後、一九九三年一二月二日、先生は私の家を訪ねて来て、一泊してくれた。「来年また来るからね」と約束して帰ったが、翌年の六月一八日、六七歳で病死された。以来、「来年また来るからね」が無期限のまま、私を待ち続けさせている。

「恩師の夫人に励まされ」

一九九四年六月一八日、六七歳で亡くなった高校の恩師高鍋昭夫先生夫人あい（一九二七年新潟県加茂市生まれ）さんから、私が運営委員長として毎年開催していた心身障害児者の美術展「福祉ＭＹ　ＨＥＡＲＴ美術展」（青梅市立美術館市民ギャラリー）の九九年の第一三回展に取組み中、次のような手紙をいただいた。

「拝復、初秋の気配が立ちこめて、夜毎に虫の音が高くなるこの頃です。（略）マイハートのアーティストには及ばない私であると、作品を鑑賞しながら自認しました。前作の数々も、ふたたびひもといてみました。良寛の境地に通じるということは、ほんとうだと思います。普通の社会生活からオミットされて、溜った純粋な情念を昇華できることこそ、彼らの生きることと思います。」

私はこの部分を読み、これまでの疲れが一辺に吹っ飛び、理解の深さに感激したことを覚えている。さらに手紙は、

「亡夫も熊木さんの発案に戸惑い、てれているでしょう。粗末な画で申しわけないのですが、たった一度のネパール旅行は、亡き息子の面影の濃い、息子との再会の旅であったと思います。くもって見えなかったので諦めていましたら、急に雲が晴れて、ヒマラヤの峰が顔を見せ、歓喜して、スケッチした葉書を私に送ってくれました。（略）」と続いていた。「亡き息子」とあるのは、ヒマラヤのローツェ遠征登山を目指し、八五年一一月三日、冬の富士登山訓練中に滑落死した長男のこと。二六歳だったという。本人は無論のこと、ご夫妻と二人姉弟のお姉さんにとって、あってはならない無念の事故だった。

ここまで書いて、ふと、私が青春の放浪生活でお世話になった弁護士で俳人の故石井雀子先生の句

文化の日働き何を失ひし

が思い出された。石井さんは当時、愛嬢を舌癌で亡くされ、年頃の子に先立たれた親の悲哀はいかばかりかと、声をお掛けするのもためらわれた事などが、重なって思い出された。

ところで、その第一三回展の作品集を制作するにあたって、あい夫人に小説家竹原素子（たけはら　もとこ・本名高鍋愛子＝通称あい。一九二七年新潟県加茂市生まれ。茨城文学賞、長塚節賞、茨城新聞社賞受賞）のペンネームで「天衣無縫・ふしぎな調和」という鑑賞文と、昭夫先生が息子さんへの思いを背負ってヒマラヤを訪ねた旅のスケッチ画「ポカラからアンナプルナの峰をのぞむ」（たて二八・七×よこ二九・六cm八八年八月九日作画）を寄せていただいた。

鑑賞文は、柳田国男の『遠野物語』や良寛の書をひきあいに出し、「人間みな本来は大自然の造り物なのだが、凡人はあくせくと日常に流されているうちに、創造力や感性が鈍りがちとなる。マイハートの作家たちはそれらを大切にたくわえた人たちであろう。彼らのエネルギーの放出と造形を可能にした、産婆役の先生方、俗世の損得を超えて情熱を注がれた気魄も、作品群の裏に感じるのである」と結んでいた。小説家として鍛えあげられた知力や感性、洞察力の鋭さは、さすがと思ったと同時に、作品と向かい合う目の温かさが、出品者の意欲と向上心をさらに大きく羽ばたかせてくれる名文だと思った。

あいさんとは、亡夫の教え子というご縁に過ぎないのだが、私は昭夫先生が亡くなられて以来、そのご縁にどっぷりと浸かって、今日まで励まし続けていただいている。

「高鍋です。主人の着古しのコートがあるの。熊木さん、捨てるの勿体ないから貰ってくれない。主人がきっと喜ぶと思うのよ」と電話をいただいたのは、昭夫先生の一周忌法要が済んだ九五年七月だった。送られてきたコートと、先生のスケッチ画は、私にとって大事な宝物。二〇年経った今も、「熊木らしく生きよ」と宝物の遺品は、私を励ましてくれている。

「無限と可能性に感動」

私が三〇年余りにわたって取り組んできた心身障害者アーチストの個展、グループ展、団体美術展の中で、最も注目してきた一人に上原貴仁（うえはら　たかひと・一九七一年東京生まれ）さんがいた。無念なことに二〇一二年八月二四日、彼のお母さんから「先生、貴仁が二一日にグループホームで急死しました」と電話をいただき、四一歳で亡くなったことを知ったのである。貴仁さんは知的障害・自閉症ながらも絵を描くことが大好きで、造形作家水口秀樹さん、書家岡本光平さんに絵画や書の指導を受け、「第五回障害者総合美術展」（主催東京都・日本チャリティ協会一九九〇年）入賞、「アートバンク大賞展」（主催東京コロニー）で九四年奨励賞、九五年大賞を受賞し、その天分を遺憾なく発揮していた。

そんな貴仁さんの作品を私が初めて目にしたのは、『国連・障害者の十年』最終年記念国民会議芸術祭のアート展「OPEN MIND ART 1」（一九九二年一二月四日～九日朝日新聞東京本社新館「浜離宮朝日小ホール」）であった。この作品展は「障害とは一体何なのでしょうか？私たちの常識を打ち破るあふれるような色彩感とエネルギーに満ちた生命力の原点を示す約一〇〇点の作品を展覧します。」と、プロデューサーを務めた岡本さんが絵画、陶芸、織物を全国から集めて展示したものだった。

貴仁さんは「HANA」（アクリル画九〇×九〇cm）シリーズ作品を一〇点ほど出品していた。今その作品を思い返すと、毎日のようにテレビで歌われていた東日本大震災の「花は咲く東北に咲く」の〝はなーは、はなーは、はなはさく〟のイメージにピッタリの作品だったと私は思っている。作品を見た誰もがそう思ったに違いない（インターネットで「上原貴仁HANA」で検索してみてください）。

「自分に感じたものを何のてらいもなくキャンバス

にぶつけます。筆は勢いよく、色は思いきり気持ち良く、画面を次から次へと産み出します。上原さんは表現者の素直な気持を、身体、心を通して純粋に描きます。作品は文句なしに力強い。」と濱田行雄著『初めての水彩画』（一九九三年成美堂出版刊）に「花1」が紹介されていた。「花1」は「HANA」シリーズの最初の作品なのかもしれない。後の作品に比べてやや幼い感じであるが、心の躍動感、色彩のバランス感覚、筆の自在な動きは、濱口先生の紹介文どおりで、その才能をよく見抜いていると感じた。

貴仁さんが私の取り組んでいた心身障害児者の美術展「福祉MY　HEART美術展」（青梅市立美術館市民ギャラリー）に初めて出品したのは、第七回展（一九九三年九月二一日〜二六日）だった。以来二二回展（二〇一〇年一二月一五日〜二四日）までと、フランス・トゥール市で一九九六年、二〇〇七年に開催した「MY　HEART日仏国際交流展」に出品し、見学者に毎回大きな感動を与えた。作品は「HANA」「MIDORI」「風景」などのシリーズもので、貴仁さんならではの大胆なデフォルメ、カラフルな色彩、力強い筆タッチで、一目でその個性が分る特徴を示していた。私はその作風が大好きだった。岩崎巴人、中川一政、ゴッホやピカソの感性に通じるものを感じていたからなのだろう。

作品の搬入や搬出で、お母さんと一緒に青梅市立美術館に来た折、何回か貴仁さんと会ったが、内に秘めた眼力が鋭いと思った。「こんにちは」と声をかけると、小さな声で「こんにちは」とつぶやく姿は、何とも素直で初々しく感じられた。

私が最後に見た個展は、銀座の柴山画廊で開かれた「上原貴仁展」（二〇〇五年一一月二日〜七日）であった。「HANA」「MIZU」の無限と可能性に感動したことは、今も心に強く残っている。

貴仁さん、すばらしい作品をたくさん見せてくれて、ありがとう。

「上野原の俳人」

　山梨県上野原町（現上野原市）の俳人佐々木碩夫（ささき　みつお・一九四四年生まれ）さんと私が初めて出会ったのは、藤田湘子主宰の俳誌「鷹」が創刊（六四年七月）された翌年の二月、神楽坂の日本出版クラブ会館で開かれた東京例会句会だった。たしか荻田恭三さんも出席していたように思う。

　佐々木さんは既に創刊の年の九月号で、「夜の激雷遠のき壁にゴッホ燃ゆ」「一角が学ぶ灯で生き梅雨重し」「死蛾あまた週末の夜の教室はく」などで、「鷹俳句・Ⅲ」藤田湘子選の巻頭六句に輝いていた。荻田さんも創刊号の巻頭を飾っていて、将来が嘱望されていた二人だった。

　その時、荻田さんは三〇歳、私は二一歳、佐々木さんは二〇歳であった。その後しばらくして、鳥海むねき、しょうり大、竹中俊一郎さん達とも出会い、彼らは「鷹の若手作家」として内外から注目を浴びるようになった。中でも佐々木さんの俳句は、生まれ育った風土、農民性、家督の悲哀を内に秘め、格調高く詠みあげ、その韻律には純心な青春性がひびきわたっていた。

　当時、ことば遊びの遊びにもならない低レベルな句を作っていた私などは、足元にも及ばない作家として燦然と「鷹」誌上に輝いていた。「熊さん、俺はよ、『雲母』の飯田龍太のような風土性の深いものを目ざして句を作りたいと思う。俺のことばの源は上野原の土だからよ」と私に語りかけたことがあった。

　青春時代の佐々木さんは、背が高く筋肉質のスラっとした頑健な体躯の人で、私などよりずっと長生きするだろうと私は思っていた。

　ところが二〇一四年一一月二〇日、荻田さんから「佐々木君に電話をしたら奥さんが出て、彼が亡くなったって。もうびっくりだよ！熊ちゃん知ってたかよ」と電話があり、私も突然のことで、俄には信じ難い驚きであった。

翌日、どういうことかを確かめたいと思い、佐々木さん宅へ電話をした。奥さんの話によると、一一月六日の朝、目覚めた碩夫さんにお粥を食べさせたが、飲みこめない状態で変だと思った。普段は病院嫌いな人が、「病院へ行くか」と聞くと頷いたので、即刻救急車を呼んで病院に搬送入院。二時間余り検査室で検査して、午前一〇時頃病室に戻ってきた。その時は、酸素マスクや医療チューブを身体にたくさん付けた状態で、既に意識はなかった。そんな状態のまま一夜を過ごし、翌七日の午後九時四八分に息を引きとった、とのことだった。

思い返せば、二〇一二年一一月九日妻を伴って、自宅療養生活を送っていた佐々木さんを見舞ったことがあった。痩身ながらも、「糖尿病と心臓弁膜症で、こんな状態になってしまった」と笑顔で応対してくれた。その年の暮れ、私は北海道知床の宇登呂（うとろ）に出かける機会があった。糖尿病には昆布が良いと何かの本で読んだことを思い出し、肉厚の羅臼（らうす）昆布を探して、彼に送った。「熊さんありがとう」と彼は喜びの電話をくれた。

その頃から、佐々木さんは急に弱ってきたように思われた。翌二〇一三年の四月には、竹中さんと一緒に見舞いに行った。案の定大分症状が進み、呼吸が楽ではない様子だった。最近は本も読めないほど目が悪く、特に左目が駄目なんだと言い、お礼の手紙も書けなくなった、と寂しそうに言った。

「広場」九月号の別冊「荻田恭三句集特集」を見た彼が、竹中さんのところに電話をしてきて（といっても彼は電話口に出られず、奥さんが代わりに出て）荻田さんが「岳」を辞めたことについて聞いてきた時の奥さんの話では、症状は相当に悪化していたとのこと。

「鷹」一九六五年三月号の巻頭句「馬の香のまぎれなき闇凍りたり」は、死してなお佐々木碩夫の俳句を私の心に刻みつけた名句となっている。合掌。

「同級生は映画評論家」

ニューヨーク、カンヌ、ベルリン、ヴェネチア、香港、ベオグラード、タシケント、マニラ、ニューデリー、ロカルノ、モントリオール、東京などの国際映画祭を取材したり、時には審査員を務めたりと、国際的に活躍している映画評論家で日本映画ペンクラブ会員の村川英（むらかわ　ひで・一九四二年新潟県南魚沼郡塩沢町＝現南魚沼市生まれ）さんは、私と塩沢中学校時代の同級生。

村川さんにとっては多少迷惑だったかも知れないが、私にとっては同級生の気安さもあって、私が責任者を務め、一九八六年から青梅市立美術館で毎年開催した心身障害児者の美術展「福祉MY　HEART美術展」の作品集と関連資料（自己PRも含めて）を彼女に毎回送った。

彼女は多事多用の身の上ながらも、「熊木正則様〝福祉MY　HEART美術展〟カタログありがとうございました。大変、生き生きした力強い魂の躍動が伝わってくるようです。〝おに〟や〝せん色とおりもの の為のエチュード〟それに陶作品がいいですね。（略）繊細なものもいいですが、爆発するような生命の輝きに触れてみたいですね。どうぞよいお仕事を続けて下さい。（略）一九八七・九・一〇　村川英」（第二回展の作品集に対する礼状）というように、毎回寸評寸感を添えて、私たちの美術展活動にエールを送り続けてくれた。

これも私が企画したものだが、友人の書家岡本光平さんと彼が中央美術学園で教えた若手アーティストたちと、知的障害児者施設・友愛学園の入所者、職員グループとの合同・合作展「岡本光平＆友愛プロジェクト展」（二〇〇〇年九月一日〜九日世界観ギャラリー・千代田区神田小川町）を開催した時、村川さんは残暑厳しい中、「どうしても一度見てみたいと思って」と駆けつけてくれた。彼女は「凄いエネルギーを感じるわ」と言って、作品一つ一つに見入っていた。

その年の「第一四回福祉MY　HEART美術展」(一二月一三日〜二四日・青梅市立美術館市民ギャラリー)の作品集に鑑賞文を寄稿してくれるよう彼女に依頼した。

「(略)友愛学園の熊木さんの仕事は、プロのアーティストとこうした『アウトサイダー・アート』を結びつけるコーディネーター兼オルガナイザーとしての仕事だろう。私は二〇〇〇年九月二日に、こうした試みの一つである知的障害者とアーティストが、陶芸、紙工芸、木工の作品を共に制作して展覧会を開くという『岡本光平&友愛プロジェクト展』に出かけてみた。ここには奔放なエネルギーが溢れていた。このの岡本氏もそうだが、友愛学園が田島征三氏などのプロ芸術家との交流で培ってきたものは大きいと思う。(略)」

そう言えば、作品展見学の折にコーヒーショップに立ち寄り、中学生の頃の思い出話や郷里のこと、お互いの活動消息など一時間余り雑談した。楽しかった。

村川さんは九八年八月二七日、那須の豪雨水害で政治学者だった夫を突然亡くされ、悲嘆にくれていた。しかし翌九九年一一月三日、アメリカの映画、演劇史上屈指の人物エリア・カザンの自伝翻訳『エリア・カザン自伝』(佐々田英則　村川英訳・上巻五八一頁・下巻五五八頁と索引二二頁・一九九九年四月朝日新聞社刊)の労作で、第五三回毎日出版文化賞を受賞。「今回の受賞は一郎さんの事故の後だけに感無量のものがあります。正則さんには、事故の時も真っ先にお悔みの電報をいただき、心慰められました」(同年一一月五日の手紙より)とあり、この受賞をきっかけに、悲嘆から脱け出す気力を回復したようで、私は彼女の頑張りに喝采を送った。

因みにこの受賞評価によって、村川さんは城西国際大学の映画学助教授(後に教授)に招聘され、二〇一四年三月に定年。四月からは客員教授となり、映画評論、映画史の研究を続け、意欲満々であった。

「ご縁を結ぶ画家」

人と人との出会い、触れあいのご縁とは、まことに不可思議なものだと思うようになった。愚かな歳月を生き延び、その流れに身をまかせ、在るがままの心で世間を根なし草で漂っているからなのだろう。

そんな感慨にひたりつつ私は、画僧信行真哉（のぶゆき　しんや・一九五七年福岡県遠賀町生まれ）さんの地蔵絵をながめ、春の浮き雲のようにほんのり、ふんわりとした心地で楽しんでいる。彼の母和子さんの『夢があるから』（二〇〇五年私家版）によると、乳幼児期は首のすわりが遅く、寝返りができず、一歳八カ月で歩き、三歳の時大きな病院で受診したら、脳性麻痺と診断されたとのこと。そのためか知的発達が遅れ、「言葉はまあまあ会話は出来ますが、意味が通じない時が多いようです」と普通小学校へ入学した折の様子が書かれてあった。

このことで、真哉さんが心身の不自由な状態にあることや、一九六〇年代の社会福祉の厳しい中、母子二人三脚の歩みの道がどんな苦労の連続であったか等、おぼろ気ながらも想像できた。それでも曹洞宗常楽寺という仏心や慈悲心に囲まれた環境に生まれ育ったことは幸運なことだったと、彼の絵のしなやかさから見てとれた。

詩人大和蓮華（やまと　れんげ・岐阜県恵那市生まれ。浄土宗西山禅林寺派蓮台寺＝熊本市＝住職夫人）さんが詩を付けた画詩集『信行真哉の世界　ただ無心』（絵・信行真哉／詩・大和蓮華一九九九年鈴木出版刊）を見た。

「苦しいことがあったら／ためちゃあだめだよ／がまんしちゃあだめだよ／心の許せるだれかにはきだしてごらん／苦しいことだってあるさ／弱いときだってあるさ／人間だもの／生きているんだもの」

「生きているんだもの」という詩を、真哉さんの描いたお地蔵さまが口ずさんでいた。何とも言えない詩と絵の絶妙な呼吸が感じられ、私は心底感動した。

お地蔵さまを描く真哉さんの筆は、修正がきかない一本勝負の墨線。その線が力まず弛まず、心のままにのびやか、しなやかに、ふんわりゆったり「生きているんだもの」のほほ笑みを描き表わしていた。実に見事な絵だ。

この絵と詩の呼吸のぴったり感は、真哉さんも蓮華さんも諸々の雑念から解き放たれた不動の心、自在な心、つまり仏心に帰依した世界を共有しているからこその阿吽なのだろう。

ところで、袖振り合うも多生の縁ということかもしれないが、私が真哉さんを知ったのは、武蔵野大学教授米山岳廣先生が「第一七回福祉MY　HEART美術展」（二〇〇四年一二月一日~五日青梅市立美術館）を見学された折のことだった。「信行真哉さんという方が福岡で活躍しています。今度出品をお願いしてみて下さい」と紹介していただいたのが、ご縁のきっかけだった。

米山先生の紹介で真哉さんは「第一八回展」（二〇〇五年）に、「無心仏」と題した墨絵ほか四点を出品してくれた。どれもこれも墨絵の達人技と思える作品であった。その後、アドバイザー委員としてアジアの応募作品予選選考などで私が携わった（財）日本チャリテイ協会主催の「二〇〇九アジア・パラアートTOKYO」（二〇〇九年西武池袋本店）の開会式で、真哉さんとお母さんに初めてお目にかかった。

二人の笑顔に、旧知のような温かさが感じられ、元気な晴れ姿が嬉しかった。というのも、真哉さんが同展のパラアート賞を受賞し、その笑顔が彼の描くお地蔵さまに見えたように思われたからだった。

蓮華さんと会ったことはないが、私が長年可愛がってもらった画僧岩崎巴人さんが得度した禅林寺とのご縁につながっていたことに、不思議さを感じ驚いた。今あらためて、真哉さんのお地蔵絵、仏画は、いろいろなご縁を人と人との間に結んでいるのだと思った。

「視線に見守られ」

今では全国各地で開催されるようになった市民マラソンの先駆けとして名を馳せた「青梅マラソン大会」（一九六七年から毎年開催）の地、東京西多摩地区の中核都市青梅市は人口一三万七千人余りで、多摩川の清流と緑の山々に囲まれた大自然の美しい町。そんな東京の奥座敷とも称されている町で、私が自由気ままに四〇年近く、心身障害児者福祉文化活動を続けられた裏には、何人かの大きな支えと励ましがあったからに他ならない。

その一人が宮崎廷（みやざき　ただし・一九三四年青梅市生まれ）さんである。宮崎さんは法政大学卒業後の一九五七年から九五年まで地元の青梅市役所に勤め、九五年から九九年まで青梅市教育長を務めた人。その気品の良さと誠実で温厚な人柄は、市民の誰からも敬われる行政マンだったと私は思っている。

そんな宮崎さんと私が初めて出会ったのは、八一年頃ではなかっただろうか。当時、国際障害者年に因んだ取り組みとして、私は福祉映画上映会（代表佐藤友之）の一員であった。第一回目は、国際障害者年記念映画「いまできること〝芦北学園の子供たち〟」（監督中山節夫・八〇年二月制作）というドキュメンタリー映画を、同年八月二二日青梅市民会館大ホールで上映。この活動の実行には青梅市教育委員会の後援が不可欠であり、その相談で宮崎さんを訪ねた。

宮崎さんは、「分かりました。それでは教育委員の増田精一（故人）さんを紹介しますので伺ってみてください。増田さんならきっと委員会で良い回答が出るように検討してくれるでしょう」と優しくアドバイスしてくれた。宮崎さんの紹介ということもあって、教育委員会の後援は無事承認されたのだった。

上映会は「国際障害者年の会」として、八八年の第七回「Ｋｅｎｎｙ」（モントリオール国際映画祭グランプリ賞のドキュメンタリー映画）まで続けることができた。それは、心身障害児者への正しい理解と共感を青梅市民社会に拡げていくことにつながり、やり甲斐のある活動だった。

この活動を通して私の中に芽生えたのが、障害児者の表現文化活動としての美術展であった。心身障害児者の生の心情、心の在り様を広く市民社会に開示し、人は等しく今を生きていることの大切さを共有し、認識し合える、そんな美術展の開催が、私の中で少しづつ具体化していった。

八六年一月一〇日、準備資料を携えて青梅市立美術館に宮崎さんを訪ねた。当時、宮崎さんは美術館の管理課長に就いていた。

「熊木さんが障害者の作品を集め、責任を持ってやると言うのなら、松平さん、美術館として出来るだけ協力しましょうよ」と、同席していた主任学芸員の松平修文さんに口添えをしてくれた。おかげで、松平さんからも前向きな同意が得られ、私の美術館使用の相談は、とんとん拍子に了承されていった。当時の社会情勢を考えると、障害児者の作品展覧会を公立美術館で毎年定期的に開催するという事は、極めて稀なケースであった。この展覧会は「福祉ＭＹ　ＨＥＡＲＴ美術展」の名称で、同年から二〇一二年まで開催され、全国的にもその先駆けとなった。

今こんな風に私の活動を振り返ってみると、そこにはいつも宮崎さんならではの温かい眼差しが注がれていたように思う。

宮崎さんは、高校生の頃からカメラを持ち歩き、以来今日まで写真を撮り続けてきたカメラマンでもある。私は、青梅市立美術館で開催された「奥多摩今昔――振り返る50年」（二〇〇一年）、と「ふりかえる昭和～昭和の東京そして多摩～」（二〇〇六年）の二回の写真展を見学したが、いずれも日常の生活、町の行事などの「その時」「その場所」「その顔」が時代を流れる空気感と共に撮られ、宮崎さんならではの庶民生活の平和を願う視線を感じずにはいられなかった。

「一歩を与えてくれた詩人」

朝目覚めた時、窓から時々空を見上げることがある。雲が微風に乗ってゆっくりゆったりと自在な姿、形に変わっていく様子に心が遊ぶ。過去、現在、未来とはこのような様相なのだろうかと思うこともある。

詩人吉岡実（よしおか　みのる・一九一九年東京本所業平＝現東京都墨田区生まれ。九〇年没）さんの詩

四人の僧侶
一人は枯木の地に千人のかくし児を産んだ
一人は塩と月のない海に千人のかくし児を死なせた
一人は蛇とぶどうの絡まる秤の上で
死せる者千人の足生ける者千人の眼の衡量の等しいのに驚く
一人は死んでいてなお病気
石塀の向うで咳をする
（詩集「僧侶」から〝僧侶〟という詩の8節）

を、そんな雲の移り変わる姿のなかに私は見た気がした。私には、学生時代に神田の古本屋で『吉岡実詩集』（一九六七年思潮社刊）を購入し、集中の「僧侶」や「紡錘形」等の詩を難しいと思ったことや、でも彫刻的なことば構成とイメージ展開、エロチシズム的透明感、演劇的空間移動のような感覚があって、その難しさを考えること自体が楽しかった、という思い出もあった。

難解で異色、孤高の詩でしか知らなかった吉岡さんとの出会いは、一九七二年の夏だった。当時、俳誌「鷹」１００号記念（10月号）の企画として、詩人吉岡実、歌人佐佐木幸綱、俳人金子兜太、高柳重信、藤田湘子による座談会「現代俳句＝その断面」が、銀座の割烹店「卯浪」（「春燈」の俳人鈴木真砂女さん経営）で行なわれた折のこと。この座談会の記録係として、

編集部の永島靖子さんと編集長だった私が同席し、初めて吉岡さんと会うことが出来たのである。

座談会は、それぞれの戦前戦後の体験をベースに語られ、私などが知ることのなかった話がたくさん聞けて、楽しいかぎりであった。中でも吉岡さんの話っぷりは、親しさのこもった江戸下町弁のスッキリ、キッパリした口調で、非常にクリスタルな感じの歯切れのよさだった。

そんな第一印象に甘え、また「熊ちゃん、若い時は誰とでも会え、若さの特権だから。中味がなくたって若いというだけで相手は許してくれるんだよ」という湘子先生の教えもあって、座談会の後、七四年三月頃だったと思うが、吉岡さんを訪ねたことがあった。

筑摩書房の編集部勤めで忙しい身の吉岡さんだったが、一時間程度ならと都合をつけていただき、会社近くの喫茶店でお話しをすることが出来た。

その頃私は、俳句と職の二足の草鞋に悩んでいた。吉岡さんは私の話に黙って耳をかたむけていたが、やがて「ことばには確信犯的なものがあるわけ。それがぼくにはリアリティーというものなんだ」と言い、「君の〝木菟百回ないて短かくなる法衣〟とか、〝われ蛇に孵りて熱くズボン脱ぐ〟は面白いと思った。しかし、君が言う〝ことばの先にことばあり〟の句だとしたら、非常に怪しく危ない作り方だね」と続けた。

さらに、「いつか必ずリアリティーの壁にぶち当たって俳句が書けなくなってしまうだろうね。ことば本来のリアリティーを現実の中からどういう形であれ、捜し出さないとね。俳句でも詩でもそれは同じだとぼくは思う」と言い切った。

私は確かなことを吉岡さんが言ってくれたと思った。これだけの大詩人が言ってくれたことと、自分の人間的な甘さ、作家精神の脆弱さと才能のなさを考え、俳句断念を決意することが出来たのである。

吉岡さんに出会ったことで、その後の私は、知的障害児者の福祉、障害者福祉文化活動の道へ、一歩踏み出せたように思っている。

「最上川の流れに立つ人」

「おい石井君、中山君、金井君、大沢君もだ。自分でちゃんとやっているかい。僕はね、父も母も死んだから水明苑で自分のことは自分でやってるよ。洗濯も洗濯機で一人で洗ってる。君たち、親が死んだら全部自分でやるんだよ。先生や親に甘えちゃ駄目よ。分りますか」と吉田尚古（よしだ　なおたか・一九四六年東京都武蔵野市生まれ）さんは、大沢さんの浴衣のはだけを何気なく直してあげながら、優しい口調でみんなに言った。

一九九七年一〇月六日、私は知的障害児者施設「友愛学園」（同青梅市）の成人部学園生四人と若い生活指導員一人を伴って、山形県大石田町に開設された同種施設「水明苑」を訪ね、吉田さんと温泉宿で一泊した。吉田さんは前夜から興奮気味で、夜明前から目覚め、「いつ来るか、いつ会えるのか」と私たち六人を待ちこがれ、午前中の日課は上の空で、何を話しかけても空耳だったそうだ。友愛学園の児童部（一八歳以下の入所施設）、成人部（一八歳以上の入所施設）で通算三五年間ほど施設生活の苦楽を共にした友と五年半振りの再会だったから、無理からぬことだった。水明苑には前もって吉田さんの外泊許可をお願いしておいた。

最上川をはさんで水明苑の真向いにある大石田温泉「虹の館」という公営の宿泊施設に、彼と一緒に泊まることができた。

「クマゴロウ（私のニックネーム）さんよ、俺は水明苑ででっかい傘立を作ってるんだ。近所の焼き物作家が、時々教えにくるんだけどね。毎日は来ない。俺は友愛学園で焼き物やってただろう。お前ぇうまいなって言うんだよ。だからな、俺みんなに粘土の菊練りを教えてるんだ。みんなうまくなったぞ。俺の傘立でっかいだろう。作ると直ぐ売れちゃって水明苑にねぇんだ。みんなに見せられなくてご免ね」

と、水明苑でも陶芸活動に励んでいる喜びを、誇らしげに語ってくれた。

さらに「みんな、よーく聞いてね。水明苑は作業で頑張った人はね、外へ働きに行けるんだ。パン屋で働いている人もいるよ。老人ホームで実習している人もいる。俺も頑張ってね、外で働いて給料もらいてぇんだ。そしたら友愛学園に遊びに行って、マー坊やユウさん、順子先生、船津先生やみんなに会えるだろう。みんな元気にしてるかなあ」と言い、「俺は頑張るからよ。石井君、中山君も頑張れ。金井君も大沢君もだよ。分りますね」と私が連れてきた四人を励ました。

吉田さんは水明苑の施設生活の中で、自分なりの目標と夢を見つけ、それを語ってくれた。四人とも枕元でその話に聞き入りながら、気付くと最上川の闇夜にすっぽりと寝落ちていた。どこからともなく、虫の音がかすかに響いて、心安らかな五人の寝息だった。

私は松尾芭蕉が「五月雨を集めて早し最上川」と詠んだ最上川は、どんな水量、流速だったのだろうかと、彼らの寝息の中で考えるともなく思いめぐらしていた。そして吉田さんが水明苑に移り住まなければならなかった九二年四月当時のことが思い出された。

その時点で父親は八〇歳代半ば、母親は七〇歳代半ばだっただろうか。両親がそれまで住んでいた武蔵野市の自宅を引き払って、生まれ故郷の山形県天童市で終生を迎えたいと、同市に移住し、それにともなって吉田さんは友愛学園から水明苑に措置入所せざるを得なかったのである。吉田さんは「俺は友愛学園に残る。山形の施設なんかイヤだ」と強く主張したが、行政上の措置費問題があり、それはかなわないことだった。移住後、二、三年で父親、その後二年ほどで母親と相次いで亡くなり、一人っ子の吉田さんは天涯孤独の人となったのである。その心の辛苦はいかばかりだっただろう。そうした吉田さんの激変の人生が、芭蕉の俳句と重なって私には思われ、最上川の流れのどこかしらで、漂泊、無常の糸のようなもので繋がっていたように思えた。（拙著『心の星』から加筆修正）

「生涯を貫く理念」

ノーマライゼーション（Ｎｏｒｍａｌｉｚａｔｉｏｎ）原理の育ての父と称され、障害者の人権活動で世界的に著名なベンクト　ニィリエ博士（ＢｅｎｑｔＮｉｒＪｅ・一九二四年スウェーデンのモヌラ生まれ。二〇〇六年没）と出会ったのは、一九八二年のことだった。

この年、私は幸運にも東京都が実施した「昭和五七年度心身障害者〈児〉及び老人福祉関係収容施設職員海外派遣研修」の研修団員に選ばれたのだ。私たち知的障害者入所施設職員グループは、東京都、千葉県、群馬県、栃木県にある施設の保母、作業療法士、生活指導員など一一人だった。何故か私がグループリーダーに選出されてしまった。

この研修は、スウェーデン、イタリア、スイス、フランス、イギリスの五ヶ国を訪ね、各国の福祉制度や施策、施設現場の実情を視察、学習するというものだった。各国とも「国際障害者年」（八一〜九〇年）のテーマ、障害者の〝完全参加と平等〟に向かって、ノーマライゼーションのプログラム化が具体的に推進されつつある時期だった。

私たち研修団はスウェーデンで四日間過し、一一月一六日ニィリエ博士からノーマライゼーションの概要について講義を受けた。訪問先の重症障害児学校、ウプサラ県立「リッコンベイヤスクール」の施設会議室が会場で、講義の概要は次のようなものであった。

一．ノーマライゼーションの歴史的背景

二．ノーマライゼーションの基本概念

①一日のノーマルなリズム

②一週間のノーマルなリズム

③一年間のノーマルなリズム

④一生のノーマルなリズム

⑤ノーマルな住居、経済状態、学校、行事

三．スウェーデンにおける福祉システム（法律を

バックとした）
四．将来への展望
五．短期入所について
＊詳しくは、『「ノーマライゼーションの原理普遍化と社会改革」ベンクト・ニィリエ著、河東田博、橋本由紀子、杉田穏子訳編』（現代書館一九九八年刊）を参照されたい。

「私は明日、アフリカ国際会議に出発します。皆さんはイタリアへ出発。お互いに一日ズレていたらと思うと、この幸運に感謝します」と、私たちに笑顔で語りかけてくださり、国際会議への出発準備で忙しい最中にもかかわらず、ニィリエ博士には私たちの研修講義に貴重な時間を割いていただいた。その大らかさと優しい人柄に私は心を打たれ、「この研修視察はここで始まりここで終わる」という気持ちで講義に聞き入った。

「スウェーデンはノーマライゼーションのプログラム化を進め、大規模施設から小規模施設へ、さらにそれを地域社会に移行し、数年後にグループホームの形態になります。旧来型の施設は間もなく消えてなくなります」と博士は熱く語った。当時の私は不勉強で、「グループホーム」という概念も知らず、集団での入所施設がなくなるという話に、大きなショックを受けた。

一方、〝地域社会に移行〟という言葉が私に深く染み入った。知的障害児者の自己表現文化、それを施設から地域へ引き出すことを私に思い付かせてくれたからだった。帰国後、私は文化活動面での社会参加にもノーマライゼーションの課題があることに思い至った。

それが、心身障害児者の美術展「福祉ＭＹ　ＨＥＡＲＴ美術展」（一九九六〜二〇一三年）活動につながった。この活動を通じて、多くの人々が障害者の美術活動、自己表現作品に関心を持ち、理解を示すようになった。

ニィリエ博士の情熱的な講義は、私の活動を方向づけ、生涯を貫く理念として今も息づいている。

「強く熱い意志に導かれ」

「上海師範大学」（中国上海市桂林路）の程郁（てい　いく）先生が、わが家を訪れたのは一九九九年五月三〇日。この時いただいた名刺には副教授とあり、四〇歳前後とお見受けした。彼女は、女性史研究をテーマに、九八年から九九年にかけて一年間、国費の客員研究者として昭和女子大学に留学中であった。

妻が春の琴の演奏会（日比谷公会堂）に出演参加した折、日比谷公園で程先生と出会い、「よろしかったら遊びに来てください」と声をかけたのだそうだ。その親切心が忘れ難く、また青梅市がどんな所か興味があって訪ねてこられたとのことだった。妻の大雑把で解放的な性格と程先生の探求心の旺盛さが結びついて、この日の訪問となった。

「私、留学中でおみやげがないから、中国でお正月に食べる水餃子を作ってあげましょう」と、程先生は妻が使い残した小麦粉や玉葱、挽き肉を使って、器用に餃子を大皿一杯に作ってくれた。餃子を作りながら、日本語を独学で勉強したこと、文化大革命で学生時代に苦労したこと、両親が出版業界の文化人であったことなどを話してくれ、さらに「一日も早く息子に会いたい」と家族のことも話してくれた。そんな母心がこめられた餃子は大変美味しく、私も妻も中国の味を存分に堪能させてもらった。

この日は日帰り訪問だったが、後日、留学が無事終わって帰国することになり、その前にもう一度会いたいので、今度は一泊の予定で訪問します、と電話があった。丁度、フランス留学中の娘の部屋が空いていたので、「遠慮なくどうぞ」と、妻は大喜びで返答した。その再訪問は九月一一日に実現した。

私が取り組んでいる障害者活動の話をすると、彼女は上海で知的障害の人を見かけたことも、どこでどういう生活をしているのか聞いたこともなく、自分は教育者でありながら全く知らないということだった。

だったらということで次の日、知的障害児者入所施設「友愛学園」（東京都青梅市）の成人部（一八歳以上の入所者施設）を案内することにした。施設を見学中、近寄って来る人たちに何か異様さを感じたのか、「私ちょっと怖い」と小声で呟いた。私は、「先生ご心配なく、大丈夫です。彼らは人懐っこく優しいですから」と言って慰めた。

「廊下に飾つてある絵、形も色も個性的ですばらしいです。こういう人たちの作品を集めて、上海で展覧会がやれるといいですね」と程先生は、幾分緊張が和らいだ表情で言った。「帰国したら展覧会の可能性について考えてみましょう」とも言ってくれたので、「是非お願いします」と私も力をこめて言った。

帰国後は、留学中の研究資料の整理や論文執筆の忙しい日々を送っていたようで、しばらく連絡は途絶えていた。

「（略）帰国してから三年半になりましたが、一九九九年の夏、お宅で過した二日間ははっきり胸に刻んでいます。（略）その日正則先生は、上海で子供の作品を展示させたいという夢をいったのです。私も感動して、どうしても助けてさしあげたいと思います。（略）先日、法子（私の妻）さんから先生がそろそろ定年になるという話を聞いて、びっくりされてから、速く実行しなければならないと痛感いたしました。（略）程郁　二〇〇三．三．二二」

程先生は、上海市での展覧会について考え続けてくれていた。この手紙に寄せた先生の強い意志と熱い思いに導かれ、私はさらに五年の歳月を費やし、日中共同開催の作品展について、その可能性を追い求めた。

その結果が、「パラリンピックを迎え―二〇〇八中国・日本・フランス知的障害者芸術作品展」（二〇〇八年六月二二日～二九日上海市陽光芸術センター）となって、夢は実現したのだった。

程先生との巡りあいなくして、この作品展は発想され、実現されなかったのである。

「蚕のような画人」

医療ケアを必要とする重症障害者施設「島田療育センター」(東京都多摩市)で入所生活を送っている為水信吉(ためみず　のぶよし・一九五四年神奈川県横須賀市生まれ)さんは、「タンメン」の愛称で皆から親しまれていた。そんな彼が画集「夢の旅人」(八二年、島田療育園画集出版委員会刊)に次ぐ第二画集「たんちゃんの夢のどうぶつたち」を刊行したのは、一九九五年二月二〇日だった。

島田療育センターの出版委員会から、画集に鑑賞文を寄せて欲しいとの依頼があり、次のような感想文を書いて送った。

「生命を詩うメルヘンの世界

島田療育センターで「タンメン」の愛称で暮らしている為水信吉さんのことを想う時、私はいつも彼が生きていること、生きてこの世に在ることを不可思議に思う。一〇数年前、為水さんと初めて出会った時、ベッドに横たわり四肢の極度に拘縮した姿は陶器のオブジェのような固さに感じられ、いつ燃え尽きるかも知れない氷河の氷を射抜くような鋭い眼光を感じさせていたからでもあった。何度も何度も病の死線を越えてきた人の冴えが漂っていた。

そんな為水さんが口にマジックペンをくわえて、細く筋張った首を前後左右に振って絵を描くことに私は驚嘆した。私の知る限りでは最も重い脳性麻痺症状の絵描きである。絵は独学で、絵を描くことが好きだから、体力のギリギリまで描き続けた(そのため体力を消耗しきって高熱を発し、生命の危機さえおかした)と聞き及んでいる。彼は絵を描くために生き、生きるために絵を描く、この行為で自分の生命を生かし続けているように思う。

為水さんのマジックペン画を一〇年近く見続けてきた私は、最近の絵に、これまでよりもさらに細やかな息づかいと心の広がりを感じている。絵はライオン、パンダ、コアラ、ウサギ、タヌキ、ネコ、ブタ、ウマ、ニワトリ……といった動物を主人公としたパラダイス調、メルヘン調の世界で、童話や童謡が聞こえてくるような和やかさを、私たちの心に語りかけている。

動物たちのボディラインの力強い縁取り、その動物たちにほほえみかけている太陽の顔、そこには寝返ることも、起き上がることも、歩くことも、食べることも、話すことも意のままにならない自分の五体の彼岸としての祈りがこめられているのかもしれない。それだけに健康で力強い動物たちの明るくほほえんでいる表情に、私は為水さんの心に棲みついている仏のやさしさを感じるのである。

絵を描き続けてきたことで、絵に描き出された自分自身の心の姿は、脳性麻痺の重い症状を乗り越えた真の自由の姿といえよう。

私は幼年期に、蚕が全身の力を振り絞って透明な糸を口から吐き出し、雪のような真っ白い繭玉を作っていく様子に見入りながら、蚕の生命の不思議さと同時にその営みの美しさに涙がこみあげてくる感動を覚えたことがあった。

為水信吉さんの描き出す絵には、この蚕の繭玉作りの営みと同じような純白な心が感じられ、まさに生命を詩う世界が描き出されているといってよい。」

私が為水さんのことを知ったのは、たしか八四年頃だったと思うが、第一画集「夢の旅人」を入手したことによってであった。この画集は、為水さんの明日をも知れない生命の証として出版されたものだった。

当時、心身障害児者の「ノーマライゼーション」や「完全参加と平等」、「表現の自由」などを考えあぐねていた私に、この画集で見た生命の絵画詩ともいうべきものは、大きなインパクトを与えてくれ、心身障害児者美術展取組みへと背中を押してくれたのだった。

「社会の目を持てと」

今日まで数多くの活動取材を受けた中で、私が最も尊敬し信頼を寄せた記者は、毎日新聞社会部の開真（ひらき　まこと・二〇〇八年没）さんだった。開さんが「やぁ熊木さん、相変らず頑張ってるね」と応援取材してくれた期間は、障害者の〝完全参加と平等〟をテーマとして国連が定めた「国際障害者年」（一九八一～九〇年）の二年目から八年間におよぶ。

その頃、私は知的障害児者を中心に心身障害児者（精神障害、肢体不自由、寝たきりの重症障害など）の福祉映画上映会、ソフトボール大会、魚釣り大会、プロ作家との合同作品展、美術展、フランスとの国際交流、グループ展、個展などに取り組み、全て知的障害者生活指導員として施設職員勤務外の時間を活用。企画立案、実行委員会、実施活動時間、資金集めなどで睡眠時間は四、五時間というような日々を送っていた。

そんな私の姿を気の毒に思ったのか、開さんは「施設の職員はもっと社会の目を持たないといかんな。いくら社会参加だと言っても、施設側の都合だけを社会に押しつけたところで、そう簡単に道は広がらない。社会は複雑だからね」と言い、「そこへ一歩踏み出すには、さらに二歩、三歩の情熱とエネルギーが必要なんだろうなあ」とも言った。

疲れ果てている私を勇気づけようと思ったのか、開さんから「ソフトボール大会のことで個人取材を受けてもらえんだろうか」という電話を突然いただいた。私は生まれて初めての個人取材ということで緊張したが、「なるようになれ」と開き直った気持ちで、お願いすることにした。

記事は、一九八四年六月一〇日の毎日新聞多摩版の「TODAY'S　FACE」欄に写真入りで掲載された。タイトルは〝参加できたことに感動〟となっていて、内容は次のようなものだった。

『（略）このほど青梅市内のグランドで一回戦が終わった。参加チームは都立、私立、民間施設から六チーム九十人。いずれも精神薄弱者や脳性マヒなどの障害を持つ人たちだ。（略）どの選手も「とても楽しかった」と喜び、勝敗よりも参加できたことに感動した。「大成功でした」。大会運営委員長の熊木さんも自信がついた。（略）

出版社勤めから精神薄弱者更生施設・友愛学園成人部（青梅市成木）の指導員に転じて十二年目。一昨年は都から派遣されてイギリス、フランスへ。欧州の養護、福祉施設を見学。昨年も中国へ社会視察に。

「施設内での趣味的サークル活動だけでなく、いかにして一般社会に踏み出すか」。その必要性を痛感する。決勝戦は七月中旬。次は絵画展など文化面に意欲を燃やす。（開）』

この時、私は四一歳と若く、働き盛りであった。開さんは六〇歳前後だったか。私はこの記事によって〝社会の目〟というものを自覚させられ、社会と向き合う力と勇気を与えられたように思った。開さんは、その昔、東芝府中工場の「三億円強奪事件」のスクープ記者として活躍し、「社会部に開あり」と言われた辣腕記者だったという。私が出会った頃は、そんな厳しさはなく、いつも清々しくさわやかな表情で、気軽に声をかけてくれていた。

「私は若い駆け出し記者の頃、先輩たちに〝足で稼げ〟〝現場の空気をつかめ〟〝真実を追いかけろ〟と教えられ、叩き込まれた。そんな記者生活が身に染み込んでしまって、定年退職後も名誉社員として記者を続けてるって訳だ」と話してくれたことがあった。開さんは、浦和支局長や社会部副本部長を歴任し、部長待遇で定年退職の後、社会部青梅通信部長として嘱託記者を続けていた。

その八年間、応援取材をいただいた折々に、人としての歩み方、心の持ち方など、〝社会の目〟の持ち様を教えてくれた新聞記者だった。

「身近な相談者」

心身障害児者の福祉文化活動で悩んだり行き詰った時、私はいつも知的障害者施設・社会福祉法人南風会「青梅学園」（東京都青梅市）園長・理事長の山下勉（やました　つとむ・一九二七年同市生まれ）先生を訪ねた。

先生は私が行くとどんなに忙しくても、「いやぁ熊木先生、どうもどうも」と理事長室に迎えてくれ、私の話に耳を傾けてくれた。

山下先生は青梅市や東京都の社会福祉協議会、日本知的障害者福祉協会の理事、専門部会の諮問委員などを歴任し、知的障害者の福祉分野に幅広い見識を持っていて、私には願ってもない身近な相談者であり、先達の師とも言える存在の人だった。

心身障害児者の美術展「福祉MY　HEART美術展」がスタートして二年目の第二回展（一九八七年七月四日～一五日青梅市立美術館市民ギャラリー）を行なっている最中、突然電話がかかってきて「熊木さんですか、愛成学園の岩田です」という挨拶もそこそこに語気強く「青梅美術館でやっている障害者の美術展、聞くところによると君の個人的な取り組みだそうだね。いつまで続ける気かね」と言われた。

「個人的かどうかは別として、続けられる限りはと考えています」と私が答えると、「そんな個人的な取り組みの売名行為は止めなさい。東京愛護か東社協部会でやることなんだから。君のような者が個人的にやることじゃないよ」と言われて電話は切れた。（電話の岩田さんは、知的障害者施設「愛成学園」＝東京都中野区＝の園長・故岩田五郎先生。東京愛護は現「東京都発達障害支援協会」、東社協は「東京都社会福祉協議会」のこと）

私は、岩田先生からの唐突な電話の真意が分らず、「個人的な売名行為」と決めつけられては身も蓋もないと思った。そこで私は山下先生に相談し、岩田先生に私の取り組みの本意を伝えてもらって、取りなしてもらえるようお願いした。「岩田先生は誰かに吹き込まれて誤解されたんでしょうね。私から説明すれば分かってくれますから、心配しないで頑張って下さい」と言って、山下先生は快く応じてくださった。

当時私は、東京都社会福祉協議会発行の月刊広報誌「福祉広報」の編集モニター委員（一九八六年から八九年まで）を務め、八七年一一月七日、その会議で同協議会に出向いた折、エレベーター前の廊下で山下先生と「滝乃川学園」（国立市）成人部施設長の寺崎勝成先生にバッタリ出会った。二人とも施設長役員会に出席しての帰り際だった。

「思わぬ所でお会いしました」と私が挨拶すると、「いや、全くですね」と二人とも苦笑いし、「ところで熊木先生の美術展の件、寺崎先生と二人で説明しましたよ。会に出席された皆さん、とても好意的に受けとめてくれました。岩田先生もね。寺崎先生も熊木先生のことはよくご存じで、〝温く見守りましょう〟と呼びかけてくれましたからね」

私は山下先生から会合直後の反応を聞くことができ、岩田先生も納得してくれたという話だったので、胸中の霞がスッと晴れる思いだった。この頃、岩田先生は東京都発達障害支援協会のドン的存在で、障害児者の表現の自由をめぐって協会権力と論争するのは、時間的にも内容的にも不毛に終わるだろうと思いかけていたからだった。この一件は、目に見えない反感、反撥があることを改めて考えさせてくれ、それに立ち向かう新たなエネルギーの必要性を私に学ばせてくれた。山下先生が親身に相談したことを処理してくれたことで、その後、美術展は資金的に苦しみながらも順調に進展。フランスや中国との国際交流展へと発展し、心身障害児者の心の窓を大きく開け放ってくれたと思っている。また、グループ展や個展にもつながり、そこにはいつも山下勉先生の「どうもどうも」の笑顔が、ひまわりのように力強く咲き誇っているのを、私は感じずにはいられなかった。

「慕われたイラストレーター」

グラフィックデザイナーでイラストレーターのビル・ウォーマック（Ｂｉｌｌ　ＷＯＭＡＣＫ　アメリカ・ノースカロライナ州生まれ）さんが、日本の禅に惹かれて来日したのは一九八三年で、二九歳の時だった。彼は大学で宣伝と美術を専攻し、来日後、東京・港区麻布台のビルの一室に、アートディレクション・デザイン・イラストレイション事務所「ビル　ウォーマック　スタジオ」を開設。英語の「東京ジャーナル」や「岩のウグイス」など、本や雑誌のデザインをやっていたとのこと。私がビルさんと初めて出会ったのは、八五年一〇月二六日、知的障害者通所施設「太陽の家福祉作業所」（現「ひのでユートピアサンホーム」東京都日の出町）の絵画クラブ教室を見学した折だった。当時、西多摩地区の心身障害児者施設でプロの作家が指導している絵画クラブ活動の話は聞いたことがなかったので、私は興味津々で見学にうかがった。

教室では、絵を描くことが大好きだという四人の通所者が、ビルさんと彼の通訳者サイモン順子さん、指導員斎藤郁子さんの三人に見守られながら、楽しそうにそれぞれの思い（心象）を描いていた。

突然、四人のうちの一人五十嵐勝美（いがらし　かつみ・知的障害・ダウン症・当時一九歳）さんが、「ビルしゃん、ビルしゃん」とビルさんを呼びつけ、「あんね、ビルしゃん、怒ったの、斎藤しぇんしぇ鬼みたいよ。怖い顔、わかるでしょう」と言った。すかさず、「勝ちゃん、昨日、椎茸の木を運び出すお手伝いでグズしたでしょう。

皆がやっているのに、勝ちゃんだけが嫌だとグズってさ。だから怒られたのよね」と斎藤先生が説明。すると「しょうなの、ワハハハ……。斎藤しぇんしぇ、可愛い人ね」と五十嵐さん。この話に皆が一斉に大笑い。何とも言えない和やかさだった。私は思わず禅語の「幽鳥弄真如」（小鳥のさえずりも心して聴けば、真理を語っています）とは、こういうことかも知れないと感じ入った。

ビルさんは、「この人たちにデッサンをやらせるのは難しい。だから心の向くまま、ダイレクトに描きあがるように考え、ポスターカラーと毛筆を使うことにしました」と言った。その他に特別な指導方法は、何もしていないということだった。ただし色は赤、青、黒、白、緑、茶の単色使いにして、混合色は使わないことにし、画紙としてダンボール紙、麻袋布、画用紙などを準備するだけだとも言っていた。

私は見学しながら、「ビルさん、日本語がよく分らないのに、この人たちとのコミュニケーションがうまくとれますね」と問いかけた。彼は事もなく、「この人たち、ことばイラナイ、心と心、絵でワカル。上手にカク、下手にカク、関係ナイ」と言った。続けて、「楽しさアルカラ。とても心のイイ人たち。ボクのこと、サイモンさん、斎藤さんのこと、ミンナ分っちゃう。この人たちと一緒は楽しさイッパイね。熊木さん、そう思いませんか」と、サイモンさんの通訳を交え、ギクシャクしながらも笑顔で話してくれた。そこには、日本人もアメリカ人もなく、一人の人間としての心が解き放たれていたように思われた。この日、五十嵐さんは「プロレスラーの花嫁」（白黒のポスターカラー画・七五×五五cm）という作品を描いた。絵は大胆に力強く筆がほとばしっていて、かって芸術家岡本太郎（一九九六年没）がテレビのCMで、「芸術は爆発だ」と言っていた、そんな感じであった。この絵は、八六年の「第一回福祉MY　HEART美術展」のポスター画に採用され、九五年の「障害者アートバンク作品展'95夏」（主催・東京コロニー）で、アートアンダンテ特選賞を受賞した。

ビルさんは一人ひとりの心を引き出し、その心が趣くままに任せての指導方法をとった。

それは、双方に禅的な心の作用があってのことだったのではないかと、私は今でも思っている。

「心の手に励まされ」

中国障害者芸術団（中国北京市）の「千手観音―My夢Dream」日本公演が、テレビや新聞などのマスメディアで大きな話題となったのは二〇〇七年から〇八年頃であった。私がその公演を新宿の東京厚生年金会館で妻を伴って見たのは、〇九年四月一八日のことであった。

私は不勉強で、この時まで中国にこのような芸術団が養成されていたことなど全く知る由もなかったが、この日本公演の記念誌によって初めてその概要を知ることができた。

それによると、『一九八七年九月二七日、三〇名ほどの中国青少年障害者が第一回中国芸術祭に参加し、中国障害者芸術団の誕生を宣言、障害者の文化生活参与への希望と権利を示した。

一九八八年から二〇〇〇年、芸術団は集団パフォーマンスを主とし、「国連・障害者の一〇年（一九八三～一九九二）と「アジア太平洋地区・障害者の一〇年」に合わせ、国連の経済・社会理事会の提言を受け、アジア、ヨーロッパ、太平洋諸国一五の国を訪問し、「平等・参与・享受」の理念を伝え、友好な社会環境を呼びかけた。

二〇〇六年、「千手観音」は日本の万国博覧会一周年記念文化芸術イベント、オーストリア・ザルツブルク芸術祭、ドイツの映画祭の授与式に参加し、各地の新聞社は主要欄に「千手観音」の写真を載せ、テレビ局は生中継を行なった。観客のすべてが総立ちになり、芸術団の素晴らしい舞台にスタンディングオベーションを送った。

現在総勢八八名。そのうち聴覚障害者六七名、視覚障害者一六名。肢体障害者五名。団員平均年齢一九歳。二六の省の漢族、チベット族、ウルグイ族、回族、ヤオ族、トウチャ族から構成されている。

現在スタッフ総勢三二名。平均年齢二八歳。舞踏、音楽、照明、音響、メディア管理、外交、保障など各仕事を担当。部麗華を団長、芸術監督として、さらなる進化、芸術の発展、若返りを求めて、執行部をはじめ、運営部、演出部、舞台装置部、メディア部を置く。

「私の夢」、それは中国障害者芸術団が世界中の人に届ける他に類を見ない公演芸術。聴覚障害者は、抑揚のきいた楽曲と楽しい踊りで、自らの心象を描き出す。肢体障害者は、美しい造形と高らかな旋律で、生きることの素晴らしさを表現する。』(『Ｍｙ夢Ｄｒｅａｍ欠けたる美しさの世界［私の夢］中国障害者芸術団』全一七六頁＝二〇〇八年一月第一版＝の「中国障害者芸術団」中の一．小さな花二．発展過程三．調和の花が魂を揺さぶる四．団体構成からの抜粋）ということだった。

この公演を妻と一緒に見ることができたのは、上海市障害者連合会の所長石岳（せき　がく）先生が特別に招待してくれたからだった。彼女とは〇八年に上海市陽光芸術センターで、「パラリンピックを迎え―二〇〇八中国・日本・フランス知的障害者芸術作品展」（六月二一日～二九日）を共同開催した信頼の心が通じ合っていた。

私は聴覚障害者二一人による「千手観音」の踊りが織りなす観音立像に、「何という美しさ、観音さまの生き姿だろう」と、言葉では言い表わせない感動を覚えた。その感動の中で、ふっと「お互いに倹約でやれば、美術展は実現するでしょう」と言ってくれた石先生の言葉が思い出された。

この言葉は、〇四年八月二日、同連合会を訪ねて石先生と三カ国合同美術展の相談をした折、私を励まし勇気づけようと発した彼女の心遣いによるものであった。私はそこに、石先生が差し伸べてくれた心の手とも言うべきものが、目に見える姿かたちとして現れるならば、今、目の前で演じられている「千手観音」の手かも知れない、という思いに耽った。

「哲学的な笑みの人」

私が今日まで知的障害者福祉活動の道を歩み続けられたのは、実川正浩（じつかわ　まさひろ・一九四四年東京都武蔵野市生まれ。二〇一一年没。知的障害・ダウン症）さんと出会ったからだと思っている。

その出会いは、私が文学で身が立たず、知的障害児者施設「友愛学園」（青梅市）成人部＝一八歳以上の入所施設、定員四〇名＝の生活指導員として、一九七三年二月に就職したことによる。当時彼は二九歳、私は三〇歳だった。

その頃、正浩さんは入所者の中で最も重い知的障害レベルで、起床時から就寝時までと学園内外の活動や行事参加など生活全般にわたって、ほぼ全面的な介助、介護を要する状態だった。だから彼を担当する職員は、当然ベテランの職員だろうと思いきや、新人の私が担当することになった。

どうして私か、そこにどんな意図、事情があったのか、全く分からなかったが、何の先入観も障害者福祉の知識もなかった私にとっては、そのことが良い結果をもたらしてくれたように、後になって思った。というのも、正浩さんは私が六年間担当する中で、朝な夕なに、四季折々に、人が人として生きる喜怒哀楽の様相を、知識を超えた生き仏の如く私の心に指し示してくれていた。彼の一喜一憂、一挙一動に私の心は洗い流され、知らず知らずのうちに、「心とは」「福祉とは」と、禅の自問自答のように「石（意思）は石（意志）にして他に在らず（不動なり）」というような、私がこれまでに経験したことのない、哲学的な心境や境地を私に無言で教えてくれた。

彼の心には、私の知的障害の人に対する高慢な言動や傲慢な態度などのみすぼらしい姿を写し出す鏡があったと、私は毎日のように気付かされ実感させられていた。そんな実川正浩さんの天命が尽きたのは、二〇一一年五月二日だった。六七歳だった。告別式は五月六日、青梅市内の浄弘寺で執り行われ、私は次のような拙い弔辞を正浩さんの霊前に捧げ、永遠のお別れをさせていただいた。

「お別れのことば

私が実川正浩さんと出会ったのは、正浩さんが二九歳の時でした。当時、家庭訪問の折に、『坊やは、私が読んだ本では長生きできないそうです。私たちはいつか、坊やを見送らなければなりませんね』と、お母さんは心配されていました。しかし、その心配は当りませんでした。正浩さんはご両親をお見送りし、以後、今日まで力一杯生き、六七歳の天命を全うされました。正浩さん、あなたは見事に親孝行を果たされたと、私は思います。あなたの生きる姿は、お父さんの著書『いのち燃えて』の如く、何事にも動じない心の力強さでした。お母さんの著書『うつり香』の如く、誇り高き清らかさとしなやかな心のほほ笑みの美しさでした。ここで私は、正浩さんに拙い詩を捧げ、お別れのことばといたします。

ほほ笑み

正浩さんあなたのほほ笑みは空より広く海より深い心の表れでした／そのほほ笑みは誰をも愛し誰からも愛される心の宇宙でした／正浩さんあなたのほほ笑みはまたたく星の如く明るい太陽の如き心の表れでした／そのほほ笑みは誰をも和ませ誰からも慈しまれる心の宇宙でした／正浩さんあなたのほほ笑みは音なきことばの風のような寄せては返す波のような心の表れでした／そのほほ笑みは誰をも幸福へと導き誰からも天使と慕われる心の宇宙でした

正浩さん、あの日、あの時、あのほほ笑みを向けてくれて、ありがとう。だから私は今、あなたからいただいた沢山、沢山のほほ笑みで、お別れをします。正浩さん、天国でまたお会いできる日まで、さようなら。

二〇一一年五月六日　　熊木正則」

「幸運をもたらしてくれた夫妻」

思いおこせば、私が心身障害児者の表現文化としての作品展活動に取り組み始めたのは、美術画廊「世界観ギャラリー」（東京都千代田区神田小川町）の経営者間瀬藤江（ませ　ふじえ）さん、「ギャラリー間瀬」（同神田駿河台）の間瀬勲（ませ　いさお）さんご夫妻との出会いからだった。二人とも私と同学年齢で、早稲田大学で心理学を学んだ同級生だったそうである。私がご夫妻に出会ったのは、彫刻・造形作家の友永詔三（ともなが　あきみつ・一九四四年高知県生まれ）さんに伴われ、作品展の相談で世界観ギャラリーを訪ねた一九八五年七月二日のことだった。当時、友永さんはＮＨＫ連続人形劇「プリンプリン物語」の人形と舞台美術の製作者として名を知られるようになった新進気鋭の作家だった。

友永さんが「この春、『縄文の火祀り』（同年四月二八日～二九日・同五日市町の深沢キャンプ場）で、知的障害者の作品と一緒に土器の野焼きをやったら、すばらしい作品が焼きあがったんですよ。それを都内の人たちに見てもらいたいし、熊木さんたちが指導している知的障害者の作品には、ぼくたちプロ作家と同じ感性の輝きがあることを、もっと大勢の人に知って欲しいと思って……」と口火を切ってくれた。

すると藤江さんは、顔をほころばせながら「私も間瀬も大学で心理学を勉強してましたから、精神的な障害のある人たちには関心がありました。高校、大学と同級生だった主人の友だちで弁護士をやっている長谷川泰造という方が、時々ギャラリーに立ち寄っては彼が活動している、あらゆる障害者の交流のためのコロニー『マホロニー』（八三年設立）という障害者団体のことを話してくれるんです」という話を前置きにして、さらに次のような話をしてくれた。

「私たちのように都心で暮らしている多くの人がそう感じていると思いますが、福祉、福祉と言っている間に、街で暮らしている障害を持たれる人たちの姿が、いつの間にか見当たらなくなりました。何だか変な気がします。多分、病院や福祉施設に入れられてしまったからでしょうね。私たちに出来ることがあればお手伝いしたいと思っていたのに」とちょっぴり残念な表情を浮かべた。

「でも、今日友永さんと熊木さんの話をうかがって、私たちが待ち望んでいたことですから、私も間瀬と相談して精一杯のお手伝いをさせてもらうわ。友永さんとは劇団『赤い飛行船』以来のお友だちだし、ギャラリーで作品展もやらせてもらいましたから」と言って中座し、ギャラリーの展覧会スケジュールを調べに行ってくれた。

「どうしましょう。ギャラリーが空いてないわ。あっ、そうだ、七月二九日から八月三日の夏休み期間なら空いているから、その期間にやりましょうか。真夏で暑いかも知れませんが。今から準備に入れば間に合うでしょう」と、藤江さんは私たちの相談を快く引き受けてくれた。友永さんが、「企画は熊木さんにお任せしましょう」と後押ししてくれた。

私は作品展のテーマを〝国際障害者年を生きる、ぼくらの「完全参加と平等」〟と銘打ち、作品展のタイトルを「福祉・ふれあい・LIFE展」として開催（一九八五年七月二九日～八月三日・世界観ギャラリー）。

この作品展は、私が初めて手掛けた作品展で、友永さん自身と彼の呼びかけに応じてくれた画家・絵本作家田島征三、洋画家宮トオル、陶芸家加藤炎山のプロ作家四人と知的障害児者施設「友愛学園」（同青梅市）成人部学園生との合同作品展となった。また、この作品展が契機となって、その後、心身障害児者の美術展「福祉MY HEART美術展」（八六年設立・青梅市立美術館市民ギャラリー）、世田谷美術館記念展「芸術と素朴」（八六年三月三〇日～六月一五日）への出展へと繋がっていった。この幸運は、間瀬夫妻の力がもたらしてくれた結果に外ならなかった。

「一念一徹の文芸作家」

俳句の文学性を追求し、そこに「文芸上の真」を唱え、俳句の革新思潮を導き出した俳人水原秋桜子（一八九二〜一九八一年）に師事し、その志〝俳句こそわが文学〟を範として俳壇のみならず文壇でも活躍しているのが、俳誌「波」の主宰者倉橋羊村（くらはし　ようそん・一九三一年横浜市生まれ）さんである。

倉橋さんは二〇〇一年に本阿弥書房から出版された第三句集『有時（うじ）』で、〇三年に第二一回日本文芸大賞（日本文芸振興会）を受賞し、文壇内外から高く評価され称賛された。

そんな倉橋さんから私は、次のような心温まる毛筆書きの丹精なはがき礼状を戴いたことがあった。

「お便りと第九回美術展図録、有難く拝受いたしました。カタログの御文章も感動的でした。お人柄が出ているので、読者の心にもよく届くと思います。多摩ニュースは若い頃のことで、お恥しい次第です。別便にて『渾身』お送りしますので、ご笑納下さい。」（九五年八月一日消印）文中の〝第九回美術展図録〟とあるのは、私が運営委員長として心身障害児者の美術展「福祉ＭＹ　ＨＥＡＲＴ美術展」を青梅市立美術館で八六年から毎年開催している、その第九回展（九五年八月二九日〜九月三日）のオープン前に贈った作品集のこと。

「カタログの御文章」とは、作品集に翌年の一〇回記念展をフランス・トゥール市で開催し、心身障害児者同士の国際交流展企画や、重度知的障害の人の陶板絵制作の様子を書いた「夢のかけはし天の川」のことで、「多摩ニュース」というのは、立川市にある西武新聞社発行の多摩地域週刊紙「Ｔａｍａ　Ｎｅｗｓ　０４２５」（発行部数二二万八〇〇〇部）のこと。私は同紙に八九年から九五年にかけて七年間、障害者福祉活動についてのエッセイを連載。その連載の最終２回分に、「わが文章の師」と題し、青春時代に有楽町の映画会社「日活」本社に倉橋さん（当時総務部文書課長、総務部次長で多忙の身であった）を足しげく訪ねては、書きたての粗野な文章を見てもらっていた、その思い出の記のことである。

私は倉橋さんとの青春の思い出を胸にして、「読者の心にもよく届くと思います」と評して戴いたことに感激一入だった。さらに、あの当時「熊木君の文章には土の匂い、土の感触があるね。きっとこれが君の個性なんだろうと思うね」と評してくれた倉橋さんの若かりし頃の慈しんだ横顔、微笑が、懐かしく眼裏に思い浮かんだ。

「別便にて『渾身』」とあるのは、倉橋さんの第一句集『渾身』（現代俳句一八人集・1　として九一年四月、牧羊社刊）のこと。署名入りで贈って戴き、恐縮の限りだった。

カラマーゾフの兄弟慈姑（くわい）向き向きに
釘曲げて失笑ドストエフスキー忌
颪の夜の歌へぬ蛙イプセン忌

いずれの句も、文学的素養の深い倉橋さんならではの詠みこみだと思った。また、「ＨＡＩＫＵ」として国際的にも通じるエスプリ、言語空間を内包している趣向だと思った。私の手元にある倉橋さんの著作（倉橋さんから贈られたもの、書店で購入したものなど）は次の通り。

句集は、前記二冊のほか第二句集『愛語』（花神社）。評伝では、『道元』（講談社）、『水原秋櫻子』（安楽城出版）、『人間虚子』（新潮社）、『禅僧・山頭火』（沖積社）。

そのほか俳句関係で『現代俳句の展開』（萩書房）、『俳壇百人上・下巻』（牧羊社）、『私説現代俳人像上・下巻』（東京四季出版）。

あらためてこれらの著作に目を通し、師水原秋櫻子の「俳句こそわが文学」の道を志向し、歩み続けて来られた一念に、その一徹さに、私は私の道なりにまだ学んで歩まねば、と感じるばかりであった。

「凛冽の俳句たましい」

俳人折笠美秋（おりがさ　びしゅう・一九三四年神奈川県横須賀市生まれ）さんが、「筋萎縮性側索硬化症」で同県相模原市にある北里大学病院に入院したのは八三年二月、四九歳の時だったという。以後、同病院で死を迎える九〇年三月まで、闘病生活を送りながら俳句を詠み続けた。

筋萎縮性側索硬化症という病気は、筋肉を動かす神経系統が冒される難病。病が進行すると全身の筋肉が萎縮し、自立歩行が困難となり、やがて寝たきり、言語障害、嚥下障害、呼吸障害などの症状となり、多くは発病後数年で死に至ると言われている。折笠さんは八一年春頃に発症したとのことだった。

私が折笠さんの病状を知ったのは、俳人藤田湘子先生の元を去って、俳句を断念し、心身障害児者福祉の道に転じて一〇年余が過ぎた、八六年三月四日の朝日新聞夕刊によってだった。

紙面には〝病床の句作に妻の献身〟という見出しと「折笠美昭さんのベッドのそばで、夫のくちびるの動きで俳句を読みとり、筆写する妻の智津子さん〝相模原市の北里大学病院で〟」と、写真入り六段記事で詳しく伝えられていた。私は記事を目にして絶句、しばらく茫然自失となった。「俳句を書かせる俳句、俳句が生きいきと俳句であり続ける為に必要とする情熱と、洞察力と、言語感覚。

贅沢な人身御供」と自分に言い聞かせ、「十七文字の遺言─ということは、今日只今の生ける証し─ということと、背中合せであろう」と、残された生命時間との引き換え、俳句と生命の真剣勝負のような気魄で作り続けた病床、闘病の俳句作品集『君なら蝶に』（立風書房）が出版されたのは、八六年一二月。

その帯には〝凛冽（りんれつ）の魂〟、〝鬼哭の詩（うた）〟と記されていた。この作品集を読んで、いかにも俳人折笠美秋らしい覚悟、有終の美を飾るにふさわしい帯だと感じ入った。

荒ぶるや海も墓標も一言語
寒卵のふりをしている〈空〉一個
行き果ての夢山脈よ行き果てず

無常と実存の淵をのぞき見る句であった。折笠さんは一九六七年に第三回俳句評論賞、八五年に北里大学病院に入院中の作品で第三二回現代俳句協会賞を受賞。後の受賞は、本人が存命中のこともあり、俳壇、詩壇、難病者など各方面の多くの人々から注目、絶賛された。

私が折笠さんと出会い、俳句について教えてもらったのは、二十代半ばのことであった。その頃の彼は、私が文章を見てもらっていた俳人倉橋羊村さんと親しい関係にあり、一〇歳ほど歳上の優しいお兄さん的存在であった。当時彼は、総合誌「俳句研究」に年に数回評論を発表していて、注目の論客であった。私の当時の俳句仲間で同年代の鳥海むねき、しょうり大、竹中俊一郎さん達と一緒に折笠さんと会って、「僕は『鷹』の中で君たちに注目し、期待しているんだ。俳句ってこんな読み解き方もあるだろうし、こんな作り方、書き方であるかもしれない。まずそういうことを知った上で、それじゃ〝然らば〟と見直してみるんだ。すると、それまで気付かなかった新しい発見があるかもしれないよ」と、彼は教え励ましてくれた。

その柔和な語り口は、何とも言えない心地良さだった。また、私達の拙い作品を前にして、このフレーズとこのフレーズとの関係性の中に何が読みとれるか。意図しない詩心の発見はないか。〝て．に．を．は．の〟の使い方で、切り捨て、切り上げの余地はないか。そんな技法上の未熟さについても、彼一流の論理で教えてくれることもあった。私たちは若く初歩的な試行錯誤のレベルだったので、「うん、そういうこともありか」と、興奮気味に得心することもあった。折笠さんの教えは、文章を書く上で、今も役立っていると私は感謝している。

「一本道の絵心」

「わしなあ、お地蔵さんを描くのは徳島のお寺さんにもお遍路さんが来てくれるけによ。お地蔵さんはやさしかろう、子どもの時から好きじゃったけに」と、篠原稔（しのはら　みのる・一九四六年徳島県美馬市生まれ。知的障害）さんが私に屈託なく話してくれたのは、二〇〇〇年三月八日の訪問時だった。私はこの日、瀬戸内海の豊島（てしま）にある知的障害者施設「みくに園」の理事長高田久先生に伴われ、篠原さんが入所している徳島県松茂町の同種施設「春叢園（しゅんそうえん）」を訪ね、彼と初めて出会ったのだった。「東京からわざわざわしの絵を見に来てくれたんけ。園長、いっぱいあるけにどの絵がいいかのう。どうしよう、園長室は狭いけに困ったのう」と、同園園長藤森圭一先生に困惑顔で呟いた。「どうしても見せたいもんだけでいいがのう」と言われ、「ほんじゃそうする」と彼は急ぎ小走りで工房へ向かった。ほどなく付き添いの指導員と一緒に、五、六点の作品を園長室に運び込み、机や椅子、物品棚の上や壁に立てかけてくれた。その一枚一枚の絵について「わしゃお地蔵さんとお話するのが楽しいけに」などと、篠原さんならではの思い入れを語ってくれた。私はその心根の純粋さと、彼の過去、現在、未来への広大無辺な心模様に感服。幼児期からお遍路思想の風土に育まれ、それが年齢を積み重ねて地蔵界曼陀羅ともいうべき独自、独創的な絵のモチーフへと深化していったのだろうと思った。

篠原さんは子供の頃から絵を描くことが好きだったという。だが本格的に絵を描くようになったのは、施設生活の余暇として絵画教室に通い、地元の画家安西京子さんに絵を学び始めた八六年春からだったという。知的障害の人にとって精神的に安定する年頃だった。

安西さんの元で絵を学び続けて一七年目、その成果は大きく花開いた。徳島県で〝初夏の県展〟とも言われている一般公募「放美展」（四国放送・県美術家協会主催）の第一〇回展（〇一年五月二日～六日・徳島県郷土文化会館）洋画部門に篠原さんは「ともだち」（一一六・七×九一ｃｍ）を出品し、最優秀賞を受賞した。応募作品は一六八点だったという。知的障害の人の作品としては、初めての受賞という快挙であった。

受賞作はカラフルで明るくリズミカル。笑ったり、微笑んだり、叱ったり、怒ったり、困ったりのお地蔵さまが三六体。大半が立ち姿ながら寝転んでいる姿も四体ほど。お地蔵さまの顔や胴には、魚やバッタ、花、鳥、犬、時計、埴輪、楽譜など、作者の生活体験的な思い入れが、小さくカット風ににぎにぎしく描き込まれ、私にはお地蔵さまの涅槃絵に見え、また曼陀羅絵にも重なって見えた。

篠原さんの受賞は、五月三日の徳島新聞特集面に写真入り記事で詳しく報じられていた。師の安西さんは「予期しないものを描くのが魅力」と語り、審査員の徳島県女流美術家協会会長の岡多美子さんは「色の美しさと個性的な表現が秀逸、一生懸命さ、純粋さ、お地蔵さんへの思い入れなど、自分の心にあるものが素直に出ているなと感じた」と評していた。篠原稔という個性がいよいよ人々の目に触れることになった。

篠原さんが青梅市立美術館市民ギャラリーで開催された心身障害児者美術展「福祉ＭＹ　ＨＥＡＲＴ美術展」に出品したのは、第一二回展（九八年）から。以後第二三回展（一二年）まで出品し、その間の同展日仏国際交流展（〇七年フランス）や中国・日本・フランス三カ国知的障害者作品展（〇八年中国）にも出品。フランスでは作品購入希望が出るなど高く評価され、中国でも「広大無辺画」と評判を呼んだ。篠原さんの絵は、ことばを超えた筆で世界の人々を魅了していったのだった。

私は篠原さんの「お地蔵さま」シリーズの絵を見続けてきたが、人生は学びの一本道だと感じずにはいられなかった。

「古都を守った市長」

正木千冬（まさき　ちふゆ・一九〇三～八二年）さんは、経済学者で鎌倉市長を二期八年務められた人。俳人（「鷹」同人）でもあった。

七〇年八月の市長選挙で初当選し、古都鎌倉の景観や文化史跡の保護、保存に腐心された。当時の市議会に臨んだ様子を「鷹」七〇年一一月号の〝同人日記〟に次のように記していた。

「X月X日

初の市議会である。少しは緊張した気持のもとで私の『施政方針』を原稿通り読む。年度途中の政変だから、実質内容に変りばえのないことは先刻承知のうえであった。（略）前市長は議場にいるとき厳粛な顔をしていたが、新市長は笑っているのはなぜか。市長は鎌倉へ来て六年足らずということだが、それで市政が判るか、といった質問。私もこれにはなんとお答えしたらいいのかと反問したら、議場も傍聴席も大笑いとなり、頭に来た質問者は『表へでろ』と連呼するまま議事は休憩延会となった。十余年国会でのやりとりを見て来た私としても大変な議会だなと考えざるを得ない。

X月X日

大きくいえば戦後二十五年、少なくとも十二年つづいた前市長の市政をたおした私たちの立場が、これまでの市政と相異することは当然な話、だから議場での論戦がかみ合わない。しかも議会の地図は与党六議席対野党二十四議席である。私の苦戦ぶりを見守る同志の顔が、傍聴席に常に何人かいて、これが野党攻勢に対して無言の圧力となっている。

X月X日

議会とのにらみ合いは依然だが、四時すぎ皇太子御夫妻を近代美術館のムンク展にお迎えすることで臨時に休戦、美術館へ行き、土方館長や主催の中日新聞社長らと会談。お着のころ生憎くと小雨となったが、私も市民代表としてご挨拶を申し上げた。

ノルウェイの生んだ鬼才ムンクの画業を全面的に展覧してみせた今回の企画はすばらしいといって良い。（略）」

革新市政の幕開けとして鎌倉市議会場に立った正木市長の文化人的な余裕が読み取れ、「正木さんのウイットに富んだ笑顔なら、さもありなん」と私も思った。

市長を務めた八年間、日本列島改造ブームに押し切られ、押し流されることなく、景観保護条例に力を尽くして古都鎌倉を乱開発から守り抜いた。その業績は、国民的な歴史遺産の保存、保護として高く評価され、後世に語り継がれていくことだろう。

俳人としての正木さんについては、「鷹」六六年八月号の〝同人自画像〟で、次のように書かれていた。

「私が俳句にひかれたのは戦争中暗い日々を巣鴨の独房で送っていたときからである。家族から切り離された独房生活はかえって自然と密接するものがあり、季節の移り変るさまを肌でじかに感じた。そして季節詩である句集、歳時記を貪りよんだのである。しかしそのときはまだ眼が開いただけで、作句を始めたのは参議院へ来てからである。（略）趣味はほかに油絵を描く（創元会出品）。以下略」文中「巣鴨の独房」とあるのは、戦時中に治安維持法で逮捕され、三年間獄中生活を送られたこと。略歴で見ると、東京帝大卒業後、大阪毎日新聞勤務、戦時中投獄、戦後内閣統計局次長、参議院予算委員会専門委員、國學院大學教授等を歴任の後、鎌倉市長となる。

一九八九年の春、ご夫人春江さんから、「主人の七回忌が済みました」という便りと一緒に、俳句仲間一五人の合同句集『花海棠』（八八年一二月・極楽寺句会刊）が贈られてきた。

共に生きて終戦忌はふたりで良し　　千冬
花散りぬ夫の生涯我が生涯　　春江

私が法子（のりこ）と結婚したのは七一年三月二七日。鎌倉市長として多忙の中、正木さんご夫妻が媒酌の労をとってくださったのである。

「杜の会の選者」

私の心身障害児者美術展活動を励まし続けてくれた漫画家内田玉男さんから、「鳥海むねき先生にお世話になっている『杜の会』が二〇〇回を迎え、記念誌を出すことになりました。一八年間の足跡のようなものですが、お時間のあるときに、ながめて下されば幸いです」と、『杜の会二〇〇回記念句集』（杜の会句集編集事務局＝千代田区神田小川町・二〇〇八年二月二七日発行）が送られてきたのは、〇八年の今頃であった。

「杜の会」は一九九〇年五月、ギャラリー間瀬（千代田区神田小川町）の間瀬勲・藤江夫妻、玉男さんら七名で発足した俳句会。その句会が〇七年一二月で二〇〇回を迎えた記念に発行されたのがこの句集。その「杜の会」の選者、指導者だった鳥海むねきさんは、句集の「はじめに」で次のように語っていた。

「（略）振り返ると、句集『杜』一号で、私は〈俳句は自分自身のためにつくる〉と書いたが、このおもいは今も変りはない。自分を慈しむ気持を根底に持ちつつ、大自然や人間・動植物に対する自分なりの捉え方を大切に、そして主題（言いたいこと）を十七音（五七五）の中に収めることが、即俳句をつくることであると、重ねて言いたいのである。毎回会報〈今月の学習〉で述べているような技術的なことも含め、学ぶべきことは山ほどあるのだが、それはいっときに無理に吸収することは絶対に不可能なこと。一日のうち、たとえ三〇分であろうとも、俳句について考える、学ぶ（具体的には、古今のいわゆる名句の観賞、季語への関心等）時間を毎日継続して割いてもらえたらば、と願っているのである。（略）」（「やはり俳句は自分のために」より。

なお、文中「句集『杜』一号とあるのは、〇三年六月発行の「杜の会」一五〇回記念句集『杜』のこと）「自分を慈しむ気持」、「大自然や人間・動植物に対する自分なりの捉え方」、「一日のうち、たとえ三〇分であろうとも、俳句について考える、学ぶ」など、青春時代に鳥海さんはじめ荻田恭三、しょうり大、竹中俊一郎さん達と俳人藤田湘子先生に学んだ頃が思い出された。

当時先生は、「年齢にふさわしい充実を」とか、「どんなに多忙でも一ヵ月に最低でも文庫本二、三冊は読め」などと言っていたからだ。また、「俳句は自分自身のためにつくる」ということを合わせて考えると、「高校時代、青森の寺山、東京の鳥海と受験雑誌への投句で交流があった様です。当時の開成は俳句に理解が無く、名前を変えて投句した事もあったとか。寺山氏との文がいく通か残っておりますので、折あらばと存じます」（奥様鳥海佳子さんからの手紙）というようなうな、初学時代の純心さにも私には通じるところがあるように思われた。（文中の寺山は寺山修司、開成は開成高校のこと）

ところで、「杜の会」発足当時、ギャラリー間瀬の間瀬夫妻から「俳句を楽しみたいんだけど、誰か先生を紹介してくれませんか」と相談を受け、「早大出の人が多いから、それだったら私の友人で早大出の鳥海むねきさんという有望な俳人がいますよ」と、即座に鳥海さんの名前を出した。早速、鳥海さんに電話で連絡をとり了解をとると、間瀬夫妻は「同窓生だから願ってもないこと」と喜んでくれた。

「某月某日（略）荻田・熊木・しょうり大・竹中らの諸氏という仲間を得たからには、ここで退却はできない。絶対にできない。（略）」（「鷹」六九年一月号〝同人自画像〟より）と俳句に対する固い決意のもとで、冒頭に紹介した俳句理念を「杜の会」にも注いでいったのだった。

私は鳥海さんを「杜の会」の選者として紹介し、その成果が句集に読み取れたことが、大変うれしかったし、紹介したかいがあったと思った。

そんな鳥海むねきさんが、二〇一七年一月一六日、私たちよりも一足先に天国へ旅立った。合掌。

「衣類たたみの名人」

飯能市と隣接する青梅市成木地区にある知的障害児者施設「友愛学園」成人部の生活指導員に私が就職したのは、一九七三年二月だった。欠員補充の採用だった。当時一八歳以上の成人部施設の入所定員は四〇名。因みに一八歳未満の児童部施設の入所定員は七五名だった。小高い雑木山の麓の平地三〇〇〇坪余りの敷地に、両部の園舎はグラウンドをはさんで建てられ、一〇〇人ほどの入所児童・者が学園生活を送っていた。

私は学生時代「異常児心理」という科目をきっかけに、「養護学校教論二級普通免許状」を取得していたが、知的障害者福祉については何の予備知識もなかった。

そんな状態で私は採用後六年間、皆川潔（みながわきよし・一九五〇年東京都台東区生まれ。知的障害・ダウン症）さんほか三名の同室者を担当。当時、彼らの居室名は「つばめ」だった。

私は皆川さんはじめ「つばめ」の人たちを中心に、成人部四〇人の生活リズムと個別パターン、コミュニケーションのとり方、個人と集団との心理的な相関作用と行動予測など、その日常を無我夢中で観察し、体得したいと必死になって彼らから学んでいた六年間だった。

今その当時を振り返ってみると、私は私自身が「友愛学園」の小学生で、彼らは私に学園生活をあの手この手で教えてくれる先生だったように思う。

あれは確か宿直（当時は午前八時三〇分から翌日の午前一一時三〇分までの勤務）の夜半巡回の時だった。「つばめ」の部屋からパタパタと何かを叩く音が聞こえてきた。「こんな時間のこんな真っ暗い中で何しているんだろう」と思い、懐中電灯で部屋の中を照らしてみた。すると、皆川さんが布団の上に正座していて、手元には彼のお気に入りのジーパンが折りたたまれてあった。同室者三人は、皆川さんのことには全く気付かず、熟睡していた。私はその様子を目にして、皆川さんの胸中を推し量った。多分この時間なら皆に迷惑をかけることなく出来るとの配慮からではなかったか。または、昼間に職員か学園生かに嫌なこと、嫌な思いをさせられたか。あるいは両親が暮らす実家が恋しく思われたのか、等々。

皆川さんは、ジーパンに限らず、洗濯上りの靴下や下着類までアイロンをかけたかのようにピチッと折り目をつけてたたむ人であった。その行動パターンは習癖とも思えたが、時にはジーパンをくり返したたむことで、施設生活のストレスや心の澱みを拭い落とし、心を整えているように見えることもあった。

彼はほとんど言葉を発することがなく、嬉しい時には晴れやかな笑顔で、不満、不快な時には曇った憂い顔で、その心の状態や状況を伝えていたように思う。そんな様子に、私は「何と甲斐甲斐しい人よ、愛らしい人よ、哀しい人よ、そして心の覚めた人よ」と、思わずにはいられなかった。皆川さんを担当して二年目の頃、家庭訪問でご両親を訪ねたことがあった。私は彼の衣類たたみの器用さ、たたみ方の美しさは芸術的であることなどをお話しした。

すると父親が、「私はジーパンを都内や地方の小売屋さんに卸す商売をしています。潔は、私がお客さんに品物を広げたりたたんだりしているところを見て覚えたんでしょうね。教えた覚えはありませんから。あの子は一本気な可愛いところがあります。正常であれば家業を手伝わせたかった子です」と話してくれた。

皆川さんというと、私は「かわいい、かわいいジーパン屋さん」と、いつもジーパン姿の彼を思い出す。私を知的障害者福祉活動の道へと導き、その基本的なものの見方、考え方を身をもって教えてくれた記憶の中の一人である。

皆川潔さんは、二〇一七年三月一二日に永眠された。六七歳の生涯であった。合掌。

「青春を駆け抜けた人」

東京・青梅市にある知的障害児者施設「友愛学園」成人部（一八歳以上の入所施設）の生活指導員の職に私が転がりこんだのは、三〇歳のときだった。ストレートに大学を卒業して社会人になった人に比べると、八年も出遅れたことになる。この出遅れが知的障害者との出会い、ふれあいを通じて、私を人間的に大きく成長させてくれた要因になったのかも知れない。

そこからの一〇年は、光陰矢の如し。私は学園生から無邪気な生き姿、心のあり様の清さ、尊さ、千手観音が千の手をさしのべるがごとく、あの手、この手と教えられ、生きあう喜びを学ばされたようだった。その学びは、来る日も来る日も、知的障害者の知恵の金剛杖に突き倒され、「お前の心はその程度か」、「お前はその程度の知力に溺れるのか」と試されているような感覚であった。また、行けども行けども行き着くことのない、果てしない砂漠を旅している旅人のような、そんな心持ちであったように思う。

そんな中、全く思いもよらない出来事が起こった。その年の新年度が始まったばかりの四月中旬のことだった。マラソンをしていた男子学園生が突然死した。亡くなったのは平岩克行（ひらいわ　かつゆき・一九五一年東京都板橋区生まれ）さんで、まだ二十代後半。身長が一七五センチくらい、筋肉質のガッチリとした体型で、色白の目鼻立ちが整った美男子だった。誰からも「カッちゃん」と呼ばれ、慕われていた。

マラソンは学園の門を出たところの農道で行なわれ、一周が六、七百メートルの距離で学園生には走りやすいコースだった。障害度にあわせ、一周組、二周組、三周組というように集団分けし、職員がペース配分を調整し、走り具合を観察しながら周回した。いつもの体育時間をいつもどおりに行なっていたのだった。元気な人たちの三周組が三周目に入って間もなくだった。突然、全力疾走する人影とそれを追う人影が目に入った。私はゆっくりの二周組の集団と走っていて、その人影が誰と誰だったかは分らなかった。そのまま二、三百メートル走ったところで、誰かが倒れこみ動かなくなっていた。

私は数分後、その場にたどり着き、倒れていたのが平岩さんだと分かった。両目をカッと開き、無呼吸で心肺停止状態だった。何人かの男子職員が彼を抱きかかえて学園に戻ろうとしたが、「動かしては駄目！そのままにして直ぐ救急車を呼ぶように」とベテラン職員が指示。救急車が来るまで、職員が代わるがわる人工呼吸を施したが、息を吹き返すことはなかった。

平岩さんと一緒に走っていた福祉系大学卒の新人職員によると、平岩さんが突然「ぼく運動会で一番になる」と言って全速力で駆け出し、制止しようと後を追ったが間に合わなかった、ということだった。この新人職員にとっては、「さあ、これからだ」と胸をふくらませて生活指導員の道を歩みはじめたところだっただけに、ショッキングな出来事、事態だった。搬送先の病院で、死亡確認と検死の結果、膝の傷と顎の傷により、膝からガックンと折れくずれて前のめりに倒れたという現場報告、この三点は心臓麻痺の典型的な特徴を示している、との見解だった。警察署は過失による事故や、事件性はなく、病死と報告。平岩さんの父親も納得し、遺体を自宅に連れ帰った。

「ぼくはトミ子ちゃんが大好き。大好きなんだよー」と大きな声で叫んだ平岩さん。その声を聞きつけた誰かが、「ぼ、ぼくだってトミちゃんが好きなんだもん。カッちゃんはダメー」と応じた声。トミ子さんは何が何だか分らず、ただ目を白黒させているだけであった。その頃の学園生は、大半が二十歳代だった。若鮎が清流をピチピチ飛び跳ね、泳ぎまわるがごとき青春のただ中であった。そんな恋と青春の季節の中を、平岩さんはいっ気に駆け抜けて逝った。

平岩さんのさわやかな表情が印象に残っている。

（一九八二年頃に書いた原稿を手直ししたもの）

「人生の達人であり大恩人」

妻を伴って神奈川県平塚市在住の弁護士で俳人だった石井雀子（いしい　じゃくし・本名正一・一九〇五～九六年・俳誌「鷹」同人・現代俳句協会会員・句集に『朝焼泉』『葭切』あり）さんを訪ねたのは、一九八八年五月四日のことだった。この時、石井さんは八三歳と高齢ながらも、思いのほか元気だった。

「こんにちは、青梅の熊木です」と玄関先で声をかけると、「おお！熊木君か。法子（のりこ）さんも！遠くからよく来たね。さあ、上がって、上がって」と、石井さんは先に立って、私たちを和室の客間へ通してくれた。

「先生、長い間ご無沙汰しました。『鷹』を黙って辞めたまま…、皆さんにご迷惑とご心配をかけたままになってしまい、何もことばがありません」

と、私は頭を下げた。妻も、「先生、私は新橋の事務所でお世話になって以来ですから、一七年振りになります。お優しい笑顔は昔と少しもお変わりがなく…」と、声を詰まらせ涙ぐんだ。

「新橋の事務所」というのは、石井法律事務所＝東京都港区新橋五の一一の五＝のこと。「鷹」は六九年～七九年の間、無料で発行所を置かせてもらい、私は七一年から編集長として様々にお世話になった。法子も二年余り事務所のお手伝いをした。

「いやいや、二人とも固い挨拶は抜きにして。気持ちを楽にしてさ、足をくずして。法子さん、そんな年月になりますか。あなただって変わってないよ」と目を潤ませた。

「歳をとると訳もなく涙もろくなっていけませんな」と言って、目頭からポトリと涙が一滴こぼれ落ち、照れながら苦笑した。その姿を見て、私も妻も一遍に気が楽になった。

昼には出前寿司をご馳走していただいた。妻が、「先生、新橋の〝車ずし〟とかいうお寿司屋さんに何回か連れていってもらいました。あそこの〝弁慶〟という大きなお碗のちらし寿司はおいしかったです。今でも時々思い出します」と言うと、「そうそう、そんなことがありましたね。裁判に勝っと気分晴らしによく行きましたね」と懐かしそうに言い、「歳になって通勤が危ないもんだから、新橋の事務所は引き払いました。今はボランティアでお年寄りの人たちの法律相談をしています。お互いのペースでボチボチとね」と、近況を話してくれた。

「ところで、青木泰夫が三月一一日に膵臓癌で亡くなったんだよ。まだ六〇歳だった」

「えっ、青木さんが…。全く知りませんでした。いやー、何ということでしょう」

あまりにも突然のことで、私も妻も絶句。

「無念の一言だよ。『波』の主宰者としても、俳人としてもこれから正念場だという年齢なのに。ぼくより先に逝くなんて無常だね」

と一言ポツンと言って、宙を見上げた。

「ぼくは少年時代、江戸時代から続いている鴫立庵という古い宗匠俳句の道場があって、そこで遊んだ思い出がある。俳句に興味をもった原点かも知れない」と、俳句へのきっかけを話してくれた。

鴫立庵（しぎたつあん）というのは、江戸時代の俳人大淀三千風が元禄八年に、西行の遺跡大磯鴫立庵を再興して移り住んだ庵のこと。（「俳諧大辞典」参照）

文化の日働き何を喪ひし

（『朝焼泉』鷹俳句叢書・一九六八年刊収録）の句は、私にとっては石井雀子俳句の代表句の一つになっている。「文化の日働き」と「何を喪ひし」との付けあい、間合いに、鴫立庵に伝承されているであろう俳諧味が感じられ、俳人格（俳句的な人格形成）的な気風がそよいでいるようにも感じられるからだ。雀子さんは人生の達人であり、大恩人の一人であった。

「腹心の友は語る」

俳人石部桂水（いしべ　けいすい・一九三一年静岡市生まれ。「馬酔木」の『青の会』を経て藤田湘子主宰「鷹」創刊同人。青木泰夫主宰「波」同人。八五年没）さんの

窓枠に狂女をのこす秋の暮

は、「鷹」一九六八年一二月号に発表された俳句。同号の選後評『鷹俳句の周辺（29）藤田湘子』の一文と共に今も忘れ難い。

「石部桂水の俳句は、いってみれば人情物であった。人情噺的な語り口で十七音詩を書いていた。（略）桂水はこれまで、詩と人情とを混同して詠ってきたようなところがあった。境涯俳句と呼ばれる作品をなす人は、桂水ばかりでなく、みな同じような過ちをおかしていると私は思う。この一句、そうした弊害を超えて、眼の生きた作品となっている。秋の夕暮、窓に倚って立つ狂女が、鬼気をともなって迫ってくるようではないか。」

今ここで、おおよそ半世紀ぶりにこの句と選評を目にし、改めて桂水さんに期待し、励まし、新しい俳句の方向性を示した湘子の指導は見事なものだった。

ところで、桂水さんと共に「馬酔木」で青春期に『青の会』（藤田湘子を中心とした若手グループが一九五三年に結成した会）で活躍し、「鷹」「波」と同じ道を歩んだ腹心の友八重樫弘志（やえがし　ひろし・一九三一年生まれ。「波」筆頭同人・現代俳句協会員）さんが、「波」一九八五年七月号に『追憶の石部桂水』と題した一文を発表し、彼らの青春時代をいきいきと描いてくれていて面白かったので、一部を紹介する。

「昭和二十八年五月、馬酔木第一回の鍛錬会が上越の谷川温泉で開かれたとき、結成間もない青の会からは岩瀬善夫、石部桂水、倉橋羊村と私が参加した。」

「その夜、句会のあとの余興に俳句相撲があって、

行司が石川桂郎ー。呼出しが桂水で途端に『ヒゲエーシイ…、ニイーシイ…』とやり秋桜子先生を始め波郷、岳陽など一同の喝采を浴びた。以来、われわれ悪友は彼のことを〝ヒゲシの旦那〟と奉ったのである。」(文中、秋桜子先生とあるのは「馬酔木」主宰者の水原秋桜子のこと。波郷は石田波郷、岳陽は杉山岳陽のこと。ほかに篠田悌二郎、岡田貞峰、椿作二郎等も参加と記されていた。)二二歳の頃かと思われる石部さんのズングリムックリの浴衣姿の呼出し役を想像すると、笑いがこぼれずにはいられなかった。

「その桂水はだいたい風景詠が苦手で、もっぱら生活詠をもって任じていた。　急停車して毒消売が目を覚ます　風邪ときゝ寮母がくれし玉子酒　は、何れも馬酔木の選後評で秋桜子先生に採り上げられたもの。どちらも桂水の面目躍如たるものがある。」

先の「窓枠に」とこの「急停車して」には、桂水さんならではのドキュメンタリーなカメラアングルが感じられ、私にとってはどちらも親しみやすい愛誦句となっている。

私が俳句を断念して一〇年余り経った頃、石部さんのご夫人百合子さんとお会いしたことがあった。知的障害者とプロ作家の合同作品展「福祉・ふれあい・LIFE展」(一九八五年七月二九日〜八月三日・世界観ギャラリー・千代田区神田小川町)開催の折の七月三一日だった。

「残念ながら主人が亡くなり、代わりに私が見学に来ました」とお聞きし、私は耳を疑った。続けて、「晩年の主人は『鷹』や『波』とも疎遠になり、数人の初心者を集め、自分なりの俳句をやっていました」とのことだった。

あの、「鷹」の縁の下の力持ちで、世話好き、人情家で人懐っこい石部桂水さんが、と思うと何とも寂しい限りであった。私は、「急停車して毒消売が目を覚ます」と、旅先からひょっこり石部桂水さんが帰ってくるのを待っている心持ちになった。

「働く蟻と迷ふ蟻」

青木泰夫（あおき　やすお）さんについて俳誌「鷹」二〇一四年七月号別冊「鷹年譜　鷹の百人」の［略歴・人］で次のように紹介されていた。「昭和三（一九二八）年六月三〇日、新潟県水原町に生まれる。二九（五四）年『馬酔木』投句。三四（五九）年『藤沢市俳句協会』を設立。三九（六四）年『鷹』創刊同人。四二（六七）年鷹同人会副会長。四八（七三）年当月集同人。現代俳句協会会員。五一（七六）年『波』を創刊主宰。『鷹』には五四（七九）年まで在籍。句集に『同刻』『天酒』『春節旗』他、随筆集『駆け足の季節』がある。六三（八八）年三月一一日没。享年六〇歳。遺句集『天虎』。十代の頃より作句を始め、一八歳で古見豆人主宰『大富士』の編集同人になるほどの生粋の俳人。地元の藤沢市では図書館協議会委員を務めたり身障者俳句講座などを開き、幅広く文化面で貢献した。現在『波』は倉橋羊村に引き継がれ月刊誌として着実な歩みを続けている。」（文中の括弧書き西暦年数は熊木補足）

青木さんとのご縁は、私が二十代の青春期を過ごした「鷹」（藤田湘子主宰）での出会いからで、同じ新潟県生まれの後輩、若輩者として可愛いがってもらった。私は大学生生活八年目のタイムリミットを迎えて、ようやく卒業。いい加減な月日を重ねていた。そんな私を青木さんは案じてくれていた。

「クマチ（熊木）くんなぁ、俳句じゃ飯が食えんのだよ。どうだ、卒業したんだから学校の先生でもやりながら俳句をやったらと思うんだが」と、越後訛の重い口調でアドバイスしてくれたことがあった。当時私は二十代後半で「鷹」の編集長を務めていたが、無職だった。そこで青木さんは、私立女子高校の国語科教員の欠員補充の話があり、私を採用するよう決めてきたということだった。

「青木さん、お骨折りいただいて本当に申し訳ありません。女子校の教員で生きのびるくらいなら、食えない俳句と心中した方がまだましだと思っています」と、生意気を言い放った。青木さんは箸にも棒にも掛からない大バカと思いつつも、「そうか」と低く頷き、「クマチくんに余計なお節介をして済まんかったな、ハハハ…」と笑いとばし、嫌な顔ひとつしなかった。男らしい人だった。

私が「鷹」を辞め、俳句を断念してから青木さんと再会したのは、一九八五年七月三〇日だった。一〇年余りの月日が流れていた。当時私は、知的障害児者施設「友愛学園」（青梅市）成人部の学園生と画家・絵本作家田島征三さん、彫刻・造形作家友永詔三さんらプロ作家四人との合同作品展「福祉ふれあいＬＩＦＥ展」を、千代田区神田小川町の世界観ギャラリーで同年七月二九日から八月三日まで開催していた。ギャラリーに入って来るなり、「やあークマチくん、元気で何よりだ」と青木さんは私の肩をポンポンと叩き、「立派な活躍じゃないか」と喜んでくれた。私も青木さんにこのような場所で再び会えるとは思っていなかったので嬉しかった。「ぼくはいま、『波』という結社誌を主宰しているんだ。藤田湘子とは同格の立場になった。俳人としてはこれからが正念場だね」と、俳人としての意気込みや「波」誌の活動について、洋々とした心持ちで語ってくれた。今もその時の自信に満ちた笑顔が忘れ難い。また、この再会が青木さんとの最後になろうとは夢にも思っていなかった。

鷹一羽われより翔けて初深空　青木泰夫
天山の夕空も見ず鷹老いぬ　藤田湘子

私には、それぞれの鷹の舞い姿と空模様が、能舞台のように想像されて面白かった。また、泰夫さんと湘子先生との語らいが聞こえてくるかのようでもあった。再会後、三年足らずで青木さんは膵臓癌で亡くなった。

戦後遠し働く蟻と迷ふ蟻　青木泰夫

「働く蟻と迷ふ蟻」の姿こそが、酒を楽しみつつ実直に生きた青木さんの姿でもあった。

「先輩職員から学ぶ」

雑誌や雑紙類を廃品回収にと思い整理していたら、「ゆうあい」（B5版・鉄筆書きガリ版の手刷り・ホチキスどめ）が、八冊ほど黒いビニール袋から出てきた。

この冊子は、知的障害児者施設「友愛学園」（東京都青梅市）成人部で発行されたもので、一九七五年から八二年までの分だった。企画編集のリーダーは生活指導員の佐藤友之さんだった。佐藤友之（さとう ともゆき・一九四五年北海道生まれ）さんは、現在社会福祉法人青梅なかまの会「なかま亭」（同青梅市）＝知的障害者通所授産施設・利用定員三六名の理事長、知的障害者の文化活動クラブ「青梅市青少年クラブなかま」の会長を務めている。

佐藤さんと私が一緒に「友愛学園」成人部で働いた期間は二二年ほど。彼は私より二歳年下だったが、職場では三年ほど先輩だった。

見つかった冊子「ゆうあいNo．3」（七六年二月二九日発行）に佐藤さんは『びわ湖学園での研修を終えて』という一文を寄せている。七六年一月一八日から一週間、滋賀県野洲市にある重症心身障害児施設「びわこ学園」での実習体験記で、四〇〇字詰原稿用紙二〇枚ほどの力作だった。

実習中、同学園長岡崎英彦先生とのデスカッションが予定の三〇分を超えて三時間に及んだという。その内容をベースに、障害児者福祉の社会的な課題がまとめあげられていた。当時の私は生活指導員になって三年目で、とても難しい内容であった。反面、佐藤さんの障害児者福祉に対する真摯な思いには大いに感動した。

「『動く重症児』と呼ばれる、その動く事のエネルギーをどう拡げていくかということだと思う。又、施設の在り方という話で、もっと子供たちの生活実感を意識させる必要があると、初期の頃の近江学園の生活にふれて話してくれた。」と岡崎先生の話に耳を傾け、

「『動く重症児』のそのエネルギーの拡げ方を考えるのと同じレベルで、障害の程度も考慮しながら、実習に行かせたり、子供達の力作が多くの人達に使われ、喜ばれるような作業のあり方を考える必要があるのだろう。」と話の流れをつかみ、「働くという字を分解すると、人が力をこめて、重いものを動かすという意味もあるが、その他に『端楽（はたらく）』とも書けるという。つまり、例えば通りを邪魔している大石を力一杯どかそうとして、そのどかす迄の苦しさと、それだけに、どかした後の嬉しさ、楽しさ、まわりの人の喜び、つまり、彼らが精一杯やった時、そしてやれた時の本人の嬉しさと同時に、まわり（父母、職員等）もそれを見てうれしく、そして楽しくなる事だという。」

「岡崎先生と話した後、働くという事で、そんな風に考えた。」とし、

「子供たちの『生きざま』が厳しく、鋭いものであればある程、日常的に関わる職員が実践的に、反動的な諸政策や動きに敏感に対応していく事が要求され、それと対置した形で、新しいものを創っていくエネルギーもわいてくるものと思います。」

と力強く佐藤さんは自分自身を鼓舞していた。

その新しいエネルギーを求めて佐藤さんは、「国際障害者年」（一九八一〜九〇年）の地域活動として福祉映画上映実行委員会を結成した。「いまできること＝芦北学園の子供たち」（八一年）「典子は、今」（八一年）「こんにちはハーネス」（八三年）「はだかの天使」（八四年）「きみが輝くとき」（八六年）「プンナよ木からおりてこい」（八七年）「Ｋｅｎｎｙ」（八八年）などの映画を青梅市民会館ホールで上映し、心身障害児者に対する理解を「施設の社会化」をテーマに訴え続けた。私は佐藤さんの「一緒にやりませんか」のひと声で、活動を共にすることができた。

この時期、私は私自身の福祉活動の方向性を考えていたが、佐藤さんの地域活動に取り組む姿から大いに教わり、学ぶことが出来たと思っている。

「不揃いの花を咲かせたい」

「農芸クラス」は四年目を迎えようとしていた。私は、夢多き花の一八（いっぱち・昭和一八年）生まれの浮き者、流れ者であるせいか、「農芸クラス」のことを考えるときも、やはり過ぎ去った出来事にはそれほど関心を持たない。（といって過去の出来事に対し、逃避しようとか、忘却しようとか、無視しようとか、といった気持ちはなく）むしろ、これからどうなっていくのか、どうしたら自分の思い通りに進んでいくのかといった方向に、もっぱら思考が傾いていった。その上、私は生来からそうであったが、全体主義的な流れには生理的な嫌悪を感じ、何事も個人的に割り切った決断と結果を大切にしたがる性癖を持っていて、「農芸クラス」についても、常にそうした視点でクラス運営を考えてきた。

この年の指導計画をたてるときも、「机上の論理を捨て、なるがままに」といった、机上論者からみたら無責任きわまりない考えを根底に、「やれるところからやろう！」という結論を導き出した。私の考えに同意し、共にクラスを担当した川崎望、横山順子両先生とも、私の想像以上に苦労の多い日々だったことだろう。いさぎよく「机上論」を捨て、三者三様の現実重視でクラス運営を推し進めたことは、それなりの結果と責任について、学園全体からの足枷を負わされることでもあった。

机上での「合意」は、全体的な意思決定の流れをスムーズに運ぶという意味では、大切なプロセスに違いない。たしかに、そのことがスムーズに運べば、全体的な雰囲気は円滑となるだろう。

だが一方では、机上の「合意」のあり方によっては、右に左に大きく揺れ動き、時間の経過とともに、その流れの意味あいは千変万化となり、ついには大義、本義からはずれた瑣末的な流れを選ばざるを得ない結果に陥るという、危険をたえずはらんでいる。

そうした「合意」の曖昧さを整理し、そのような志向を継続させていく忍耐と努力に対し、私は私自身に見切りをつけていた。だから私は、「農芸クラス」の会議のための会議による合意形成を最小限にとどめ、私は私なりに、川崎先生も横山先生もそれぞれの考えを元に個性的な指導内容を展開してみてはどうかと、漠然と考えていた。この三者三様の考えが順調に進めば理想的なのだが、現実的にはなかなか難しい。

だが、そうであればあるほどその難しさは実現すべき夢となって、手応えを感じるものとなるのである。

「農芸クラス」は、文化祭の案内パンフレットの〝大きく広がれ友愛の輪75〟にも書かれているように、「人の和」をもって「天の時」、「地の理」をどんな姿、方法で獲得していくか、試練の道に立たされているといってよい。

「遊びから作業へ」を目標として、クラス発足三年目の曲がり角の時期であった。

クラスのメンバーは、佐藤人司、益子稔、実川正浩、今井友子、大野房子さん達五人である。〝石の上にも三年〟が過ぎ、各人各様の性格に適した作業場面づくりと個性の引き伸ばしについて、新たな展開が求められる時期にきていた。

この新たな時期に、一人一人の喜びに満ちた「農芸クラス」が、「合意」という名目の中に沈みこんだ没個性のクラスにならないよう、個々の不揃いながらも愛しい花、夢の花が咲くようにしていきたいと思っている。

ちなみに、「農芸クラス」は一九七三年四月に発足したが、その後「園芸クラス」と改称し、さらには紙漉き作業を取り入れて「紙漉きクラス」へと改編していった。

そして、今日（二〇一八年現在）では「紙工房」へと発展してきている。

（「ゆうあい」第3号一九七六年二月・友愛学園成人部発行の『園生指導の記録　あさき夢みし―農芸クラスの活動―』を修正、補筆して転載）

「にくめない笑顔」

益子稔（ますこ　みのる・一九五一年東京都足立区生まれ。知的障害・てんかん）さんのことが、不意に思い出された。益子さんは知的障害児者施設「友愛学園」（東京都青梅市）成人部の入所者。私は同学園の生活指導員を定年退職するまでの三〇年間（一九七三～二〇〇三年）、生活棟、作業活動を彼と共に過した。お互いが裏も表も知り尽くし、退職間際にこんなエピソードを書かせてもらっていた。

「おーい、これコピーして」「コピーしたらご飯をちゃんと食べますか」、「うん、食べるからコピーとって、お願い」と、宿直者の私と稔さんとの会話が、夕食前に繰り返される。

しかし、稔さんにとったコピーを手渡すと、その瞬間、「俺ご飯食べないからなぁ。熊ゴロウのバカ。絶対食べない。食べたくないからな！」と捨てゼリフ。ものの見事に私は稔さんに騙され、一本勝負に負けてしまうのだ。

稔さんは雑誌の中からお気に入りの写真を上手に鋏で切りとり、それをマジックで描いた線の枠に収まるように指定。その絵が大きかったり、小さかったり、ほとんどの場合、指定枠にちょうどよく納まらないからといって、機嫌が悪くなるということはなかった。

ご飯を食べる、食べないということは、記録によると幼少期からあったようで、その時どきの気分や周囲の雰囲気に反応してのことらしい。

私は稔さんに騙されながらも、騙す、騙されるのコミカルな関係を楽しませてもらっているのかも知れない。」（熊木）

（「ひだまり」二〇〇二年一月号・友愛学園成人部発行の〝お元気ですか〟コーナーの『二階棟益子稔さん』を若干補筆修正した全文）

今も懐かしくその場面が思い出されると同時に、年数回、個人活動の用件で同学園を訪ねた機会に会っては、お互いにニャリと笑顔で握手を交わしている。

昨年（二〇一七年）の一一月三日、友愛学園祭に出かけた。四二回を数えるというが、私にとってはそれ以前の友愛学園文化祭が八回開かれていたので、合わせて五〇回ということになろうか。その折、久々に益子さんの兄輝男さんに会った。

「久しぶりですね。たしか横山先生と同い齢と聞いたことがありました。相変わらず若々しくて、元気そうだし、何よりです」

「いやいやどうも。先生こそちっとも変りなくて、横山先生も数年前に定年退職されたそうで。顔馴染みの先生がほとんど退職されてさびしいですね」と挨拶を交わした。

「稔さんは、今は紙工房で活動されているそうですが、私が現役の頃は私や川崎先生、横山先生と一緒に園芸クラス（初期の頃は農芸クラスと言っていた）でした。手先が器用で挿し木苗のビニールポット植えは、得意中の得意でとても上手でした」と私が語り出すと、お兄さんは「稔は幼い時から好きな遊びには夢中になるんですけどね。でも直ぐ飽きちゃって、次々に目先を変えていく癖がありました。それからご飯を食べさせるのも、食べる、食べないでひと苦労でした」と、幼き日の稔さんを語ってくれた。

「ご飯を食べる、食べない」は、私という人間を嫌ってのことではなかったことが、この時のお兄さんの話ですとんと腑に落ちた。

「お兄ちゃんが来てくれて嬉しいだろう」と稔さんに話しかけると、「何言ってんだ熊ゴローは。稔ちゃんって言えよ、バーカ、ウッ、へへへ……」と、かつて彼のケース担当だった川崎先生が「にくめない笑顔」と評したその笑顔が、そこにあった。同時に、「遊びから作業へ」の園芸クラス時代、働く喜びを見つけた稔さんの自信に満ちた笑顔もそこにあった。

「表現文化が分かる人」

私は山本以文（やまもと　いぶみ・一九五一年大阪市生まれ）さんが、知的障害児者施設「友愛学園」（東京都青梅市）児童部から成人部に異動になった一九九四年四月から二〇〇三年三月までの九年間、成人部の生活棟、日中活動で一緒に働いた。彼は私が定年退職した後、二〇一一年成人部施設長に就任した。そんな山本さんが、工房ＹＵＡＩのＡＲＴ活動について述べた一文が目にとまった。要旨は次の通り。

［ＡＲＴを世に発信する拠点］

手作り品独特の感触ある立体的な表現力、日本古来の優しい風合いや、常識にとらわれない色彩やデザインこそ工房ＹＵＡＩの特徴です。

来園した山本寛斎さんを「天性の力、迸る感情！」と驚かせた作品の数々は、国内外のファッションショーや新聞、テレビで紹介され、工房の表現活動に新たな境地を開きました。

［衝動の造形と豊かな表現力］

工房での日々の創作活動は、基本的に非常に単純で、利用者の皆様は、好きな材料と自由な時間、そして職員との会話を楽しみながら、土に触れ、縫い、木を削ります。

そのため工房ＹＵＡ１の制作は、まぎれもなく人の魂に触れるもの、そして、人間的な根のようなもっとも生活的で自由な個の作業となっています。

［風土から生まれる工芸への思い］

技術的に未熟でも、瞬間的に生まれた作品は時に天性のものがあり、噴き出す手指の生理的な連動は、個性的で独特な形の陶器を創り出します。確固たる意志をもって、もの作りに専念すると、利用者のライフスタイルを変え、価値観、意思の決定、人生そのものを大きく変えていきます。

（社会福祉法人友愛学園公報誌Ｖｏｌ30「友愛」

二〇一七年一一月二〇日発行の『ほとばしるいのちの表現』友愛学園成人部施設長　山本以文よりの抜粋)

知的障害児者のART工房や作品制作の活動を理解する上で、非常に興味深く、参考になる。一九九五年頃のこと。山本さんが「実川正浩さん（当時五一歳）が作品を作りました」と、陶板絵（一三×一五×一cm）を見せてくれたことがあった。粘土板三〇枚ほどを使って箸で点描させたところ、二九枚は突き崩してグチャグチャになり、一枚だけが出来上がったとのこと。点描絵はやぎ、ひつじ、鹿、星座など見方によってさまざまに見えた。プリミティブな感触、感性が何とも言えない魅力だった。

もう一つあった。それは粘土のかたまりを手で引っ張らせて出来たものだった。偶発的に出現した立体の妙なる造形だった。私には実川さんが青年の頃の悪戯っぽく怒った顔の表情に似ているように見えた。陶板絵は「やぎ」、造形作品は「ひっぱる」と題され、「第九回福祉MY　HEART美術展」（九五年青梅市立美術館）、「福祉MY　HEART美術展一〇回記念日仏交流展」（一九九六年フランス・トゥール市）に出展。

実川正浩さん（二〇一一年没・六七歳）の美術展への出品は、この二作品が最初で最後だった。当時の彼は、日常的に介助や介護を要する状態で、作品づくりの目的意識など全くなかった。そんな彼を、偶然、偶発とは言え、作品づくりに一瞬たりとも意識を向かわせた山本さんの人間力は凄いと思った。

山本さんの「ほとばしるいのちの表現」は、実川さんをはじめ、多くの利用者と悲喜こもごもの日常生活を過ごしながら、表現文化を社会的にどう位置づけ、価値を作りあげるべきか、その多様なあり方を説いていたように私には読み取れた。

私は山本さんが、知的障害児者の作品活動や文化活動の道を、さらに大きく発展させていくことを期待している。

「最後の姿を体現してくれた人」

私はかつて知的障害児者施設「友愛学園」（東京都青梅市）成人部入所者・海老沢恵美子（えびさわ　えみこ・一九四九〜二〇〇〇年）さんについて、こんな風に書いていた。

「私が学園に転がりこんで来た頃のエミさんは、どこか暗い陰のただよう人だった。春休み、夏休み、冬休みになっても帰省できず、また面会もなく、いつも孤独を余儀なくされていた。そんな暗い影を見かねてか、生活指導員Kさんがエミさんの父親に面会に来てくれるよう、何回も何回も手紙や電話で懇願した。私はその頃、Kさんと意見が合わず〝この女、泣くまでやっつけてやるぞ〟と口論のたびに思っていたが、この件の時は、東北の港町で育った女心を感じ、美しい人と思った。

Kさんの心が通じたのか、エミさんの父親は面会に来てくれるようになった。エミさん父娘が肩を並べて微笑する姿は、春蘭の花二輪にどこか似ているようですがすがしかった。」（拙著『心の花』審美社一九九七年刊より。因みにKさんは熊谷ことぢ先生、〝学園に転がりこんで〟は一九七〇年代のこと。）

海老沢さんは父親と面会を重ねるごとに目許が明るくなり、年頃の娘らしい表情になっていった。そんな彼女から少し鼻にくぐもった声で、「クマゴロウ、あんたバカね。しっかりしなさいよ」と、冗談笑いのあいさつを生活棟や作業棟での通りすがりによく受けた。そんな時の表情は屈託がなく、春蘭の花のような可憐さを感じたものだった。

また一方では、女子棟二四人の学園生中海老沢さんは寡黙ながらも図抜けて理解力が高く、学園生と生活指導員、学園生間の会話内容の橋渡しをしてくれていた。そんなこともあって、学園生から一目置かれるお姉さんとして誰からも敬愛される存在の人だった。

そんな海老沢さんが一九九三年五月、腹部エコー検査を受診し、多発性嚢胞腎（たはつせいのうほうじん）という聞きなれない病気にかかっていることがわかった。翌年の七月、腹部エコー、ＣＴ検査で直径５ｃｍくらいの嚢胞が腎臓と肝臓に数個あると診断された。

そのため腹部が大きく膨らみ、徐々に腎、肝機能が悪化。肺も肺胞がつぶされ、心臓も圧迫されて相当息苦しく、腹部、背部の痛み、両下肢の浮腫など、さまざまな症状にみまわれるだろう、ということだった。

虎の門病院分院腎センター（神奈川県川崎市高津区）の〝多発性嚢胞腎〟解説発表（「こんな病気こんな治療病院最前線ガイド'99」）によると、「嚢胞腎（多発性嚢胞腎）といって、腎臓にブドウの房のように嚢胞（袋）が生じる先天性の病気である。

原因はわかっていない。（略）嚢胞、腎臓が大きくなるにつれて肺や胃腸が圧迫されるため、燕下（えんげ）や呼吸の不全、吐き気や嘔吐、食欲不振、通過障害、便秘、血尿などで栄養失調を来す。体型的に不安定で転びやすく、そうした打撲などで大出血を起こす危険も大。脳内出血や心筋梗塞の合併率も高くなる。」

当時、青梅市立総合病院内科の主治医からは、腹腔穿刺や人工透析を要する段階だが、海老沢さんの症状ではリスクが大きいので、このまま本人が望む学園生活をベースに経過をみていくことにしましょう、という治療アドバイスを受けていた。

症状は徐々に悪化していった。一九九八年一〇月の記録には、「一〇月中旬頃から体調不良（腹痛、両下肢浮腫など）のため、作業を休み、寮やディルームで過ごす」とあり、さらに二〇〇〇年になると、「Ｈ12．５顔面軽度両浮腫・まぶた浮腫・両下肢浮腫あり。倦怠感・疼痛訴える。表情はよいが、顔色悪い」と記されていた。

海老沢さんは、学園生や職員を見守り、見守られつつ、死の直前まで学園で頑張り抜いた。最期は、「人生、最後の姿ここに在り」を身をもって体現してくれた人だった。

二〇一〇年七月二二日永眠。享年五一歳だった。

「芸術家肌の花屋さん」

フランス・トゥール（TOURS）市ジョルジュクルトリーヌ（George Courteline）通りの教会と道路をはさんだ斜め向かいに、町で一番と評判の花屋がある。

店主はドミニク・ボーシェーヌ（Dominique BEAUCHESNE）さん。私より一〇歳ほど若かった。

私が初めてドミニクさんと出会ったのは、二〇〇四年四月一九日だった。この日、娘が留学中に可愛がってもらったトゥール市在住画家坂口日出樹さんが、前年の一二月三一日、心筋梗塞で急逝、そのご仏前に供花をと思い、お店に立ち寄ってのことだった。

その時、ドミニクさんは既に坂口さんのことを知っていた。「ヒデキの馬の絵はすばらしい」と言いながら、花を手早く見つくろってくれた。「花代はいくら」、「ノン。マダムヒロコによろしくね」と、気前よくプレゼントしてくれた。

夕方、友人の画家セツコ・ウノ・フェンティス（Setsuko UNO FUENTES）夫妻に連れられ、妻法子と一緒に坂口さん宅を訪ねた。仏前に花を供えて、「花はドミニクさんがプレゼントしてくれました」と言うと、「ドミニクは芸術家肌の花屋さんだからセンスがいいのよね。ヒデキが喜んでいるわ」と大喜びだった。

そう言えば、〇七年の「MY HEART日仏20&10記念国際交流展」（一一月一五日～三〇日IME les Elfes TOURS）の時も、日仏交流夕食会場に生花を飾つて、本人も花屋の作業服姿で参加。「プレゼント」と司会者の紹介で盛り上がった。

ところでドミニクさんがビジネスパートナーで通訳兼案内役のケイコ・モリ・シュードル（Keiko MORI SUDRE）さんを伴って初来日したのは、一〇年二月二六日だった。二八日の東京国際マラソン大会の出走と、その後の日程で、青春時代の友人であるタチバナさんと再会するための来日だった。

話は前後するが、〇四年当時、ドミニクさんは次のような話をしていた。

「ぼくは若い時、ドイツで三か月ほど一緒に働いた〝タチバナ〟という名前の日本人が忘れられないんだ。彼と一緒に一か月ほどフィンランドへ旅行に出かけた時、僕の貧乏さを見かねて、旅行中ぼくの旅費を全部出してくれたんだ。もちろん、一銭たりとも返せとは言わずにだよ。その温かい親切心が、今も心に残っているんだ。ぼくには彼に関しての情報が何もなく、手がかりがないのさ」

ところが幸いなことに、「福祉MY　HEART美術展」の関係者がこの話の〝タチバナ〟さんをインターネットで調べたところ、福岡県柳川市では超有名な料亭のオーナーであることが分かったのだ。この情報を元に、ドミニクさんがタチバナさんに連絡をとって、お互いを確認しあえたとのことだった。実に三六年振りの再会が実現したのだった。お互いにどのような感慨で青春の思い出を語りあったのだろう。因みに東京国際マラソン大会のドミニクさんのゴールタイムは四時間三〇分だったとのこと。すばらしい完走だと思った。その八年後の二〇一八年一二月三〇日、ドミニクさんは膵臓癌で天国へと駆け抜けて逝った。まだまだ、花屋のドミニクさんとして市民に愛され続けてほしい芸術家だったのに。

「ぼくは花屋の仕事が大好きなんだ。だから暇さえあれば、次はどんな花にしようかと花の仕入れを考える。ぼくは働き過ぎだとフランス人に言われる。けど、ぼくに言わせれば、フランス人は働かなさ過ぎる。権利ばっかりを要求して。ところで、ムッシュクマキは、日本人としてどっちなのかな。ウアハハハ……」とかん高く笑った。その目玉の悪戯っぽい動きは、今も忘れ難い。ドミニクさんの作業服姿と無精ひげの横顔は、フラワーアレンジメント作家の風貌そのもの。私にとっては、気さくな花屋さんだった。

「四人目のアーティスト」

永瀬洋昌（ながせ　ひろまさ・一九六九年東京都葛飾区生まれ・知的障害）さんが、知的障害児者施設「友愛学園」（青梅市成木）成人部に入所したのは、一九八八年四月で、一九歳だった。額が広く理知的な眼ざしの可愛い少年という感じだった。私はこの時から二〇〇三年に同園生活指導員を定年退職するまでの一五年間、施設生活を共に過ごした。

当時、皿や花びん、コーヒーカップなど粘土の焼きもの作りを中心とした「焼きものクラス」、犬舎や押し入れ、浴室用のスノコ、各種の飾り棚や花器置き台などの木工製品作りを中心とした「木エクラス」、牛乳パックを紙パルプに再生し、ハガキや色紙、各種用紙を手漉きで作り出す「紙漉きクラス」、障害が重く車椅子散歩やリズム体操、粘土いじりなどを中心とした「ゆとりクラス」の四クラスに、日中活動は分けられていた（後年、「焼きものクラス」は「土の工房」に、「木エクラス」は「木の工房」、「紙漉きクラス」は「紙の工房」にそれぞれ改称されたので、以後はこの工房名称を用いていくことにしたい）。

永瀬さんは指先が器用で粘土いじりが大好きということで、日中活動は「土の工房」に所属した。その頃「土の工房」には、友愛学園を代表するアーティスト三人がいた。吉田尚古（なおたか・現山形県大石田町の「水明苑」で暮らしている。七四歳）さんは、「第2回障害者総合美術展」（八七年）で優秀賞。椿三千夫（二〇一九年没、六九歳）さんは、同七回展（九二年）佳作、同八回展（九三年）奨励賞。佐藤清（二〇〇九年没、七四歳）さんは、世田谷美術館の開館記念「芸術と素朴」展（八六年）に紙粘土画〝はにわ〟（縦一m八二cm×横九一cm）を招待出品。そんな三人に囲まれて、永瀬さんのアーティストとしての出番はなかった。当初は工房の新人として、椿さんが粘土の練り方を教えてくれていた。

「おーい、ナガセちょっとこっちへ来な。あのな、菊練りってやつを俺がやるから、そこでよーく見てんだよ。わかったね」と、椿さんは実演を開始。「いいか、こうやってググッと力を入れて、グイグイと手で押し込んでいくんだ。力がいるんだな。ちょっとやってみな」と椿さん。

「そんな大きな粘土のかたまり、僕できっこないよ、椿さん。どうするの、困っちゃうよ」と永瀬さん。「いいか、こうやって肩に力を入れて、上からグウグゥと押し込むんだ。ほらね、こうやってやれば直ぐできちゃうんだよ。本当だよ、簡単だろう」と椿さん。

こんなことを何日かくり返すうちに、「オッオー、ナガセいいぞ、いーぞ。お前ェ、頭いいな、もう覚えたかよー、よーし、これからはお前ェが、ゲボちゃんやウッちゃんたち皆んなの粘土を捏ねてやれ」と椿さん。

「椿さん、わかった、わかった。そうだよね、そうだよね、椿さん、そうだよね」と永瀬さん。教える、覚えるという二人の呼吸はぴったり重なり合っていた。永瀬さんの指は、魔法のように粘土を自在な形に作り出していった。例えば、タコ、イカ、サカナ、ザリガニ、クワガタ、カブトムシ、ハチ、チョウ、トンボ、カエル、カニ、ヘビ、ゾウ、キリン、ゴリラ、ウルトラマンや怪獣といったテレビアニメのキャラクターなど、多岐にわたっていた。

そればかりではない。皿や粘土の素焼き品、「紙の工房」の各種手漉き紙にもクモ、ハチなど、陶芸作品と同様のモチーフで多才に絵を描いていた。それらの作品は、作品展ごとに注目を浴びた。その原点は、二〇〇五年一〇月七日NHKテレビで全国に放映された「NHKにんげんドキュメント〝ナガセ君の里山〟」で明かされた。それは永瀬さんが幼少年期、家の周辺を流れる「中川」で四季折々に遊んだ思い出の中に、今も棲み続ける生きものたちであった。その原風景が、永瀬さんを「土の工房」四人目のアーティストに押し上げた、と私は確信した。

「挿絵画家との唐突なご縁」

一九八六年から二〇一二年の二六年間にわたって、青梅市立美術館市民ギャラリーで開催した心身障害児者の美術展「福祉ＭＹ　ＨＥＡＲＴ美術展」のフランスや中国との国際交流を調べるため、新聞の取材記事スクラップ帳に目を通した。

その中で、「エッ」と全く予期しない記事が、目に飛びこんで来た。それは、二〇〇三（平成一五）年二月三〇日の毎日新聞に顔写真入りで載っていた〝『青春の門』の挿絵風間完さんが死去〟というものだった。訃報の全文を紹介。

五木寛之さんの「青春の門」など連載小説の挿絵で知られる画家の風間完（かざま　かん）さんが27日、がん性腹膜炎のため東京都港区の病院で死去した。84歳だった。親族のみで密葬を済ませた。自宅は公表していない。東京都生まれ。53年、邦枝完二の新聞連載「恋あやめ」をはじめ、本紙連載の司馬遼太郎「翔ぶが如く」、松本清張、遠藤周作、向田邦子らの作品の挿絵を数多く手がけた。鉛筆やパステルを使い、女性や風景を洋画風の描写と独特の線画で表現した。昨年菊池寛賞を受賞した。著書に「エンピツ画のすすめ」「旅のスケッチ帖」がある。

こんな大作家たちの挿絵を描いていた風間完（一九一九年東京生まれ。東京高等工芸卒。新制作協会会員。自宅東京都中野区）さんに私が初めて出会ったのは、一九七二年七月頃だっただろうか。当時私は二九歳で、Ｈ出版社の新人だったが、それまでに月刊俳誌「鷹」（藤田湘子主宰）の編集に五、六年かかわった経験があり、それが思いのほか役立った。

私は就職して間もなく、環境問題をテーマにした月刊誌「環境科学」という雑誌のエッセイ欄を女子短大文学科卒の女性と担当。毎号、どういうジャンルの作家に、どんな内容を書いてもらうかの会議では、私が年長だったこともあってか、いつも「熊木さんにお任せします。よろしくお願いします」となった。

そんなことで、「鷹」編集部時代のご縁をたどって、原稿執筆依頼や挿絵、カット画の作家に「是非お願いします」と急場を助けられたことが幾度もあった。

しかし、その時挿絵をお願いしようと思った風間完さんには何もご縁の手がかりがなく、当たって砕けろの気持で電話をした。恐る恐る用件を伝えると、「分かりました。お目にかかってもうちょっと話を伺ってからにしましょう」と、やさしく律儀なお返事をいただけた。「これなら大丈夫。引き受けてもらえるだろう」と内心ほっとした。

数日後、中野区の住宅街のお宅を訪ねた。玄関から入って直ぐの応接間に通された。風間さんとはこの時が初対面。

私が「おちょことぐいのみが沢山ありますね」と飾り棚に目をやると、「旅の思い出に集めたものです」と柔和な顔付きになった。「大きい焼きものだと嵩張るもんで」と言い、「その土地土地の民芸的な手ざわり、肌ざわりの感触を忘れないようにと欲張っちゃうからなんですね」と話してくれた。

その後、直ぐお願いの用件に入った。「実は川崎長太郎先生が少年時代、父親の魚屋の手伝いで、小田原から箱根の強羅の旅館まで魚籠を背負って届けた、という回想文に先生の挿絵をお願いしたいと思いまして」

「川崎さんならよく存じています。私の絵でよければ喜んで描かせてもらいますよ。若い奥さんと一緒に暮らしているとか聞きましたが、お元気なんですね」

「はい。お訪ねした時はとてもお元気でした」

「そうですか。それは良かった」風間さんは安心した様子だった。「川崎長太郎」という一言が、高名な挿絵画家風間完さんとの唐突なご縁だった。

「異色の俳句作家」

俳句作家として異色の存在感を示した高柳重信（たかやなぎ　じゅうしん・一九二三年東京生まれ。一九八三年六〇歳で没）の俳句は初期のものを除いて多行表記の作品が多い（うしろに私の好きな作品を紹介）。何故多行表記なのか私には分らないが、多行による言語空間の空間美と、一七音のリズム、音叉の響きが視覚的にも聴覚的にも私には面白く心に映ったり、響いたりする。

私が藤田湘子先生に師事したのは、一九六五年から七五年頃までの一〇年ほどだった。その間に湘子主宰の俳誌「鷹」で出会い、俳句や文学を学び語り合った仲間に、本誌「広場」の編集発行人の竹中俊一郎、私と同い年のしょうり大、前選者の荻田恭三、残念ながら故人となった初代選者の鳥海むねき、「広場」を応援していた故・佐々木碩夫たちがいた。

当時湘子先生は、「これからの俳壇は」と口にする時はいつも高柳重信という名を挙げ、自誌のイベント等にも招待していた。そんなこともあって、私たちは遠巻きながらも高柳重信という名前に親近感のようなものを抱いていた。その当時、高柳重信は革新系俳人が多く参加した同人誌「俳句評論」の編集発行人であった。

二〇〇九年刊の「高柳重信読本」（角川学芸出版）を読むと、我々と同年輩の坪内稔典が「幻の白い船」というエッセイで、「私は高柳重信の強い影響を受けながら俳句を作ったり考えたりしてきた。彼の雑誌やグループに参加することはなかったが、自分の気持としては彼の門下である。初めて彼を訪ねたのは二〇代後半の夏だったが、せっかく関西から来たのだから、金子兜太にも会って帰るといい、と言われ、その場で兜太に電話をしてくれた。以来、重信と兜太にひそかに師事してきた。」と書いていた。

そうした中で、「鷹」と金子兜太主宰の「海程」、「俳句評論」の二、三〇代の人たちが集まって勉強会を行なうことになった。「鷹」からは竹中、しょうり、鳥海の三人が留学生と称して参加。私も誘われたが都合がつかず不参加だった。このユニークな集まりは、結社誌の保守的な指導を打破して、新人の発掘、育成に取り組まなければ俳句の将来が危ぶまれると考えた、当時のニューリーダー高柳重信、金子兜太、藤田湘子が目論んだ実験ではなかっただろうか。

その後、高柳重信は俳句総合誌「俳句研究」の編集長（一九六八年三月～八三年七月）として、飯田龍太、金子兜太、赤尾兜子、藤田湘子の二太二子に三橋敏雄、森澄雄を加え、俳壇の同世代、同時代のリーダー輩出に全力を尽くした。

もう五〇年も前になろうか、小田急線の代々木上原駅近くの高柳重信宅を訪ね、評論原稿を見てもらい、「まだまだだね」と言われたのは。眼鏡ごしの薄笑いは、今も心に焼きついている。以下、私の好きな高柳重信俳句を紹介する。

「身をそらす／虹の／絶顚／処刑台」

「さよなら／私は／十貫目に痩せて／さよなら」

「杭のごとく／墓／たちならび／打ちこまれ」

「まなこ荒れ／たちまち／朝の／終りかな」

「沖を行き／父を旅ゆく／二十歳」

「母は／島籠め／死に忘れして／狂ひもせず」

「船焼き捨てし／船長は／泳ぐかな」

＊「」はこれで一句ということです。また、／（斜線）は、多行を区分書きして一行書きにしたということです。

「豪放磊落な俳人」

この春は、新型コロナウイルスの感染拡大にともなう不要不急の外出自粛、政府の緊急事態宣言などで、さくらの花見にも出かけられず、二カ月余り家に閉じこもりの生活であった。そのお陰ということもないが、私は一九七〇年代の青春時代に親しんだニューリーダーと目された俳人の本を再読。私なりに読書探訪の機会が得られた。

そんな中で、金子兜太（かねこ　とうた・一九一九年埼玉県小川町生まれ。「海程」主宰。二〇一八年九八歳で没）の次のような座談会における発言が（そしてその声が）懐かしく思い出された。

高柳　何かを感じつつ見るのがほんとうに見るのであって、眼にはいってくるだけを見るのとでは、だいぶ違うわけですね。

金子　そこなんだ。前から描写と形象ということを分けて盛んにいってきたんだが、これはただ見ているだけで事足れりとする、描写指向を乗り越えたいと思ったんです。見て描くということだけの写生というやつ、あれは日本人の伝来的な情緒性にうまくマッチするところがあるんだけど、これこそ日本文化の毒だね。見ながら感じ、考えている、という総合的な意味の見るということでなくちゃ困るんだな。だからぼくが昔からいっている、俳句は即物だということを、もっとはっきりさせたいのよ。即物ということは、いまのあんたのいう意味の見るですよ。すべてなんですよ。

この座談会は、俳誌「鷹」が一九七二年一〇月号で通巻一〇〇号にあたる記念号として企画されたもの。八月下旬の残暑の厳しい夕方、「春燈」の俳人鈴木真砂女さんが経営する銀座の小料理屋「卯浪」で行なわれた。出席者は詩人吉岡実、歌人佐々木幸綱（「心の花」主宰）、俳人金子兜太、高柳重信（「俳句評論」代表同人）、藤田湘子（「鷹」主宰）の五人。後日の編集作業の参考までにと、編集部の私と永島靖子が立ち会った。

兜太の姿は「鷹」のイベントで何回か見かけていたが、面と向かって挨拶する機会がなく、この時初めて言葉を交わした。座談の中で、「見て描くということだけの写生というやつ」とか「これこそ日本文化の毒だね」とか次々に言い放つ兜太節に圧倒された。どこかに秩父育ちという野性味を持った豪放磊落な俳人だと思った。

人間探求派と言われた中村草田男、加藤楸邨、石田波郷以後の戦後前衛俳句を二分するリーダー、好敵手として、最短定型詩論、俳句論を論じあった高柳重信と金子兜太が、時を経てこのような共通認識を語り合う姿を見せられて、私は驚きとともに時の流れを感じずにはいられなかった。

今回再読した金子兜太の著書は、「定型の詩法」（一九七〇年海程社刊）、「定住漂泊」（一九七二年春秋社刊）、「詩形一本」（一九七四年永田書房刊）、「金子兜太全句集」（一九七五年立風書房刊）、「金子兜太の世界」（二〇〇九年角川学芸出版刊）その他多数。

最後に、私の好きな兜太俳句を挙げておく。

曼珠沙華どれも腹出し秩父の子
水脈の果炎天の墓碑を置きて去る
朝はじまる海へ突込む鷗の死
銀行員等朝より螢光す烏賊のごとく
彎曲し火傷し爆心地のマラソン
華麗な墓原女陰あらわに村眠り
霧の村石を投（ほう）らば父母散らん
鮭食う旅へ空の肛門となる夕陽
暗黒や関東平野に火事一つ
人体冷えて東北白い花盛り
おおかみに螢が一つ付いていた

「最後の段ボール箱」

心身障害児者の美術展「第一八回福祉MY　HEART美術展」（二〇〇五年一〇月二六日～三〇日青梅市立美術館市民ギャラリー）の取り組み準備に追われていた二〇〇五年四月三〇日の朝、電話が鳴った。

「もしもし、飯沼です。突然の電話で申し訳ありません。悟が夜明け前に亡くなりましたので、連絡しました。本当に信じられないことですが……。とりあえずOBの熊木さんにはご連絡をと思いまして。」

私は美術展の準備を中断して、悟さんのもとへ駆けつけた。遺体は検死に出され、そのまま火葬されるということで、対面してお別れすることはかなわなかった。空のベッドには菊の花を活けた花びんが、ひっそりと飾られてあった。私はベッドに向かって合掌した。

悟さんこと堀内悟（ほりうち　さとる・一九六六年東京都生まれ。知的障害）さんが、東京都青梅市の山間地集落成木（なりき）にある知的障害児者施設「友愛学園」児童部（一八歳以下の児童施設）から同園成人部（一八歳以上の成人施設）に転入所してきたのは、一九八八年四月だった。

私は成人部の生活指導員として、この時から定年退職するまでの一五年間、悟さんと施設生活の苦楽を共にした。電話で知らせてくれた飯沼憲明さんは、私と同じ生活棟の後輩だった。悟さんの検死結果は虚血性心不全。三九歳の生涯だった。転入所当時の悟さんは二二歳。六〇人の入所者中、比較的長身で筋肉質のスラッとした体形で、格好のいい青年だった。

また、目がクルッと見開き、一瞬の動きや隙をつく鋭敏さがあり、私は筆記用具や体温計などを隠す悪戯をされ、「エヘヘ」「アッハハ」と高笑いされ、弄ばれることが四六時中だった。しかし、不思議なことに悟さんの悪戯にはどこかしらに純心さが感じられ、憎たらしいと思うことはなかった。大抵の場合、その高笑いの調子やおどけで、悪戯の種明かしをしてくれる場面が多かったからだ。そこには、人なつこさや心根の優しさがあり、可愛らしさもあった。

ところが、九五年頃だっただろうか。正月休みで悟さんが二泊三日の帰省中の出来事だった。

「私も家内もすっかり年老いてしまいました。悟が帰ってくると、家の中はてんてこ舞いです。部屋の障子は破る、桟は折る、襖の唐紙は剥がす、冷蔵庫の食品は勝手に食い荒らす、衣類は放り出す、注意すると奇声を発する、という具合で、二泊三日の帰省といえどもヘトヘトでした」と、悟の保護者であった祖父から帰省中の報告を受けたのだ。

「何という悲惨さだろう。どうして悟さんがこんなことをするのだろうか」と私は思い、胸が痛んだ。結局何が原因だったかは分からないままだったが、これ以上祖父母に負担をかけられないと思い、「今後はご無理をなさらないで下さい」と応じることが、その場では精一杯であった。こんなことから、悟さんの帰省はしばらく中止することになった。悟さんはそのことを承知してくれた。

それから二年ほど経った九七年の正月明けに、悟さんの祖父から学園に段ボールが二箱送られてきた。中身を確認すると、新しいセーターや下着類とみかん、エビ煎餅、ビスケットなど悟さんの好物が入っていた。荷物と共に一通の手紙が添えられていた。

「私も家内も、この先何年生きられるか分かりません。最早、学園に出向いて行って悟に会うことも出来なくなりました。せめて気持ちだけでもと思い、荷物を送りました。これが悟にしてやれる私と家内の最後の気持かと思います。〝これが最後だよ〟と言って渡して下さい。悟のこと、よろしくお願いします。」

段ボール箱が届いた数ヶ月後、悟さんの祖父は亡くなった。どういう事情で両親に代わり祖父母が保護者となって、悟さんを養育するようになったのか判らない。が、それだけに祖父母と孫の深く重い絆の機微を、その段ボール箱は物語っていたように私には思えた。

「女流俳人との再会」

私が藤田湘子主宰の俳誌「鷹」（創刊一九六四年七月号）の初代編集長倉橋羊村（後年「波」主宰。二〇二〇年没）さんから編集長を引き継いだのは、一九七一年七月号から七四年六月号までの三年間だった。

「俺は『馬酔木』の編集長を石田波郷から引き継いで一〇年やった。熊ちゃんもそのつもりで頑張れよな」と、湘子先生に励まされた。しかし、一年、二年とやっていくうちに編集能力の限界を感じ、誰にも相談せず、突然、七四年六月号の編集後記で辞任を発表した。

目の前には創刊一〇周年記念一〇月号の発行編集企画が迫っていた。全てを放り投げ、夜逃げ同然の辞め方だった。

しかし、何の混乱もなく、私の後を永島靖子（一九三一年京城＝現ソウル生まれ。本籍は岡山県倉敷市。俳人協会会員、現代俳句協会会員）さんが即座に引き受け、三代目の編集長として七四年七月号から八〇年九月号まで務めた。心配された一〇周年記念号は、永島編集長の元で一〇八頁増の全一七八頁のボリュームで編集発行され、俳壇内外から高い評価を得た。また、「鷹」の地歩をゆるぎないものとして固めた。

こんないきさつから、私は二度と永島さんや湘子先生、「鷹」の人たちとお目にかかれないと思っていたところが再会できたのだった。その機会は、一九八五年の夏に訪れた。

その年の七月二九日から八月三日の会期で、知的障害児者施設「友愛学園」（東京都青梅市）の学園生と彫刻家友永詔三、画家・絵本作家田島征三さんらプロ作家四人との合同作品展「福祉・ふれあい・ＬＩＦＥ展」を、都心の千代田区神田小川町の世界観ギャラリーで、初めて私が企画開催した折のことだった。

「まぁ、お元気そうで何より。鷹を辞めた後、どうなさっているのかしらと思っていました」と永島さん。

「熊木さん、ご立派ですこと。俳句を辞めても、こういう人たちの表現作品を大切に活動なさっているんですもの。会えて良かった。安心しました。」と言って、目元をほころばせ喜んでくれた。実に一一年振りの再会であった。

女流俳人永島靖子と言えば、何と言っても一九六九年作の

一枚の絹の彼方の雨の鹿

という句が、私には忘れ難く心に残っている。湘子は、選後評の中で次のように言っている。

「この作者には一種の匠気というものがあって、一つのことば、一つのフレーズに、いつもキリキリ舞いし、結果的にその部分が泛きあがる、ということが多かった。この句、(略)そういう欠陥を見事におさえ、夢幻的な美しさを現出している。(略)作者は『一枚の絹』ということばを得た。このことばによって『雨の鹿』は単なる雨中にたたずむ鹿ではなく、つまり事実のそれではなく、われわれの記憶の中を遡って普遍性を獲得した鹿に変容したといえるのだ。」(「鷹」一九七〇年二月号『俳句・俳人・俳壇』より)

永島靖子の俳句観モットーである「俳句は象徴詩である」を解き明かし、的確にその資質を見抜いている眼力は、藤田湘子ならではだ。永島さんはこの眼力を信じきって、今日まで鷹の道を歩いてきたのだ。永島さんは、その後着実に俳句の世界で力を発揮し、名を高めていった。これまでに三冊の句集を世に問うた。一九八二年第一句集『眞晝』(書肆季節社刊、第七回現代俳句女流賞受賞)、一九九一年第二句集『紅塵抄』(牧羊社刊)、二〇〇九年第三句集『袖のあはれ』(ふらんす堂刊)で、この他多くの評論、エッセイ集があり、この機会に再通読した。

以下、ゆるす限り永島靖子俳句を紹介する。

十薬の花のかたちのやまひかな
うたたねのわれも浮きたし浮氷
蜘蛛の囲の向う団地の正午なり
わが狂気うすらひに葉の載つてをり

「後押ししてくれた元市長」

私が初めて元青梅市長・山崎正雄（やまざき　まさお・二〇一二年一月一九日没。享年八九歳）さんの自宅を訪ねてお会いしたのは、心身障害児者の美術展「福祉ＭＹ　ＨＥＡＲＴ美術展」の第三回展（一九八八年七月二日～一七日・青梅市立美術館市民ギャラリー）企画準備中の八八年六月一四日だった。

当時、山崎さんは七五年から八七年までの三期一二年間つとめた市長を辞め、家業の醤油製造業に戻って半年ほど経った頃であった。自宅兼工場は、表通りに面して重くどっしりとした柱組みの長屋門構えで、威風堂堂としていた。その門をくぐり抜けると醤油工場が建っていて、通り道の空き地には仕込み用の大きな桶が、何個も野晒し状態に置かれてあった。さらに裏山へと続く奥まったところに、これまたどっしりとした大きな茅葺き屋根の母屋が建っていた。まるで日本昔話に出てくる村一番の庄屋さんのような、そんな風情に見える広々とした屋敷まわりであった。

私は長屋門の前に立ち、門をくぐってよいものかどうかと緊張した。意を決して足を一歩門に踏み入れた。向って左側の部屋が事務所になっていた。「今日は。先日社協（青梅市社会福祉協議会のこと）の紹介でお電話いたしました熊木と申します」と声をかけると、「はーい、承知しています」と言って女性事務員が出てきた。彼女は「社長室はこちらです」と、通路を挟んだ右側の部屋へ案内してくれた。部屋へ入ると、山崎さんが奥の真正面に据えられた大きな執務机に座っていた。

「はじめまして。社協から紹介されて伺いました熊木です。あつかましいお願いの用件ですが、よろしくお願いします」

「ご苦労さん、気楽にどうぞ。青梅の美術館で障害者の美術展が開かれるとは、誰も想像していませんでしたから、ちょっとびっくりしました。皆さんよく頑張りましたなあ」と、やや小柄ながらもずんぐりとした立ち姿で、犒いのことばをかけてくれた。

山崎さんには第一回展の折に、次のような挨拶文を寄せてもらっていた。

美術展のあいさつ
名誉会長　山崎正雄（青梅市長）

西東京地区において心と体に障害をもつ方たちが、美を創造すること、一人で絵を描き、大勢で目的をもった集合体を創ること、このような毎日の結晶が、この美術展に集大成されることを期待しております。

（略）昔から「無は有よりも強し」といわれています。欲のない位強い味方はありません。障害をもつ方々が、無心、無欲で描いた作品は、必ず人々の心に訴えるものがあるでしょう。

この美術展を企画し、運営される先生方のご苦労は、大変なものだったと思います。しかし、先生方だからこそ、心身に障害をもつ人たちの心と、言葉の裏にあるものを理解することが可能です。今回の催しばかりでなく、三六五日が戦いの毎日であり、また、微かな喜びの日々であって欲しいものと心から念願し、障害をもつ人たちへの励ましの言葉といたします。

（「第一回福祉MY　HEART美術展」＝八六年七月五日〜一五日青梅市立美術館市民ギャラリー＝作品集より）


山崎さんは翌年の第二回展の作品集にも、同様の挨拶文を寄せてくれた。心強い限りだった。そんなこともあり、山崎さんは「市長の間は協賛金を遠慮させてもらったが、これからは心ばかりの応援をするから頑張りなさい。私は内心、この美術展が続くことを青梅の誇りだと思っているんだ」とも言ってくれた。その後も晩年近くの第二一回展（二〇〇八年の中国上海展）まで毎回協賛金を寄せて励まし続けてくれた。

「お寿司が食べたい」

　私が知的障害児者施設「友愛学園」（東京都青梅市）成人部の生活指導員を定年退職したのは、二〇〇三年三月であった。同年一〇月四日、青梅市立総合病院に入院中の同園成人部の入所者成沢須美子（なりさわすみこ・一九四九年東京都文京区生まれ。知的障害・ダウン症）さんを見舞った。

　私が退職する頃は元気だったが、その後大腸癌が発見され、その時点で既に手遅れの末期的症状だったという。何と痛ましいことかと無念であった。その日は鎮痛剤が効いていたらしく、私が「須美ちゃん、久しぶりだね」とベットに声をかけると、「ああ！やだっ、やだっぺ」と低く口ごもった声で応じた。私はその声を聞きとめ、不意の見舞いだったので拒絶されたのかなと、一瞬緊張した。しかし、私が右手を差し出すと、にっこりと笑みを浮かべながら握り返してくれた。その表情は何とも可愛らしく、私には「ティファニーで朝食を」のオードリー・ヘップバーンに勝るとも劣らない〝須美子スマイル〟に思えた。

　この日の付き添いは、成沢さんの姉君子さんと成人部女子棟の生活指導員上田美智子さんの二人だった。上田さんがあらためて「ほらクマゴロウさんが来てくれたんだよ。須美子さん、嬉しいんでしょう。こっち向いてよ」と言うと、「いやだ、やだっぺ。ウッフフ」と照れ笑い。その様子を見ていた君子さんが、「いつもだとお腹が痛かったり、気分が悪かったりなんでしょうね。不機嫌なんですよ」と話してくれ、続けて、「久しぶりに先生の顔が見られて、本人なりに嬉しかったんだと思います。こんないい顔になるなんて、私まで嬉しくなります」と話してくれた。私は三人のそれぞれの笑顔に接し、成沢さんのお見舞いに病室を訪ねて良かったと思った。突然、上田さんが小声で、「驚かないでね。実は須美子さんに〝何か欲しいものがありますか〟って聞いたの。そしたら〝しし、しし〟って言うのよ。私びっくりした。お腹が痛いのに寿司が食べたいって言うから」と話しかけてきた。私は「大腸癌、それも末期症状なのに大丈夫かな」と思った。「とりあえず看護婦さんに相談したら、主治医の先生が本人が希望するなら、今の状態であればいいでしょう、ということだったの」と上田さん。

そこで上田さんは、成沢さんの誕生日が一〇月九日ということで、誕生日のお祝いを〝お寿司パーティー〟として計画。君子さんも妹の最後の希望をかなえてあげたいと同意した。私はいい話だと思って聞いていたが、成沢さんの症状から実現は無理だろうと思った。

ところが、君子さんから次のような手紙をいただき、まさかと思われた誕生日会の寿司パーティーが実現していたことを知って、よくここまで頑張ってくれたものだと、成沢さんの気力に感服した。

「熊木様

前略

ご多忙にもかかわらず、葬儀に参列いただき有難うございました。心よりお礼申し上げます。力の限り頑張り、最高の誕生日会をしていただき、安らかに永眠いたしました。

ご多幸をお祈り申し上げます。かしこ

成沢君子」

この手紙は一一月二八日付けのもので、文中「葬儀に参列」とあるのは、一〇月一七日に市営青梅市民斎場で行なわれた告別式のこと。成沢須美子さんが市立青梅総合病院で亡くなったのは、一〇月一一日だった。

「人は誰しもが、自分の好きなこと、好きなものを食べたい、自由が欲しいと願っているのだ」と、スウェーデンでベンクト・ニィリエ博士から、ノーマライゼーションの原理と理念の講義をうけた時のことが思い出された。成沢さんの最後を迎える姿は、まさにそういうことだったのだと、あらためて私は納得したのだった。

「弟思いの兄」

私が知的障害児者施設「友愛学園」（東京都青梅市）成人部の入所者大竹明（おおたけ　あきら・一九四九年生まれ。知的障害・咽頭麻痺）さんと出会ったのは一九七三年二月。以来四七年の歳月の交遊。出会った頃は「アウ、エッ」の声と身振り手振りで、私に施設生活の流れを実直に教えてくれる青年だった。

それが今やお互いに七〇歳代の胡麻塩頭、禿げ頭の老人となった。大竹さんと同期に入所した人たちは、これまでに病死や突然死、重症者療養施設、老人病院等の施設に転出し、大半が学園から姿を消していった。

そんな無常観，寂寥感が交叉する中、大竹さんの兄一彦（故人）さんが健在だった頃、父親の死をめぐって弟への思いを書き遺した一文が、私の資料の中から見つかった。僭越ながらそれを紹介させていただくことにしたい。

「父の死と明

八月一日一四時三八分、父が永眠しました。いつか必ずくる事と覚悟していましたが、明への対応についてどうしたら良いか、母と私にとって大問題でした。入院中、危篤の時、御通夜の時、葬式の時、明を学園に迎えに行くべきか否か、悩みました。今迄、親戚の不幸の時、一度もその場面に立ち合った事がない明にとって、可愛がってくれたおじいさん、おばあさん、おじさん、おばさんは、明には今も生きているのです。確かに仏壇に線香をあげ手を合わせますが、その場面に立ち合った事のない明にとってはテレビのドラマの一場面の様に思っているのかもしれません。ドラマの中の『死に役』は何度も何度もドラマに登場します。ドラマが好きで、記憶力の良い明にとって『死』とは又別のドラマに登場する事であり、現実の『死』という認識からかけ離れているのかもしれません。

今年は夏休みの帰省は八月九日からでした。七月七日に入院した父は、何度も『明はいつ来るんだ』と聞きました。『八月九日だからそれまで元気になって退院しなければ』と元気づけてきました。そのたびに『うん、うん』とうなずいていました。病院の食事も嫌いなものまで、全部平らげていました。父にとって明は『宝』です。弱音を明に見せた事はありません。その父にとって『生』への頑張りは、明が来る迄に元気になって退院する事です。私は決心しました。明を迎えに行かず、明には時間をかけて説明しようと。

一日、父が逝きました。三日通夜、四日葬式、決心したはずなのに、学園に連絡しようか迎えに行こうか悩みました。何も知らされず学園で日常生活をしている明を思うと悩みの連続でした。不謹慎かもしれませんが、父の死よりも深刻だったかもしれません。九日帰省の日です。学園に行く車の中、先生と明に対する非礼を思うと、地震で道が無くなってくれないか、台風で橋が流されてくれないか、車が故障でもしてくれないかと馬鹿げた事を考えるほど、私にとって何十年ぶりかの緊張でした。（略）明と家に向う車の中で、身振り手振りで父の死を説明しました。

家に着くと通常ですと、母に挨拶をしてから父の居る部屋に行くのですが、今度ばかりは様子がおかしいと思ったのか、母に挨拶もせず、洗濯も頼まず、父の部屋に飛び込みました。父の遺影のある祭壇を見つめ立ちすくんでいました。

後ろから母が『とうちゃんが死じゃった』と言うと、うなずいたり、首をかしげたり何度も何度も繰り返していました。泣かなかった。わめかなかった。暴れなかった。明は強かったです。八月二九日夕方、父の遺影を見つめ手を合わせている明の後ろ姿を見ながら、思いつくままに書きとめました。　　兄一彦」

最後の「泣かなかった。わめかなかった。暴れなかった。明は強かったです」の一彦さんの弟思いに学んだ日が懐かしい。一九九八年の夏休み中のことだった。

「聡明な笑顔の社長」

「ちょっと大きく育ち過ぎて、道路や公園、公団住宅など公共工事の苗木としては使えないわ。どういたしましょうか」と、造園業「株式会社東山園」（東京都青梅市）の社長飛田喜美子（ひだ　きみこ・一九二九～九六年）さんが、知的障害児者施設「友愛学園」（同）成人部農芸クラスのサツキ畑を下見に訪ねて来たのは、一九八四年六月一一日だった。

この時が初めての出会いだった。当時私は農芸クラスのチーフとして、何とかサツキを処分したいと考えていた。そこで飛田さんが話を聞きつけ相談に応じてくれたのだった。

「皆さんが丹精こめて大事に育てたことは、畑を見て直ぐ分りました。私が全部引き取りましょう。そうは言っても私も商売、安い値段かも知れませんよ」と、笑みを浮かべて歯切れよく言った。それから数日後、植木職人風の社員四、五人が小型ショベルカーを積みこんだトラックで、一〇〇株余りのサツキとツツジを引き取りに来た。年配の職人さんが、社長は「金持ちの庭に使えるから丁度よかった。相場よりも奮発できそうだ」と言って喜んでいたと教えてくれた。「商売上手な社長だなあ」と私は、職人さんに思わず応えてしまった。

この一件がご縁で、私は友愛学園の農芸クラスのことや心身障害児者の美術展「福祉ＭＹ　ＨＥＡＲＴ美術展（一九八六～二〇一二年・青梅市立美術館市民ギャラリー）活動を通じて、飛田さんには「熊木さん、障害を持ってらっしゃる皆さんのために頑張って下さいね。私も陰ながら応援しますから」と、一九九六年に亡くなるまでずっと励ましてもらった。亡くなった後も「社長から応援しなさいと言われましたので」と、東山園は協賛支援を美術展最終回の第二三回展（二〇一二年）まで続けてくれた。

社長がある日、こんな話をしてくれたことがあった。「父は小河内ダム（奥多摩湖）を作るとき、刑務所から出てきた人たちを何とか立ち直らせて社会復帰させたいと〝日本精神修養導場〟というものを作りました。そこで真面目に働くことと、社会人としての自立心を養うことを目標としたようでした。父は無学なりに前科者と言われる人たちと、一生懸命向きあっていました。その意味では、今で言う社会福祉と言えるかも知れませんね」「父のことは人様の方がよくご存じで、娘としては話したくないんですが……。こんなことを言うと失礼かも知れませんが、父がやったことは、どこか熊木さんたちがやってる障害者の皆さんと一緒の福祉活動と繋がっているように思われますね」と。

「父のことは人様の方がよくご存じで」と語る父とは、飛田東山（ひだ　とうざん・本名勝造。一九〇四〜八四年）のことである。西まさる著『昭和史の隠れたドン唐獅子牡丹・飛田東山』（二〇二〇年新葉館出版刊）では、次のように語られていた。

「尾崎士郎とは言うまでもなく『人生劇場』で有名な大作家。吉川英治は『宮本武蔵』等、ベストセラーを連発した国民的人気作家。いずれも飛田勝造とは極めて親しい仲であった」「尾崎の『人生劇場』の一方の主人公、吉良常は飛田がモデルである」「ちなみに牧野吉晴が飛田の半生を書いたのは『無法者一代』（昭和三一年刊）。それを富沢有為男が補作、『侠骨一代』として昭和三四年に刊行した。これがマキノ雅弘監督、高倉健主演で映画になり大ヒット。そしてご存じ〝唐獅子牡丹〟シリーズとなり、任侠映画ブームのさきがけとなったのである」と。

さらに、「第五回福祉ＭＹ　ＨＥＡＲＴ美術展」（一九九一年）のポスターを届けに伺った時、「父が書き遺した本があるから」と飛田さんから頂戴した『天皇賜杯記念出版・生きている町奴』（東山・飛田勝造著・一九七六年けいせい出版刊）を読むと、今にして凄い人の娘さんだったのだとあらためて驚嘆。その明るく聡明な笑顔が懐かしく思い出されるのである。

「冬場でも出来る作業を」

植木盆栽の初歩的な手ほどきを園芸家有我明弘（ありが あきひろ）さんに教えてもらったのは、一九七八年頃だっただろうか。期間は足掛け三年ほどだったと思う。

当時、有我さんは埼玉県入間郡日高町＝現・日高市で、盆栽一般・園芸資材・造園工事等を営む「静寿園」の園主だった。植木職人、園芸家というと私は神経質で鋭敏な感性の芸術家肌の人と思っていた。が然にあらず、温厚、実直な人柄で親しみやすい人だった。私より五、六歳年上だったように思う。

この有我さんの盆栽教室に一緒に通ったのは、私と同僚の川崎望、横山順子の両先生で、その頃、私たち三人は知的障害児者入所施設「友愛学園」＝東京都青梅市＝成人部（一八歳以上の入所者施設・定員四〇名。因みに児童部は一八歳以下の入所者施設・定員七〇名）の作業活動班『農芸クラス』を担当。学園生は当初今井友子、大野房子、実川正浩、佐藤人司、益子稔さん達五人だった。成人部の玄関先に三〇〇坪ほどの畑があり、ナス、キュウリ、トマトや大根、サツマイモなど、学園生の食事に馴染みの野菜を作っていた。

春、夏、秋には、その時季時期に種子まき、苗植え、収穫、耕しと草取りなど、クラス八人では間に合わない作業量の時もあった。特に夏場の草取りは、取っても取ってもきりがなく、汗にまみれて疲労困憊だった。それでも学園生は「草取り暑いね、暑いね」と口ずさみながら、手を休め休め頑張ってくれた。冬場になると畑作業が出来なくなり、体力作りの散歩以外何もすることがなくなった。さてどうしたものかと、木の根っ子磨きや石磨きにチャレンジしたが、農芸という観点から、ピンとくる感じの作業ではなかった。かと言って、他に思い当たる学園生に適した作業種がある訳でもなく、出口が見えない課題となっていた。

そんなある日、「園芸作業をとり入れてみませんか」と川崎先生が、年度末のクラス会議で提案。「面白そうですね。でもそれ相応の知識や技能が必要でしょう。私のようなド素人でも大丈夫でしょうか」と私や横山先生が言うと、「私と同じ団地（分譲団地）に園芸家の知人がいますから、教えてくれるよう頼んでみましょう。毎月一、二回程度であれば引き受けてくれると思います」と川崎先生。「それならば」と私も横山先生も同意し、さっそく頼んでもらうことにした。

こんな「冬場でも出来る作業を」という農芸クラスの思いから、有我さんの盆栽教室が始まったのである。「川崎先生は初歩的、基本的なことはご存じですが、お二人は初心者ということですから、そこに合わせてやっていくことにします。川崎先生には復習になるかと思いますが、よろしくお願いします」と有我さんは丁寧な挨拶で私たち三人を快く迎え入れてくれた。この盆栽教室は、勤務時間後や公休日を使って、夜六時過ぎから九時頃まで開かれ、費用も自己負担。全てがプライベートな研修だったので、毎回楽しめる解放感があった。

初期の頃は、題材がサツキ。三、四年ものの枝、幹作りの剪定と張り金掛け、植木の大きさと鉢の大きさ合わせのバランス、用土の種類と配合比率など、盆栽の基本的な事柄を教えてもらった。その後、梅、松、桜、ブナやカエデなどの雑木、それらの一本仕立てや寄せ植えを順次教えてもらった。最後は正月の盆栽「松竹梅」の寄せ植え鉢という内容だった。

「一応ここまでとしましょう。学園生の皆さんに何がしかのヒントになるよう祈ります。長い間、ご苦労さまでした」と有我さんは盆栽教室の締め括りに私達三人を犒ってくれた。

この盆栽教室で教わったことをベースにして、冬場も活動できる園芸作業、温室作業を手掛け、少しずつ拡大していった。有我さんにその成果を見てもらいたかったが、実現しないまま一九八三年四月二二日、脳出血で急逝。今も、忘れ難い園芸家だった。

「ご縁の道すがら」

「二人とも実川先生の教え子だそうですね。私も都議会でご指導いただきました。先生は上着のポケットから日本国憲法の豆本を取り出し、〝これが俺の政治信条、政治活動の根本だ〟と言ってました。その情熱的な声に〝政治はかくあるべし〟と、私は感服させられました」と坂口光治（さかぐち　こうじ・一九四七年長野県上田市生まれ。東京都議会議員五期、西東京市長二期）さんが、実川先生とのご縁を話してくれたのは、一九九九年一〇月九日だった。この日の夕方、当時知的障害者施設「福生学園」（東京都福生市）の統括園長前田弘文（まえだ　ひろふみ・故人。一九四九〜二〇〇二年）さんに伴われ、西東京市の住宅街にある坂口さんの自宅を初めて訪ねた折のことだった。

「実川先生」とは、実川博（じつかわ　ひろし・故人。一九〇七〜八四年。武蔵野市議会議員一期、東京都議会議員八期。東京都青梅市にある社会福祉法人「友愛学園」の理事長）先生のこと。都議会では〝泣く子も黙る実川博〟と名を馳せ、重鎮的存在だったという。

坂口さんが語ってくれた実川先生の豆本憲法の話は、私も覚えがあり懐かしかった。私が「友愛学園」成人部の生活指導員として就職した一九七三年、家庭訪問で実川先生の長男正浩（まさひろ・故人。一九四四〜二〇一一年。知的障害・ダウン症）さんを伴って武蔵野市のご自宅を訪問。その時のことであった。「熊木君ご苦労さん、これも何かのご縁だ、坊や（正浩さんのこと）や学園の子ども達のことを頼む。俺も障害者福祉の向上、皆さんの願いが実現するよう都議会で全力を尽くして頑張っているからな。毎日が闘いさ」と言って、上着の内ポケットから豆本を取り出した。「俺の政治の守り神は、この日本国憲法なんだ。教え子を二度と戦場に送り出さないと誓ったんだ。だから俺の政治信念、信条はここにあるんだよ」と、実川先生は政治家としての揺るぎない真情を熱く語ってくれた。そして、「今日の記念に」と言ってその豆本をプレゼントしてくれたことも、忘れ難い。

こんなご縁もあってか、その後六年間ほど正浩さんのケース担当として、正浩さんに同道して四季折々に実川家を訪ね、談笑させてもらった。

「福生学園」の前田さんが坂口さんのところへ連れて行ってくれたのは、「熊木先輩の障害者美術展活動がフランスを窓口に、EU諸国に広がっていくのでは」ということから、「坂口さんに相談してみては」という前田さんの心遣いからだったと思う。坂口さんは、「私は〝東京国際交流財団評議員会〟委員をやっています。熊木さんや前田さん達の活動でお手伝いできることがありましたら、いつでも相談して下さい。実川先生には大変お世話になりましたので、そのご恩返しにもなりますから」と、力強く応対してくれたが、相談すべき案件は生じなかった。

その後、坂口さんはご夫人を伴って、幾度か「福祉MY HEART美術展」を見学した。第一九回展（二〇〇六年）の折には、ご夫妻から次のようなお便りと写真を送っていただいた。

「先日は福祉マイハート美術展、ご苦労さまでございました。当日の写真ができましたので、お送りいたします。以前にも見せていただいてまいりましたが、毎回すばらしい作品が多くて感動しております。今後も、ご健康に留意され、益々のご活躍を期待いたしております。

二〇〇六年一〇月二〇日

坂口光治　真理子

熊木正則　法子様」

当時坂口さんは西東京市長として、市内各地区をタウンミーティングで駆け巡り、ご多忙だった。そんな中でのお便りだっただけに、私にとっては大きな励みであり、お心遣いに感謝であった。

「ムードメーカー的な人」

「マッコ（益子）！草取りすんだんよ。草を取んだよ。取んないの。どうすんの、クマゴロウ（熊木）、怒ってよ」と大野さん。「ウッセイなあ、チャコ（大野）は。オレ怒ったからな。関係ねぇや、ブッちゃうぞ！、よーしいいか」と言い返す益子稔さん。

「皆でもうちょっとだけ頑張ればお昼だから、チャコちゃんもマスコも人のことはいいから草取ろうよ。お昼は何だろうね。カレーかなラーメンかな」と声をかけると、二人の口喧嘩はピタリと止むのが常だった。

〝チャコ〟こと大野房子（おおの　ふさこ・一九五二年東京都瑞穂町生まれ。知的障害。二〇一五年没。享年六三歳）さんが、「友愛学園」（東京都青梅市）成人部に入所したのは一九六九年五月。私が同成人部の生活指導員に就職したのは、四年後の七三年だった。

その当時の大野さんは、二一歳の若さでひかり輝いていた。特に、「ウッハァハハハ……」と高笑いする表情は、何とも言えず可愛らしく開放感に満ちていた。

その横顔を今思いおこすと、NHKテレビの人気番組「チコちゃんに叱られる」のチコちゃん人形に、そっくりだったような気がする。

そんな大野さんと「農芸クラス」で私が一緒に作業活動したのは、七三年四月から九二年三月までの一九年間だった。畑では大根、ジャガイモ、サツマイモなどを作った。温室では、草花や盆栽などを季節ごとに育てた。この一九年の間には、学園ストライキ紛争や作業棟建設、園舎建替え工事と仮宿舎生活など、さまざまな事があった。

しかし、心静かにあの時、この時と「農芸クラス」の作業を振り返ってみると、

　こどもらと手まりつきつつこの里に
　　遊ぶ春日はくれずともよし　良寛

の天真爛漫さや、のどかさに、多少なりとも触れ得た

ような気がして楽しかった。

ある時の情景が目に浮かんでくる。

「おーい、ヒトシ。赤い花が咲いてんでしょう。あっちね。ほら、見えんでしょう」と、クラスの実力者佐藤人司さんに呼びかける大野さんの純心な姿。すると、人司さんの鼻に抜けるような声が「なんヌー、ふあな。ふーん、あっちも、こっちも、あンなー、チャコ、ハハハ……いつばいあンなア」と温室に響く。「あしたお店に持って行こうね」と弾む大野さん。「お店」とは、霞農協園芸生産組合長吉田邦一さんと吉野農協組合参事森田和男さんのお二人に相談して、八一年七月に「霞農協園芸センター」(青梅市野上町)と「吉野農協園芸センター」(同市梅郷)に〝福祉作品販売コーナー〟を設置。毎週一回、温室で育てた草花や盆栽などの作品納入、売れ残り作品回収の巡回管理をする作業のこと。

この巡回時に、「あら奇麗なお花だこと。こっちにはミニ盆栽。これ可愛いわねー」とか「皆さんが作ったの、とても上手なのねー。とても丁寧だわ」、「今日は皆さんにお会い出来てラッキーよね、これとこれを買おうかしら」などとお客さんに声をかけられることがある。すると、すかさず大野さんが「ハハハァー、嬉しいよおばさん。皆買ってくれるだもん。頑張るから、頑張るからありがとう。またね」と、はにかみながらご挨拶。

「愛称はチャコ。いつもニコニコ、おしゃべり好き。廊下でウロウロしながら、次はなにをしたらいいか気くばりいっぱい。少しはリラックスすればいいのにと思うけど性分なので仕方ない。『チャコ可愛いね!』とほめると、ものすごくテレる。それがまたカワイイチャコチャン」

この一文は「ひだまり」第五二号(「友愛学園」成人部・九〇年四月一日発行)に当時女子棟で大野さんのケース担当だった中島りか先生が寄せたもの。お客さんを和ませる大野さんの応対や表情もこんな感じで、「農芸クラス」のムードメーカー的な存在の人だった。

「真実一路の出版人」

文芸書の手堅い出版社として名を馳せた「審美社」が会社を閉じたのは、二〇一三年二月だった。社主・韮澤謙（にらさわ　けん・新潟県三条市出身。現在九三歳）さんの話によると、活字離れの風潮が進んだこと、自分が高齢となったこと、出版経営の見通しが立たなくなったこと、などなどの事情が重なりあっての決断だったという。

私が韮澤さんに原稿を持ち込んで出版していただいたのは、エッセイ集『心の花』（一九九七年）、『心の星』（二〇〇二年）、『娘に乾杯』（二〇一〇年）の三冊だった。『心の花』は六ヵ月後に二刷（九八年）となり、『娘に乾杯』は「第七六回　国際ペン東京大会二〇一〇」（主催＝国際ペン、日本ペンクラブ　共催＝早稲田大学）の新刊本展示コーナーに出品させてもらうことができ、望外の喜びであった。

「熊木さん、あなたの文章の強みは実践記録だからなのです。文章の上手、下手ではありません」と、韮澤さんはいつも私の下手な作文を励ましてくれた。その誠実な心情の一端について、ここに紹介させていただきたい。

「（略）木、土曜の家内と一緒のリハビリの外出で外を眺め、藤の庭など見せてもらって喜んでいます。遅いお礼になって了いました『一語一絵』、じっくり愛読させてもらいタンノウしました。欲を云えばカラーの絵が見たかったというのが本音。九十才で出直しの気分でいます。どうぞ健康でご活動下さい」（はがき二〇一八年四月一三日）

「（略）神田錦町の展覧会をよく見せてもらいました。丁度、取引きのある卸屋さんのハス向いだったたもので、ついでに顔も出せて便利でした。脳梗塞以来、外出できなくなった体では思い出だけがなつかしく、体が自由だった時代を回想するだけの、でも命は失わずに済んだ幸いを感謝している現状。おつきあいの広さ、深さ、アートとの向きあいの多さ、うらやましく存じます。有難くーご活躍とご健康を期待してやみません。」（はがき同年六月一一日）

「『戦地からの手紙』十四通、大変貴重な遺品が保存されていたもので驚きました。写真がまたイケメンで見飽きません。よくも大事に蔵われていたもので、一家中の家族想いの貴重な親近さが察せられ、家族の一挙手一投足まで皆でないがしろにできなかったならわしを教えられ、感銘しました。そして〝お米コシヒカリ〟ズンと来ました。

私もお祖父さんが南蒲原郡中之島村大沼で農家でしたから、田植え、夏の雑草刈り、秋の稲刈りに孫どもが総動員され、手伝わされました。父は三男のため田んぼは全て長男が受け継ぎ、広い広い田んぼに挑んでハザ干しを孫の私も手伝ったもの。その代り、配給で食べるものが無い時期、自転車で米をもらいに一時間、リュックサックに背負って橋のタモトのお巡りを避けて遠回りし、三条の町なかの家に帰りつき一息ついたものでした。もちろん、コシヒカリだったろうと想います。モチゴメも年末にもらい、土手下で親戚とどもモチ搗きを乞われるのも年中行事で手伝わされました。味噌作りも同様。

青梅でのお仕事もうらやましい快挙で、アートの存在を土台から楽しむすばらしいお仕事で、うらやましい立場でアートの基本を確めておられ、恵まれておられ、声も出ない境遇と評価しています。（略）

昨日のバレンタインでは、昔なじみからチョコが届き、躍り上がった次第。九十二才をデイサービスで祝ってくれ感謝。（略）」（令和二年二月十五日朝と記された手紙）

思えば、真実一路の出版人韮澤さんに、私はやってきたことをずっと見守っていただいてきたのだった。感謝。

「蝶の化身のように」

かつて私が、知的障害児者施設「友愛学園」（東京都青梅市）成人部＝一八歳以上の入所施設＝の入所者青木茂雄（あおき　しげお・一九六七年東京都生まれ。知的障害・自閉症・てんかん。二〇一六年没。享年四九歳）さんと施設生活を共に過ごしたのは、彼が同園児童部＝一八歳以下の入所施設＝から転入所してきた一九八八年から二〇〇三年に私が定年退職するまでの一五年間だった。

その間、九四年から九七年まで私は茂雄さんのケース担当であった。わずか四年と短期間であったが、以前から茂雄さんはてんかんの大小発作が頻発していて、さらに摂食障害（拒食等）による体力の減退などの症状もみられ、このままの状態が続くようであれば施設生活は難しいのではないか、という時期であった。そこで、そうした症状を何とか少しでも改善して、施設生活が続けられる方策はないものかとスタッフ会議で検討。九五年一〇月一三日と一一月六日、「国立精神・神経センター武蔵病院」（東京都小平市）の外来診療を受診。CTスキャン、血中濃度、脳波、心電図、尿検査等を行ない、改めて「症候性全般てんかん、精神遅滞」と診断された。これを機に、それまで診療を受けていた青梅市内精神科病院から同センター武蔵病院の外来診療で診てもらうことになった。以後、定期通院を一年余り経ても茂雄さんの症状は、「SGE（症候性全般てんかん）の治療法は、現在の医学では解決できる内容をもっていない。お手あげの状態という患者が多い。青木さんのケースも。」との担当医の説明にあったように、はかばかしい改善はみられなかった。

それでも何とか改善して施設生活が続けられるようにと、主治医に相談。「分かりました、何とかしましょう。入院させて薬物のコントロールをしてみましょう」と主治医は、病棟に入院日程を問い合わせ、九七年二月一二日（実際は一七日）からの予約をとってくれた。入院に際しては、茂雄さんの場合保護入院という形態をとる必要があった。そこで母親（九一年没、享年五九歳）の兄が保護者となっていたので、その人に手紙で連絡をとった。

「本日は青木茂雄さんの入院の件で、突然お願いを申しあげ、大変失礼いたします。早速、入院手続き済みの資料コピーをお送りいたします。ご確認のため目をとおしていただきたく、お願い申しあげます。また、家庭裁判所への精神科保護入院の手続きのため、2月17日（月）、国立精神・神経センター武蔵病院までご足労いただき、同病院で書類作成の上、八王子家庭裁判所に出向き、裁判所の審判書を受けとって、再び武蔵病院に届けるという手順になります。そこで、先ず最初に、2月17日（月）、武蔵病院の入院受付け窓口前でお会いし、以後私が同行いたしたいと思いますので、この手紙が届き次第、電話でご連絡下さいますよう、よろしくお願い申しあげます。とり急ぎ、ご用件のみにて失礼します。

１９９７年2月12日　熊木正則」

二月一七日、手紙のとおりに手続きを伯父さんが行ない、茂雄さんは入院（期間は二、三ヵ月の予定）した。何日か後に見舞いに行くと、全身が脱力状態、意識もうろう状態でベッドにぐったり横たわっていた。一瞬「死ぬのでは」と息を飲んだ。「薬物が体内からぬけた状態です。これから薬のコントロールが始まりますから、ご心配ありませんよ」と、看護師さんの説明だった。

私はそれでも半信半疑。「シゲオ！」と声をかけたが反応なしだった。やはり専門治療。退院時には抗てんかん剤のコントロールがつき、元気に散歩が出来るまでに回復。さすが武蔵病院だと感心した。

春よ来い、早く来い、と春風がやわらかく頬を吹き抜ける頃、元気に、楽しそうにスキップしながら、私の手を握りしめて生活棟の廊下を小走る茂雄さんの姿が、蝶の化身のように甦っていた。

「縁をつなぐ手紙」

資料ファイルを調べていたら、こんな手紙のコピーが出てきた。当時が蘇ってきた。

「長谷川泰造様

ソウルのパラリンピックはいかがだったでしょうか。先日、東社協の編集モニター会議に出席したら、公報係の大畑さんが、長谷川さんに車イスキャンペーンの取材でお目にかかったと話していました。長谷川さんに会ったらよろしくお伝え下さい、とのことでした。

それから、ギャラリー間瀬で齋藤健治さんという方にお目にかかりました。『あいつは、康子ちゃんたちのために本当に頑張っているけど、ガムシャラだから身体のことが心配なんですよ』と言っていました。

何だか最近、私の行くところ、行くところで長谷川さんの話題が出て、妙な気がしています。〝象さん〟に出会って、本当に良かったと思っています。私も友愛学園成人部の学園生に〝熊五郎〟〝クマゴロウ〟と呼ばれています。

ところで、作品展の報告書ができましたのでお届けします。大田さんにもよろしくお伝え下さい。

昭和六三年一〇月二七日　　熊木正則」

この手紙の内容について、以下に少し補足説明しておきたい。

ソウルでのパラリンピック＝一九八八年一〇月二一日から二五日の旅程で実施した「あらゆる障害者の交流を目的とする市民の会」企画の『ソウルパラリンピック観戦ツアー・定員二〇名』の観戦旅行のこと。（「市民の会」＝Ｃｉｔｉｚｅｎｓ　Ａｓｓｏｃｉａｔｉｏｎ　Ｂｙ　Ｏｆ　＆　Ｆｏｒ　ＨｕｍａｎｉｔｙＣＡＢＯＦＨと略記）

東社協の編集モニター会議＝東京都社会福祉協議会の月刊広報誌「福祉公報」の編集モニター委員会（委

員一一名）会議のこと。この時は、八八年一〇月一八日午後二時から四時まで、同協議会六階視聴覚室で開かれた。公報係の大畑さんのこと。この編集モニター会議に出席していた豊さんのこと。この編集モニター会議に出席していた同協議会総務部調査広報担当の高橋美智江さんからいただいた名刺裏書メモが見つかった。そこには、「熊木先生へ　作品展の御案内有難うございました。早速、足を運ばせて頂きました。やはり、きれいな画廊に展示すると、一段と映えますね。〝広報モニター会議〟でお会いできるのを楽しみにしております。乱文乱筆失礼します。一〇月三日」

この時の作品展の会場がギャラリー間瀬＝千代田区神田駿河台で、ここでお会いした齋藤健治さんは漫画家で、ペンネームは内田玉男と言い、ギャラリー間瀬の経営者間瀬勲さんと冒頭の手紙の宛先の長谷川泰造さんとは都立上野高校の同級生で、大学も早稲田で一緒だった。齋藤健治さんの話に出てきた「康子ちゃん」は長谷川泰造さんの二女。一九七三年生まれ、痙直性脳性マヒ・精神発達遅滞。「市民の会」＝CABOFH代表。機関紙「ユニオンポスト」（年四回発行）の発行者でもある。私が〝象さん〟こと長谷川泰造（はせがわ　たいぞう・一九四三年東京都中央区生まれ。CABOFH代表代行。「ユニオンポスト」主筆。中央児童福祉審議会委員。講道館柔道六段、師範。長谷川総合法律事務所＝荒川区西日暮里＝所長。弁護士。二〇〇一年没・享年五九歳）さんを訪ねたのは、一九八八年五月二八日のことだった。

私はこの時、間瀬さんの夫人藤江さんが経営する「世界観ギャラリー」（千代田区神田小川町）での「福祉TOKYO　LIFE展」の第三回展（同年一〇月三日～七日）を企画中で、長谷川さんに「市民の会」からの出品協力をお願いした。「分かりました。間瀬君の所であれば」と言って、肖像画家伊藤輝仄（いとう　ようそく・視覚、聴覚、言語に障害）さんに出品要請してくれた。その結果、二七点の作品が出品されたのであった。

「私は詩人です」

「さくらんぼ
お皿にさくらんぼを一つ／ポンとのせました
／一つじゃさみしいから／二つ三つ四つ五つ
／いっぱいのせたら／ぴかぴかの赤いお山
富士山みたいにひろがった／お皿のお花畑は
／見えなくなった」

この詩は、東京都武蔵村山市にある知的障害者施設「福生第二学園」の入所者網代一法（あじろ　かずのり・知的障害　自閉症・三六歳）さんが二三歳の時、「第一三回NHKハート展」（二〇〇八年）に応募し、四五九八編の中から入選作品五〇編に選ばれたもの。入選作五〇編の詩に五〇点のアート作品を組み合わせた作品集『NHKハート展』（NHK・NHK厚生文化事業団・NHKサービスセンター／二〇〇八年編集・発行）が、一法さんのお父さんから送られてきたのは、二〇〇八年四月二〇日だった。

「（略）一法は学園内で楽しくそして息抜きをしては、家に帰り一生懸命畑仕事など頑張ってくれます。新聞の旅行ページを開いては、フランスの記事にニャニャ、ニコニコしています。今更ながら、連れて行ってもらって本当に良かったと思っています。ここで、NHKハート展の図録が余分に手に入りましたので、送らせてもらいました。」と一筆箋の手紙が、作品集に挟みこまれていた。

文中、「連れて行ってもらって本当に良かった」と書かれているのは、「MY HEART日仏二〇&10記念国際交流展」（会期＝二〇〇七年一一月一五日～三〇日　会場＝「IME les Elfes TOURS FRANCE」）を開催した折の同展見学親善交流訪問ツアー（一一月一五日～二二日参加者二七名）に網代さん父子が一緒に参加したことである。

作品集の「さくらんぼ」の詩には、皿に盛り上げた赤いさくらんぼの水彩画（女優の水沢アキさんが描いた絵）が寄せられていた。

「ぼくの心
『悪い心取って』と／お父さんにお願いする
手で胸をポン／こうやって取るんだって／それをゴミ箱に捨てるんだ／そこに良い心を入れる
悪い心は三回まで／悪い心を取ると／そこに良い心が入る」

この詩は、今年の八月一六日、NHKEテレビで放送された「ハートネットTVハート展①障害のある人の詩の世界・YOU」でタレントのYOUさんが推賞。〝悪い心を取るとそこに良い心が入る、なんとすばらしいことでしょう〟と。

この詩が発表展示される「NHKハート展　一〇HARTS」（主催＝NHK、NHK厚生文化事業団、全国社会福祉協議会）が今年八月二四日～九月五日の予定で、渋谷区立宮下公園で行われることになった。案内状その展示会の案内を一法さんが送ってくれた。案内状には、「私のハート展　小学校五年生の時／初めてハート展に選ばれた／小さな頃詩を書いて読んだ私は大人になった／ときどきオニになるけどね」という一法さんの手紙（詩）が同封されていた。

行きたかったが、新型コロナウイルス感染拡大の状況から、残念ながら見学は見合わせることにした。

今回、NHKEテレビで放送された「ハートネットTV」で拝見した一法さんの詩「ぼくの心」は、一九九八年年末にお父さんが贈ってくれた日本茶八〇gが入っていた茶封筒に一法さんの筆跡で印刷されていた詩そのものであった。テレビを見ながら、「ああ、あの時の詩だ」と、懐かしく思い出された。

ちなみに一法さんが、私のやってきた「福祉MY　HEART美術展」（青梅市立美術館市民ギャラリー）に、詩を初めて出展してくれたのは、第二二回展（二〇一〇年一二月一五日～二四日）であった。

「俳句を楽しむ人」

岡山県岡山市粟井にある知的障害者施設「ももぞの福祉園」の入所者植月武則さんの俳句文集『句集（第二集）ももぞの福祉園にて一九九七年』（B五判一二頁の手作り句文集）が、同園長・立石教通さんから贈られてきたのは、一九九八年五月であった。当時、そのお礼状を次のように書き送っていた。

「ももぞの福祉園園長　立石教通様

（略）このたびは、ご多用の中、『1997年度自主研修発表論文集』、『句集（第二集）ももぞの福祉園にて一九九七年　植月武則』をご恵贈いただき、ありがとうございました。

論文集は、「ももぞの学園」「ももぞの育成園」「ももぞの福祉園」で活動されているスタッフの皆さんが、それぞれの現場体験と福祉観、人生観を開陳。その真摯な姿に感じ入り、心洗われる思いがいたしました。

（略）立石先生、大谷先生、山本先生と知っているお顔を思い浮かべながら素読。立石先生の仏教と福祉は、私も丁度、夢窓国師の伝記（秋月水虎著「修羅の王道夢窓国師」一九九六年・叢文社刊）を読み終えたところでしたので、共感しきりでした。大谷先生の論文は、私が知的障害児者施設「友愛学園」で直面している課題なので、相槌をうちながら読ませていただき、今後の実践成果に期待したいと思いました。

山本先生の論文も一般論として面白く読ませていただきました。若い時は、幅広い発想や着眼点こそが入所者の生活、人生を考える上で有効かと思いました。

植月武則さんの句集では、

春くれば　いのしし野うさぎ　おにごっこ
雨ふれば　田植えができると　カエルナク
黒いタネ　スイカハ周（まる）い　青いうみ
虫の声　せなかにきけば　こもりうた

などの句が、私には秀句と思われました。

ヒコウジョウ　ドコヘユクノカ　アノトンボ

こいのぼり　春風すえば　よくおよぐ

春風や　空にうかぶは　ヒコウセン

ホシのヨル　ホタルが子供を　よびにくる

しょうぶゆに　つかりておもう　おさない日

西大寺　男子のまつり　エイヨウダ

（西大寺は植月さんの生まれ故郷にあるお寺で、エイヨウ〈会陽〉は西大寺観音院で毎年二月に行われる裸祭りのこと。）

エイヨウダ　宝木をとったら　福男

などの句は、感じたままの心が素直に表現されていて佳句だと思いました。

あれこれと、思いつくままの感想でしたが、とりあえずお礼のご挨拶といたします。（略）

一九九八年六月三日　　熊木正則」

私は長年知的障害者施設で働いてきたが、植月さんのこの句文集を手にするまで、知的障害の人が俳句を作る、作れる、楽しむなどと想像したことも、考えたこともなかった。それだけにびっくり仰天、自分自身の不勉強を恥入るばかりだった。

「春くれば　いのしし野うさぎ　おにごっこ」の句は、目に映るもの、心に想い浮かぶもの、その全てを五七五のリズムでことばに仕留める楽しさ、喜びがここにある。良寛の「こどもらと手まりつきつつこの里に遊ぶ春日は暮れずともよし」という歌の、子供たちと無心に遊ぶ楽しさと、植月さんの句は同じ喜びの情景だと感じた。

「黒いタネ　スイカハ周（まる）い　青いうみ」の句は、スイカをガバッとひと掴みしたような海の青さと水平線、この感覚が私には面白かった。植月さんは、俳句の楽しみ方を存分に知っていたようだ。

「あの頃のフランス旅行」

一九九六年にフランス・トゥール市で開催した心身障害児者の日仏交流展「福祉MY　HEART美術展一〇回記念日仏交流展」（四月一一日〜五月二四日保険会社MPF　ASSURANCESギャラリー）の資料を調べていたら、心身障害児者通所施設「八王子生活館」（東京都八王子市）の大沢貴美子さん（知的障害当時三〇歳）とお母さんの澄子さん（同五四歳）の母娘からいただいた手紙が見つかった。その手紙をここで紹介させていただくことにしたい。

「熊木正則様

（一）

せんじつはたいへんおせわになりまして、ほんとうにどうもありがとうございました。また私も、あの頃のフランスの旅行ではほんとうにどうもありがとうございました。

私もあの頃のうまのポニーがこわくて大なきをしてしまったときに、私が早く帰ろうよとせつこさんにだかれたこともあったけれども、私はあの頃のフランスの友だちがよくおにんぎょうをもって、私が好きだったのか、それともうれしくて泣いていたのか、またいつかきっとあの頃のフランスを思い出してね。ではまたさようなら

大沢貴美子

（二）

それから私は、あの頃のフランスの町がとてもすばらしくて、ほんとうに何よりもずっと、ずっと忘れないで、写真もたくさんとったことも楽しかったです。

また私貴美子さんのすてきな人として、またがんばって行きたいと思っていますが、その頃のフランスの思い出としてまた来年も楽しい旅行でありますようによろしくお願いします。

ではまたお元気で、それでは体に気をつけてね。お元気でネ。

大沢貴美子」

「梅雨に入り、うっとうしい日が続いておりますが、皆様にはお変りなく御活躍のことと存じます。過ぐる日のフランス旅行には、行く前からの準備段階から無事帰国迄、本当に御世話様になりまして、ありがとうございました。この三〇年、貴美子と二人三脚で歩んで参りました。

親子にとって、はじめての最大のプレゼントと解して、行かせていただきました。単純に喜び、楽しませていただきましたことに、言葉には表現できない程の感謝をしております。本当にありがとうございました。

大沢澄子」

簡単に文中の説明をしておきたい。

「あの頃のフランスの旅行」＝福祉ＭＹ　ＨＥＡＲＴ美術展一〇回記念日仏交流展の親善交流訪問旅行（四月三日〜一三日の一一日間。出品者を含め参加者は二二名）。

「うまのポニー」＝知的障害児者施設ＩＭＥ・ＳＥＵＩＬＬＹの馬に乗せてもらって散歩した時の馬。

「せつこさん」＝七九年にエコール・ドゥ・ボザール美術大学に留学以来、トゥール市に在住の日本画家Ｓｅｔｓｕｋｏ　ＵＮＯ　ＦＵＥＮＴＥＳ。

「フランスの友だちがよくおにんぎょうをもって」＝ＩＭＥ・ＳＥＵＩＬＬＹの生徒が、「怖くないよ」と馬から降りた貴美子さんに近寄って、人形をそっと手渡した光景。

大沢澄子さんがお亡くなりになったと、風のたよりで聞いたのは、この訪問旅行の数年後だった。それだけに、「この三〇年……」「はじめての最大のプレゼントと解して」は、胸に刺さった。あの頃のフランスでの母娘の笑顔が、今も忘れがたい、私の記憶のネガとなっている。

「楽しいフランス旅行」

フランス・ロワール地方の古都トゥール市で開催された「福祉MY　HEART美術展一〇回記念日仏交流展」（一九九六年）の国際交流訪問ツアー（四月三日～一三日）に、前月号の大沢さん母娘のほか知的障害児者施設「虹の家」（東京都日野市）の金井弘一（かない　ひろかず・知的障害　当時二一歳）さんと母親リツ子さん（同五二歳）も参加し、次のような日記文と一筆文を寄せていた。二六年前の旅行記として、ここに記しておきたい。

「フランスの旅

（一）四月六日

一一時三〇分に成田空港を飛び立ち、ゆれて少しこわかった。今はロシアのシベリア上空、雪景色がとてもすばらしい。出発して五時間三〇分が過ぎた。

（二）四月七日

今日は市内見学をした。エッフェル塔、オルセー美術館、ノートルダム寺院、コンコルド広場、シャンゼリゼ、がいせん門を回った。オルセー美術館では、広くて全部の絵を見て回れなかった。ノートルダム寺院は、ふっ活祭で人がいっぱいだった。建物のステンドグラスがすばらしかった。夜は七人で地下鉄に乗って、フランス料理を食べに行った。ワインも飲んだ。おいしかった。

（三）四月八日

今日はエッフェル塔にのぼった。展望台の上から見ると、パリの町がミニチュアになったように見えた。パリの町の建物がすばらしい。がいせん門の前で写真を撮った。がいせん門にものぼってみたかった。

（四）四月九日

今日はパリにさよならをして、バスでトゥールの町に来た。お城を見学して回った。王様の絵がたくさんあったり、寝室のベッドを見たり、部屋が四四室もあって全部見られなかった。僕が一人で入ったら、まいごになりそうな大きなお城だった。

（五）四月一〇日

今日もお城を見学した。アンボワーズのお城を見学したり、レオナルド・ダ・ヴィンチの絵や発明したものを見て来た。トゥールの町は、レンガの家や牧場があった。ロワール河もきれいだった。

（六）四月一〇日

美術展のセレモニーパーティーがあった。広い会場に自分の絵がかざってあった。ジョン・ポール校長先生に「ヒロ、すばらしい」と言われた。とてもうれしかった。ポール先生はとてもやさしかった。

（七）四月一一日

今日は施設見学をした。馬車に乗って施設の中を回った。施設の中にはお城があったり、とても広かった。身体障害者施設ではウォーターベッドに横になって、見た。気持ちよかった。この施設にも馬がいた。馬の名前はティアー。ティアーと言うのは、やさしい心のことだと教えてもらった。ティアーに乗せてもらった。ティアーの背中はあったかかった。いい。

（八）四月一三日

ドゴール空港を飛び立つ。長い一二時間の空の旅。『ベイブ』のビデオを見たり、音楽を聴いたり、寝たりした。今は日本海の上空で、海が見える。広い海で、泳ぎたくなった。もうすこしで成田に到着。楽しいフランス旅行だった。

「（略）あなたがこのノートを持っていって、じっくりじっくり書いていた様子が目に見えるようです。これだけあなたに書く力があったとは、私も予想しませんでした。お見事でした。ありがとう！（九六・四・一八）」とお母さんは、弘一さんの成長ぶりに感激。さらに、「（略）私共初めての海外ということで不安もありましたが、熊木様奥様の心細かな気配りで楽しい旅行ができ、又息子の成長部分を垣間見ることができたことも大きな収穫となり、とても感謝しております。」とお母さんからの一筆礼状が、弘一さんの日記文に挟みこまれていた。

「私を生んでくれて有難う」

二〇〇七年一一月一五日から三〇日の会期で、「MY HEART日仏二〇&一〇記念国際交流展」がフランスのトゥール（TOURS）市にある知的障害児者支援学校「レ・エルフ（I・M・E Les Elfes）で開催された。その記念交流展の見学ツアーを企画し、同月一五日から二二日、出品者、保護者、施設職員、ボランティアの総勢二七人の参加者で実施。私はフランスのスタッフと記念交流展の跡片付けのため、一二月四日に帰国。その直後の同月一三日付けで、角田真喜子（つのだ　まきこ）さんから頂いた感動的な手紙が手元に残っていたので、ご無礼ながら勝手に紹介させていただくことにしたい。

「熊木正則様

『マイスタイル広場』の〈絵の小窓〉を読ませていただいている内に、涙が出て止まりませんでした。娘の絵をベルナールさん、セツコさん、そして熊木さんがこんなにも評価して下さっていたのかと知り、改めて感謝の気持ちで一杯です。

パリでの観光の時、娘が『最高だよ、楽しいよ。お母さん、私を生んでくれて有難う。パリに連れて来てくれて有難う』と言うのです。言葉につまりました……が『お母さんこそ有難う。一都の絵が有ったからこそこれたんだよ。2人で頑張って来たごほうびだね』。娘は嬉しそうな顔で私の手を握りました。そして、トゥールでのポスターを見た時の顔、絵がかざって有るのを見た時の顔、表紙（パンフレット）を見た時の顔、今まで見た事の無い笑顔でした。ほんとうに、思い切って参加させていただいて良かったと、つくづく思いました。お水も心配なく飲ませていただきました。帰りの飛行機の中で、もう飛び発つという時、娘は窓から手をふって『パリ有難う、パリ、パリ、又来るからね。パリ、又来るからね。パリ、有難う』と……。

どれだけの幸せを、どれだけの感動を娘はフランスで感じ取ったのでしょう。子供の様に手をふり続けていました。施設でも貴重なふれ合いをさせていただき、有難うございました。お仲間の皆さんも素晴しく、娘は『又このメンバーでこようね』なんて言ってました。街ではクリスマス、お正月へと慌ただしく成って参りました。どうぞお身体大切に、良いお年を!

PS．フランスの記事、ポスター等々、有難うございました。

角田真喜子」

文中、当事者以外の人には解り難いと思われる事項について、少しだけ説明しておきたい。

「『マイスタイル広場』の〈絵の小窓〉」＝二〇〇七年一二月号の角田一都作品「虹色の魚と仲間達」についての感想文。

「娘」＝角田一都（つのだ　かずと・知的障害　自閉症　飲み水にこだわる）。知的障害者施設「花の里」入所者。当時三四歳。

「ベルナールさん」＝Ｂｅｒｎａｒｄ　ＢＲＯＴＲＡＮＤＥ。「マイハート・フランス協会」（一九九七年設立。ＴＯＵＲＳ市）副会長。知的障害児者の支援学校や六部門の児童、成人施設「ＡＰＥＬ」の統括責任者。

「セツコさん」＝Ｓｅｔｓｕｋｏ　ＵＮＯ　ＦＵＥＮＴＥＳ。七六年武蔵野美術大学卒業。七九年「エコール・ドゥ・ボザール」（ＴＯＵＲＳ市の美術大学）に留学。以来ＴＯＵＲＳ市に在住。九四年サン・ジョルジュ・シュール・ムロン市美術コンクール優秀賞受賞。

「施設でも貴重なふれ合い」＝『ＡＰＥＬ』の生徒と写真を撮ったり、昼食会でウェートレス訓練の生徒から受けた食事接待など。

「お仲間の皆さんも」＝知的障害児者施設「花の里」、「友愛学園」（以上青梅市）、「福生学園」（福生市）、「おだまき」（小平市）、「みくに園」（香川県土庄町）の出品者、入所者、保護者、職員、ボランティアなど同行者二七人のこと。

「娘とフランスへ」

角田真喜子（つのだ　まきこ）さんから二〇〇八年一月一九日付けで、次のような旅行記がメール便で届いた。この原文は、知的障害者施設「花の里」（東京都青梅市）のホームページに発表されたものだが、本誌昨年一一月号の「私を生んでくれて有難う」に続く内容となっていたので、独断で今号に掲載させていただく事とした。

「MY　HEART日仏二〇＆一〇記念国際交流展へ参加して　角田真喜子

花の里に娘がお世話になっております、角田一都の母、角田真喜子です。先月、娘とパリに行って参りました。（略）青梅市の『福祉マイハート美術展』へ出品していただいたことがご縁となり、フランスで開催されます『MY　HEART日仏二〇＆一〇記念国際交流展』へも出品して頂きました。驚くやら嬉しいやら、娘も『私の絵がフランスへ行くんだね』とはしゃいでいました。

そんな折、現地へ行くツアーがあるとお聞きし、行かせてやりたい気持ちとフランスは遠い国、娘の体調の事など考え、半ば諦めかけていたときフランスの主催者側から、娘の絵が交流展の告知のポスターに採用の連絡を頂き、フランス行きを決断しました。娘にフランスの交流展を見せてあげたいの一念です。

（略）そうと決まればとにかく準備です。準備の最中、今度は新聞（西多摩新聞一一月二日号と毎日新聞一〇日号）でも一都を取り上げて下さるなど、良いことが更に続き、娘の心はもうフランスへ飛んでいました。

フランスへは、成田からパリのドゴール空港へ一二時間余りで到着（一一月一五日）。日本からは福生学園のお仲間と合わせ二四名。期待に胸を膨らませてパリへ降り立ちました。驚きました、快晴です。この時期のパリは曇りか雨、暗くて寒いと聞いていたので、もう夢のようです。セーヌ川をはさんでルーブル美術館、エッフェル塔、ノートルダム寺院、凱旋門、ドゴール広場、オペラ座、シャンゼリゼ通り、ベルサイユ宮殿の鏡の間、そして庭園と見て回り、モンマルトルの丘では二つの寺院の鐘が同時に鳴り（めったにないとのこと）を経験しました。

会場のあるトゥールは、中世の面影が色濃く残る素晴らしい所で、街中が世界遺産と聞いて納得でした。

レオナルド・ダビンチ記念博物館（クロ・リュセ）などを見て回った後、絵の展示してある会場レ・エルフ（知的障害児者支援学校）へ入りました。現地でもビックリすることがあり、娘の絵が交流展プログラムの表紙となっていたことです。会場には一〇〇名以上の方々の作品が展示してあり、どれも力作で、絵で世界が繋がっていると感じた一時でした。

マイハート・フランス協会副会長のベルナールさんからお褒めの言葉を頂いた娘は気をよくして、現地の施設の子供達（四歳から二二歳まで）と触れ合い、共に記念写真に収まり、お茶とお菓子を頂く姿を見て国は違っても同じ障害を持つ子供達がここにもいる、いえ、世界中にいる、そう思うと、何ともいとおしく思えてなりませんでした。

次の日は、自立を目的とした施設で、手芸や木工、自転車の修理などの他、工場から発注を受けた製品を作り、梱包してマーケットに小さい物から大きな物まで作る場所でした。根気の要る仕事を皆が一生懸命にやっていました。（略）

最終日（一一月二〇日）は、マイハート・フランス協会の方々とのディナーパーティーで、福生学園の青木弘さんと娘が感謝状を頂きました。皆さんから大きな拍手を頂いて娘は、ニコニコ顔で皆さんに有難うと感謝を伝えていました。（略）今回お世話になりました『ＮＰＯ法人マイハート・インターナショナル』代表熊木正則さん、『マイハート・フランス協会』会長ブリジット・リシャーさん、『花の里』保護者会様に、心より御礼申し上げます。」

「上海展は楽しかった」

二〇〇七年一一月、フランス・トゥール市で開催した「MY　HEART日仏二〇&一〇記念国際交流展」後、〇八年六月に「迎残奥―二〇〇八中国、日本法国智障人士艺术作品展」（パラリンピックを迎えー二〇〇八中国・日本・フランス知的障害者芸術作品展）を中国上海市の阳光艺术中心（陽光芸術センター）で中日共同開催。会期は六月二二日から二九日までの八日間。

この上海展見学交流ツアーを企画したところ、出品障害者や保護者、施設職員など一七人が参加。六月二〇日から二三日までの三泊四日の日程で親善訪問した。

帰国直後に交流ツアーに参加した知的障害者グループホーム「福生あらたま寮」（東京都福生市）の清野友規（せいの　とものり・知的障害　当時三四歳）さんと母親三千子さんから頂いた手紙を紹介しよう。

「熊木先生と皆様へ

上海に行って楽しかったです。たくさんの友だちの絵を見たり、ごちそうをたくさん食べて、サーカスも見て、よかったです。

ありがとうございました。

清野友規」

「梅雨明けの待たれる日々でございます。

過日の上海ツアーの節には、大変お世話になり有難うございました。親子共々はじめての海外旅行、何もわからず出発前には心配いたしておりましたが、お陰様で予定通りの日程を総て済ませる事が出来、心から感謝申し上げております。熊木先生と御家族の皆様にお目にかかり、お話しを伺い、マイハート展がこの様に大きく発展する迄、計り知れない御努力をなさってこられた事を知り、感激致しました。今回の旅の一番の収穫でしたと思っております。

一人でも多くの障害者が自己表現出来る場を得、輝く事が出来ますよう希っております。
どうぞ、今後共ご健康で、障害者芸術国際交流の為、色々と御盡力頂けますようお願い申し上げます。（略）
六月二十六日　清野三千子
熊木先生　法子様」

私は二人に次のような返礼状をしたためた。

「清野友規様
お手紙ありがとうございました。友規さんの中国上海展開会式のご挨拶、とても素晴らしかったです。お母さんと一緒に、中国、フランス、日本の友達の絵を見たり、サーカスや上海タワーに行ったり、楽しい旅行ができてよかったですね。お身体大事に、元気でお過ごし下さい。
二〇〇八年六月二九日　熊木正則」

「清野三千子様
このたびは上海国際交流展訪問団にご参加いただき、まことにありがとうございました。また、帰国早々にお礼状と賛助寄付金をいただき、まことに恐縮に存じました。
折角の上海旅行、もう少し観光できる内容の企画をと思いましたが、時間の都合上うまく計画できず、申し訳なく存じました。反面、上海市障害者連合会の歓迎振りと、出品者代表として友規さん、上岡由紀子さんの二人の開会式挨拶を受け入れて（上海市障害者連合会に）いただき、本当に良かったと思いました（最初は時間の都合上、一名にして下さいと言われていましたので）。
友規さんの輝きに満ちた力強い〝ぼく達は一生懸命書きました。皆さん、見てください〟の挨拶に、参集者から万雷の拍手。私も胸が熱くなっていました。良い場面、良い光景に立ち合わせていただき、本当にありがとうございました。（略）
二〇〇八年六月二九日
熊木正則」

「凛とした立ち姿」

先月号で紹介した「上海展は楽しかった」（清野三千子　友規さん親子の手紙）と同様に、心身障害者施設「ゆきわりそう」（東京都豊島区）の上岡由紀子（かみおか　ゆきこ・知的障害　自閉症　当時三〇歳）さんと母親晴枝さんからも、次のような手紙を頂いていたので紹介したい。

「前略　このたびは、思いがけずの上海の旅、ご家族の皆々様には大へんお世話になり、誠にありがとうございました。又、貴重な経験をさせて頂き、親子共々心から御礼申し上げます。

今までの家族旅行とは違い、観光だけではなく、中国の障害者の世界に多少なりとも触れることができ、同じ障害を持っている我が子達が、どれほど恵まれているかも感じられた旅行になりました。（略）

又、機会がありましたら参加させていただきたいと思います。（略）　かしこ」（二〇〇八年六月二八日消印　差出人上岡晴枝）

この手紙に対し、私は次のような礼状をしたためた。

「上岡晴枝　様

このたびは、上海展交流訪問団にご家族三人でご参加いただき、まことにありがとうございました。また、帰国早々にお礼状、写真等のお心遣いをいただき恐縮の限りに存じました。

お聞きしましたところによると、ご夫妻の古稀と還暦のお祝いも兼ねての親子三人旅行であったとか。由紀子さんと旅行中お元気に過され、またひとつ、楽しい思い出づくりに多少なりともお手伝いできたようで、私達家族も嬉しく思いました。ご主人が参加できて本当に良かったですね。

高橋さん親子もご無事に旅行が楽しめたご様子で、何よりと思いました。『ゆきわりそう』でお会いになりました節は、よろしくお伝えください。

上海市障害者連合会スタッフの皆さんが予想以上に

歓待し、心くばりしてくれたことが良い結果につながりました。お身体大事を念じ上げ失礼します。ご主人によろしく。

二〇〇八年六月三〇日　熊木正則」

この後、由紀子さんの夏休みの様子について、次のようなハガキを頂いた。

「残暑お見舞い申し上げます。

いつもお気にかけていただきありがとうございます。又、美術展の本まで送って頂き、お礼もせず、失礼いたしました。由紀子は『ゆきわりそう』の海合宿で八丈島、山合宿で群馬と楽しい夏休みを過ごしています。

合宿中に描いた絵ですが、ハングライダーの様な気がします。読みずらいハガキでごめんなさい。又、お会いできる日がありますように。」（〃上岡由紀子〃とサイン入り手描き絵ハガキ　八月一一日消印　差出人上岡晴枝・由紀子）

前後するが、次のようなハガキも頂いていた。

「先日はお世話になりました。又、本日もいろいろ送付していただきありがとうございました。由紀子の絵が新聞にと思ったら、なんだか涙が出てしまいました。

昨年のフランスは参加できませんでしたが、たまたまフランスに在住している姪夫婦が遠方にも拘わらず会場まで出向き、デジカメで写した写真をすぐメールで送ってくれましたので、会場の雰囲気がよくわかりました。フランス人の彼がとても感動したそうです。

まだまだ先だと思っていた上海展が間近になり、少々緊張している母親ですが、マイペースの娘と共に楽しみにしております。よろしくお願い申し上げます。（略）かしこ」（ハガキ　六月四日消印　差出人同連名）

以上の三通を読み返し、上海展のオープニングステージで「ガンバリます」と挨拶に立った由紀子さんの凛とした立ち姿が目に浮かんだ。

「自画像のこと」

「迎残奥―二〇〇八　中国、日本、法国智障人士艺术作品展」（二〇〇八年六月二二日～二九日　中国上海市の阻光艺术中心。以下「上海展」という）の折には、先号の清野さん、上岡さんと同様に高橋淳子さんからも忘れ難い手紙を頂いていたので、紹介したい。

「梅雨明けが待たれる頃となりました。その後もお元気でご活躍のことと拝察いたします。上海展も見事に成功のうちに終り、ご安心なさいました事でしょう。

その節は大変お世話になり、有りがとうございました。すぐに御礼状をと思いつつも遊んだあとの忙しい日々に追われ、こんなに遅くなってしまい、ご無礼お許し下さいませ。

本日は又、ご丁寧にお手紙やコピーなどお送り頂き有りがとうございます。『マイスタイル広場』（二〇〇八年七月号）には浩の絵をのせて頂き、誠に有りがとうございます。記念になります。

企画、準備、交渉など大変なお仕事をなさっていらっしゃる熊木先生が、いつもおだやかでにこやかなたたずまい、そしてこまやかな奥様のご配慮、はつらつとした伊万里様のやさしいお心づかいのお陰で、私共は本当に心強く、上海の旅を楽しむことができましたこと、心から感謝いたしております。

浩もご迷惑をおかけしながらも落着いてすごせ、『花より団子』の浩は、おいしいお食事を充分に頂きました。福生学園の三原様にも手伝って頂けて本当に助かりました。『よい人のところによい人々が集まる』ということを沁々思わされました。

浩も大好きなブルーの色の絵で、晴れがましい場で気分よくうれしかったことでしょう。画題は『苺』ではなくて『自画像』でしたが、聞きちがったまま出してしまいました。

星野先生のお話では、皆で苺をスケッチしているうちに浩は顔にしてしまった由。浩の絵の前で見て下さった上海のカメラマンの方々には『自画像』ですと訂正しましたら、歯がかいてあったので、直ぐに納得して下さったようでした。

高橋淳子

七月九日

熊木正則　様」

簡単に文中の説明をしておきたい。「『花より団子』の浩」は、ご子息高橋浩（たかはし　ひろし・知的障害、聴覚障害、言語障害。当時三九歳。東京都豊島区の心身障害者施設「ゆきわりそう」の利用者）さんのこと。母子間の会話は独自の手話でスムーズ。身のまわりの出来事や状況判断力、察知力は鋭かった。

「福生学園の三原様にも手伝って頂けて」は武蔵村山市にある知的障害者施設「福生第二学園」の支援員三原英嗣さんのことで、浩さんが移動中や食事中に男子トイレの使用の際、母親に代って付き添い介助を手伝ってくれた。

「浩も大好きなブルー色の絵で、晴れがましい場で」とは、六月二二日の作品展オープニングセレモニーの時、出品作品「苺」（本当は「自画像」たて三二×よこ四一ｃｍ・水彩画）を胸に掲げ、出品者紹介されて壇上に立った場面のこと。因みに中国の出品者と共に清野友規さん、上岡由紀子さんも作品を胸に掲げて同様に立ち、参集者から万雷の拍手を受けた。

「星野先生」とは、画家星野かよこ先生のこと。画家活動のかたわら長年「ゆきわりそうレンガの家」の絵画教室の講師を務め、絵画や造形作品、美術作品等の制作活動を指導。

この後、中国上海市連合会から作品集が届き、出品参加者にいち早く送り届けた。高橋さんから「先日は画集（上海展の作品集）、写真を有りがとうございました。立派にまとめられよい記念になります」とお礼状（ハガキ　八月二日消印）を頂き、「良い記念」のひと言が目に触れ、上海展の重い荷をようやく肩から降ろすことができたように思った。

「歯切れよい通訳」

一九八二年一一月一六日の早朝、スウェーデンのウプサラ（Uppsala　Sweden）地方にある障害児者施設へ研修視察訪問に出かけた折のことだった。ウプサラ城の丘で小野鎮（おの　まもる・昭和一六＝一九四一年生まれ。立正大学卒業後、藤田航空（現ジャパンアメニティトラベル））入社、明治航空サービスに移り、平成六年専務取締役。海外添乗経験は二〇〇回近く。その三分の二は医療、福祉関係団体ツアー。ノーマライゼーションを目指して地域福祉研究会「ゆきわりそう」の事業も支援している。＝「産経新聞」平成九年九月一五日より）さんとベンクト・ニイリエ（Bengt　Nirje　一九二四年スウェーデン・モヌラ産まれ。二〇〇六年没。知的障害者のノーマライゼーション理論の提唱者として世界的に著名な社会学者。ウプサラ大学ハンディキャップ研究センター顧問）博士が、何やら親しそうに話している最中だった。

突然、喉元を絞るようにして「グォー、ゲゲッ、ペッ」とベンクト先生が、誰はばかることもなく草むらに大きな痰を吐き捨てた。すかさず小野さんは「先生、それはないでしょう。日本人はそんな汚いことしませんよ。先生のような世界的に高名な人がやるべきことじゃないでしょう。」「やぁ失敬。日本人のマナーは素晴らしいですね。ハハハ……」と苦笑いした先生の横顔は忘れ難い。

また、この光景を目の当たりにして私は、ベンクト先生の気さくな一面に触れた思いがして、親しみを覚えた。同時に、小野さんだからこそ、ベンクト博士とのコンタクトがとれたのだとも思い、そのラッキーな関係に感謝だった。

「リッコンベリエ施設を見学した後、素晴らしい方のお話を拝聴することができた。以前にもチラッと述べたがベント・ニルエ博士本人であった。氏は、国連の難民支援部署等でも活躍しておられたが、この時期は母国のウプサラ県で障害者福祉を所轄する部署の責任者として活躍しておられたらしい。全くの偶然であった。実は、この年（一九八二年）八月にもカナダのトロントで行われたＩＡＳＳＭＤ国際会議（知的障害国際会議）でも氏にお会いしていた。氏は、その夏、一度お会いしたことを覚えてくださっていて、あの時はありがとう、といった意味合いのことを個人的にも言ってくださったことを思い出す」（ＡＥＬあ・える倶楽部〔介護旅行〕二〇一四年一〇月七日）とパソコン通信に『小野先生の一期一会地球旅２５〝もうひとつの施設職員海外研修団に添乗して〟』のタイトルで、ベンクト先生との巡り合わせについて述懐していた。

ところで、この海外視察研修は、東京都福祉局、衛生局が一九八二年に実施した「昭和五七年度心身障害者〈児〉及び老人福祉関係収容施設職員海外派遣研修」というもので、スウェーデン、イタリア、スイス、フランス、イギリスのヨーロッパ五カ国を駆け足で巡る旅だった。八二年といえば国連の「国際障害者年」（八一〜九〇年）がスタートして二年目。障害者の社会参加のテーマ「完全参加と平等」、その理論が「ノーマライゼーション」で、この波が北欧を中心にヨーロッパ、北米大陸に巻き起こっていた。

私たち研修団は、小野さんが言っているように「リッコンベリエ」施設の講堂で、ベンクト先生から直接「ノーマライゼーションの原理論」講義を、小野さんの通訳を通じて受講。「障害者にも、普通の人間と同じようにノーマルなリズムが保障されるべきである。ノーマルな一日のリズム、一週間、一年間、そして一生のリズム、ノーマルな生活環境、経済状態、学校、仕事が大切である……」と、小野さんの通訳は歯切れよく分りやすかった。

この話を聴いて、すでに、私の研修旅行の目的は達せられたと思った。福祉関係分野に精通した小野さんの通訳だったからこそ、聴けた、理解できた講義だった。

「研修団長に励まされ」

先号でふれた東京都の「昭和五七年度心身障害者〈児〉及び老人福祉関係収容施設職員海外派遣研修」は、一九八二年一一月一三日から二七日の日程でスウェーデン、イタリア、スイス、フランス、イギリスを視察研修する旅だった。スイスは休養を兼ねて季節外れのモンブランケーブル観光登山を楽しんだ。

研修団はA～Eの五グループで次のように編成された。「A精神薄弱者〈児〉施設」職員一一人。このグループだけ東京都関連施設として栃木県、群馬県、千葉県からも参加。「B特別養護老人ホーム」職員五人、「C救護・身体障害者施設」職員五人、「D肢体不自由児施設」職員四人、「E重症心身障害児施設」職員一〇人。ほかに東京都福祉局、衛生局職員各一人ずつと旅行社「明治航空サービス株式会社」（千代田区）の添乗員二人だった。

この研修団の団長を務めたのが「東京都立府中療育センター」（府中市）の神経科医長・臼井恒三（うすい　つねぞう）先生で、私よりも七、八歳年上だった。先生は長年、重症の障害児者を診てきたベテラン医師だけあって、柔和で温厚、気さくな人柄で、誰からも「先生、臼井先生」と声をかけられ親しまれていた。研修後も臼井先生を中心に「五七会」の名称で忘年会、春の会などを催し、二〇一五年まで三三年間続けられてきた。このことについて、旅行社の添乗員だった小野鎮（おの　まもる）さんは次のようにパソコン通信に書いておられた。

「五七会の集いが新宿で行われた。（略）今年は旅行から三三年目、今回は七人が集い、旅行中の思い出やその後のこと、中でも水尾さんがシャモニーのプレヴァン展望台で撮った写真を見事に復刻して披露されました。懐かしさもひとしお、大いに盛り上がりました！若さと好奇心に満ちた顔が素晴しいです。」（「五七会の集い　二〇一五年三月二六日」小野鎮よ

り）

〇一年一二月一日、東京都の職員保養施設「大原会館」（世田谷区）で開かれた五七会忘年会の折、「熊木さん、作品集をありがとう。障害者の美術展、それも島田療育園、府中療育センターや心身障害児総合医療療育センター・むらさき愛育園のような重症児者の作品、何と素晴らしいことかと思いました。」と臼井先生からお礼を言われた。（作品集とは「第一五回福祉ＭＹ　ＨＥＡＲＴ美術展」＝〇一年九月一二～一六日、青梅市立美術館市民ギャラリーで開催した折の作品集のこと。）

続けて、「あの海外研修の初日、スウェーデンのホテルでグループリーダー五人と都の職員二人とで、ノーマライゼーションについて議論しましたね。ほとんど徹夜でね。今となってはいい思い出だ。私はカッとなって、研修を中止して帰国するとか何とか言っちゃって、ウフフ」と低く笑いながら話してくれた。また、「熊木さんらしい、ノーマライゼーションの取り組みだと思って感心しました。研修成果のひとつの事例として頑張って下さい。私は同じ研修団の一人として誇りに思っています」と、力強く励ましてくれた臼井先生の笑顔は今でも忘れられない。

その後、先生は〇九年に脳梗塞で倒れられた。お身体が不自由な状態となり、以後五七会に出席されることはなかった。

私が幹事役だった一五年三月二六日の「五七会春の会」（新宿センタービル「安具楽」）の出欠返信状に「六年前に脳梗塞を患い、いまだにリハビリ中です。もう一息と思います。盛会を祈ります」と近況報告が。リハビリがもう一息ということで、先生に五七会の席で会える日を楽しみにしていたが、その日が訪れることはなかった。

一八年八月二日、逝去。元気な姿に再会できず、無念だった。

臼井先生の死と共に五七会はメンバーの高齢化もあり、自然解散となった。

「**謎めいた哲人**」

「精緻に解き明かされた存在世界の真相か？それとも誇大に編み出された偏執的妄想か？素粒子から全一存在まで／宇宙開闢からその終末までを説き尽くした壮大かつ緻密な形而上学的神話！」と帯に書かれた、亀谷稔著『全一の展開　末端の必然』（二〇〇八年四月一〇日・知道出版刊）の表紙裏から一通の手紙が見つかった。

「熊木　様

日の出町の大久野（ここ）とは微妙に違った装いを見せているでありましょう青梅市藤橋（そちら）の自然（はる）……如何お過ごしでしょうか。

先日、小個展の案内状をお送りしましたが、『刊行記念』と謳っております拙著が遂に出来上がりました。謹んで進呈させていただきます。前回の初個展に態々お越し下さり、その上ご祝儀まで賜りました御厚意への御礼と致しまして、どうぞ快くお受け取り下さい。妄想紛いの難解な奇書ではございますが、お時間のある折にでも御一読いただけましたら幸いでございます。

ご自愛なされつつもお変わりなきご活躍を、どうぞ……。

亀谷　稔」

亀谷稔（かめたに　みのる・一九六一～二〇一三年。武蔵野美術大学卒業。建築プレゼンテーション・調理・知的障碍者たちの陶芸製作活動補助といった職を経た後に、二〇〇六年七月より創作活動に専念している微細画家。二〇〇七年一月、銀座の茜画廊にて初個展。当時の描法は、かつて伐採予定地などで行なっていた舞踊を応用したドローイング法である。

（この本の著者略歴より）

亀谷さんの人柄（シャイな微笑）が、今となっては何とも懐かしく「亀谷さん元気かい」と思わず声をかけたくなる手紙だった。丁寧な物言いに、独特な人懐っこさを感じた。

略歴に「知的障害者たちの陶芸製作活動補助と書いたのは、青梅市成木にある知的障害者施設「友愛学園」成人部の陶芸作業『土の工房』非常勤職員として二〇〇〇年五月から勤務したことをいう。私が亀谷さんと出会い、『土の工房』（当時、指導員大越春雄さんが担当）活動を一緒にアシストしたのはこの時からで、私が定年退職した〇三年三月までであった。

その頃の亀谷さんの印象は、何となく孤独感が漂う謎めいた哲人のようだった。にもかかわらず、学園生には穏やかで物静かな微笑で接し、「カメさん、カメさん」と親しまれていた。学園生の嗅覚は鋭く、人の奥底を嗅ぎ分け、本心を一瞬にして見抜くことがある。亀谷さんには利害の二心なしと見ていたのだろう。

そんな亀谷さんだったが、私たち職員に対してはどこか冷めきった怜悧な眼差しの微笑を向けることがあった。その奥底には、

「光というものは無かった。／闇というものもなかった。／そして、無さえも、無かった……それに似たものの片鱗ですらも……。／ただ《全ての全て》だけが、満遍なく微動だにせず存在せず存在していた。」

という、この本第一章〃発端と発現　時空の有さま素粒子の振まい〃の冒頭の詩に見られるような、どこかしらに虚無的な思考、知性の切っ先が秘められていたからなのかもしれない。

私が銀座の「あかね画廊」で開かれた亀谷さんの初個展「微細画の非在世界」を見学したのは、〇七年一月のことだった。その時、「ぼくはボールペンで描き出すと、描きながらイメージが湧いてきて、それをペン先で追いかけるもんだから、二昼夜くらい徹夜になるんだ。体力勝負だね」と作品の前でにっこり笑いながら話してくれたことが思い出された。これから作家活動全開と思われたが、六年後、五二歳の若さで生涯を閉じた。

惜しんでも惜しみきれない、純心な作家の一人だった。

「背中を押してくれた人」

「熊木さん、青梅の美術館で中国の障害者が描いた絵を見られるなんて考えられなかったよ。それが見られるんだから素晴らしい。青梅日中の会員の中に、こういう活動をしている人がいるんだから誇りに思うね」とは、心身障害児者の美術展「福祉MY　HEART美術展」の第二二回展（二〇一〇年一二月一五日〜二四日　青梅市立美術館）の折に、当時「青梅市日本中国友好協会」事務局長の木下政明（きのした　まさあき・二〇一八年六月会長に就任）さんが語ってくれた励ましだった。

木下さんは一つひとつの作品を丹念に見ながら、「フランス、中国、日本と三カ国の作品を見比べると、線や色、形のとらえ方に、それぞれの国の特色が表れているように思えて面白いというか、楽しいね。お互いにこういう違いを認めあい、学びあうことこそが大事なんだろうな」とも感想をもらしていた。

私はこのことと同時に、二〇〇八年に日本の「NPO法人マイハート・インターナショナル」（東京都青梅市）と中国の「上海市残疾人联合会」（中国上海市）との共同開催『迎残奥―二〇〇八　中国、日本、法国智障人士艺术作品展＝パラリンピックを迎え―二〇〇八中国・日本・フランス知的障害者芸術作品展（二〇〇八年六月二二日〜二九日・上海市阳光艺术中心＝上海市陽光芸術センター）』が、フランスの「マイハート・フランス協会」（トゥール市）にも出展を呼びかけて実現したことを思い出していた。

この美術展の企画準備に当たって私は、中国側との信頼関係を築くため、木下さんに相談した。「それなら、日本中国友好協会、東京都日本中国友好協会、青梅市日本中国友好協会の三団体に協力してくれるよう話してみるよ。多分OKの返事がもらえると思うから、どんどん計画を進めていったらいい」と力強く背中を押してくれた。

案の定、木下さんが話を通してくれたお蔭で、三団体とも後援の承諾書を発行してくれた。中国側にこの写しを送ったところ、中国にも日本との友好交流団体があるということで、より一層の信頼関係を深めることができた。

木下さんとは、こんないきさつがあってか、「木下です。突然ですが青梅日中の理事を引き受けてもらえませんか。名前だけの理事でいいんです。よろしく頼みます」と電話をいただいたのは、二〇一三年末頃だったか。

そう思って新年度の理事会に出席すると、「熊木さん、来年、青梅日中が創立三〇周年を迎えるんだ。そこで記念誌を作りたいんだが、編集委員をやってもらえませんか。編集統括は僕、委員長は副会長の吉川博千先生。委員は六人というメンバー編成です」と考える暇もなく承諾させられた。

この何とも言えない強引さが協会運営には必要とされたし、木下さんの魅力でもあった。また人懐っこささも同様だった。

記念誌は、「友好の道三〇年、1984~2014青梅市日本中国友好協会」というタイトルで、A4判四八頁仕立てであった。木下さんの「目で読めるように写真を沢山使いましょう」との発案で、三〇年間の活動を〝あの時、あの場所、あの場面〟とカラー写真を沢山使って編集した。

反響は、「写真があって分かりやすいし、字を読むよりも楽しい。三〇年の歩みが昨日のことのように思い出せる」と会員には好評だった。

「明るく積極的に」

「人司さん、とまとおいしいか」と知的障害児者施設「友愛学園」（東京都青梅市）成人部玄関前の畑の中に立って、今まさにトマトを食べようとしていた佐藤人司（さとう　ひとし・一九四八年東京都生まれ。知的障害）さんに、道路から声をかけた。「ふんにゅう」と鼻に抜ける返事で私の方を振り返った。ばつが悪そうな表情だった。

「クマゴロウはもう先生じゃないから安心しろ。怒らないよ。作業棟の水道できれいに洗って食べなさい」と言うと、嬉しそうな笑顔でコックンと頷いた。

この時、私が七五歳で人司さんが七〇歳前後の頃ではなかったか。こんな邂逅を思い出しながら人司さんの資料を調べていたら、次のような人物像の文章が見つかった。

「日常生活において職員の関心を引こうとすることが強く、いつも職員室に入ったり入り口に立ったりして、職員の一挙手一投足を見ています。職員からの声かけ、用事を待っているようです。恐らく去年一年間は作業棟でもリーダーとして働いてきた習慣が残っているためでしょう。

人を司る者として、その名に相応しい行動をとるようこの二年間、指導してきたつもりです。リーダーとして、苦しい時もあるということをよく話し合ったものです。それにこたえて自分なりに努力もし、職員からの声かけ、用事を待っているようです。

用事を頼めば喜んで、すぐ引き受けてくれます。ただ少し機嫌が悪いと行動が全体的に鈍くなります。かえって急き立てると行動も起さず、黙っている方が、時間がかかっても一応果します。時には職員が気が付かない時でも積極的に行動します。雨が降り出すと私が忘れていても自分で取り込みに行きます。

余暇時間には学習室で絵を描いたり、曜日の書き方を練習しています。絵はよく出来ており、農作物の写生もうまく、特徴をよく掴んで描いています。

作業面では最も自分の得意とする所で技能も高く、自分でもよろこんでやっています。今年も農芸クラスのリーダーで中心人物となり、同じクラスの実川正浩君の面倒をよくみます。作物の芽が出れば教えてくれるし、収穫期に大きな声を出して知らせてくれ、一緒に収穫したりします。

このような作業面の自信が、棟生活の中で生かされ、人司という名に相応しい人物になるよう期待している今日この頃です。」

一九七五年七月に同学園成人部発行のガリ版刷り文集「ゆうあい　NO・2」(B5判五六頁)に生活指導員川崎望先生が寄せたもの。当時を思い起こせば実に的確な人物評だと思った。

文章中「ただ少し機嫌が悪いと行動が全体的に鈍くなります」とは、施設生活のストレスからか、毎朝夜尿もらしで下着、パジャマ、シーツ、夜尿用マットなどの片づけを、「早く着替えなさい」「洗濯に出しなさい」などと起床時から朝食までの間、宿直職員に急き立てられ、ご機嫌ななめになって動かなくなってしまう様子のこと。

「今年も農芸クラスのリーダーで中心人物となり」とは、七三年四月に作業活動として「農芸クラス」が設けられ、川崎先生(当時三七歳)、横山順子先生(同二七歳)、私(同三〇歳)の三人が担当。学園生は人司さん(同二五歳)、実川正浩さん(同一九歳)、益子稔さん(同二三歳)、今井友子さん(同二三歳)、大野房子さん(同二一歳)の五人で、この中のリーダーとして人司さんが中心的に活動していたことをいう。

当時は、生活棟と作業棟の両方を担当し、学園生の人間像をトータルに観察していた。川崎先生は、人司さんのケース担当者として、彼の生活面でのだらしなさを少しでも改善し、生活棟で自信と誇りが持てるようにと願って、クラスリーダーに推したのだった。その結果、生活棟での表情が明るくなり積極的な行動が以前よりも多くなったように思われた。

「手紙を書いた人」

「先生たちはいいよなぁ。学園の仕事が終るとおうちに帰れるもんね。だけれろ、俺たち、作業が終わってもおうちに帰れないらろう。ずーっと学園に泊ってるんだもん。俺たちもね、作業が終ったら、先生たちみたいにおうちに帰れるといいんだけれろもなぁー。どうして帰れないいんだろう。どうしてかなぁ……」

私が勤めていた知的障害児者施設「友愛学園」（東京都青梅市）成人部の入所者土村祐（つちむら　ゆう・一九四一年東京都生まれ。知的障害者・てんかん・左半身麻痺）さんが、私にこんな心情を話しかけてきたことがあった。一九八四年頃だった。

私は高校時代（五六～六一年）、家を離れて一〇〇人余りが暮す寄宿舎に入り、三年間を過した。当時を思い返すと、一年生の時は上級生に絶対服従の暗黙の規律があり、寄宿舎生活に馴れるまで両親や家族、友だちや村人の温情が恋しかった。だから祐さんの切なる心情は、その頃のことを思い出させ私の胸をジーンと熱く打った。

そんなことから「祐さん、クマゴロウ（私）が宿直で泊まりの夜、お家の人や友だちに手紙を書こうか」と話すと、「そうらね、それがいい、そうしようよクマゴロウ」と、祐さんは我が意を得たりの表情で同意してくれた。そこで私は、八四年から八七年まで宿直の夜の自由時間に「手紙を書きたい人」と希望者を募って、「お手紙教室」まがいのことを実施した。気の向くまま断続的だったが、学園生は「今度は俺だ」「俺の番だよ」と、手紙書きの宿直の夜を楽しみにしてくれた。祐さんは次のような手紙（はがき）を書いた。

「伊東先生お元気ですか。

ぼくは毎日木工クラスではたらいています。スノコや花台をつくってお店に納品して、たくさん売れるようになりました。また、いつか遊びに来て下さい。お待ちしています。

さようなら。(この手紙はクマゴロウと一緒に書きました。)

岩渕いま子　様

土村　祐」

この手紙は八四年六月二一日に書いたもの。文中の「伊東先生」とは、七三年四月から七四年三月までの一年間、一階男子棟(三居室一二人)で祐さんたち四人の居室担当だった伊東いま子先生のこと。彼女は七五年三月に退職し、四月に宮城県の県立養護学校に転職し、その後結婚して〝岩渕〟姓となった。

手紙の書き方は、先ず誰に書くかを聞き、次にどんなことを書くか聞き出し、それを点線文字でハガキに書き写し、さらにそれを本人がなぞり書き(手を添える場合もある)して仕上げる、という手順で行った。この書き方に「手紙を書いた」という充足感と喜びを、各人各様に感じ取っていたようだった。

祐さんに八四年七月一〇日の消印で、次のような返信が岩渕先生から届いた。

「祐さん、お手紙ありがとう。ながい間、ご無沙汰していて、ごめんなさいね。ハガキをいただいて、急に友愛時代がよみがえって、ほんとうになつかしく思いました。

祐さんが私のことを覚えていてくれて、うれしかった。あれから九年も過ぎたのですね。ゲボちゃん、マコちゃん、内田君、ヒトシ君……みんなかわりないのかな？私も二児の母となり、毎日がなんとなく過ぎてしまう生活をしています。

筆不精なので、ここ四～五年手紙なんて書いたことがなかったのですが、しばらくぶりでペンを取りました。今すぐにでも学園に飛んで行きたい思いです。そのうちにひょっこりおじゃまするかもしれません。それまで元気でがんばってね。クマゴロウ先生他、皆様によろしく。いとう

岩渕いま子」

岩渕先生からの手紙を祐さんに読んで聞かせると、「会いたいなぁ」と大喜び。だが、祐さんは再会かなわず、九八年五月二六日永眠。享年五七歳だった。

心の鏡——実川家の人々

「心の鏡―」39
実川家の人々①

母心

私が知的障害者入所施設「友愛学園」（東京都青梅市）成人部の生活指導員になったのは、一九七三年二月一日、三〇歳の時だった。

当時の私は、東京都内の小さな出版社の月刊誌編集部を辞め、とりあえず「飯が食えればいいか」と甘い思い、考えで就職したに過ぎなかった。しかし、今になって思えば多少の動機があったのかも知れない気がする。というのも、私は大学の文学部の学生だった頃、教育学部の「異常児教育学」、「異常児心理学」、「異常児病理学」等の「異常」という字が気になり、私自身の親不孝な異常さを知りたいと考え、遊び半分の気持ちで受講したからだった。

その結果、私のような異常を自認（多分に情緒障害的な傾向）する者に、「養護学校教諭二級普通免許状」が東京都教育委員会から与えられた驚きと同時に、卒業時、女子高校の国語科教員の就職を断り、教員になる気がなかったので、この教員免許状には全く関心がなかったにもかかわらず、「友愛学園」に見えない糸が、私を引っ張りこんでくれたように思われたからであった。

私が同園入所者実川正浩さん他同室者三人の担当者になったのは、就職二ヵ月後の四月一日からだった。

この時から六年間、私は彼の担当として両親、姉二人をはじめ、実川家の人々と親しく交遊させていただくことになったのである。正浩さんが二九歳、私が三〇歳だった。私にとっては一歳違いの可愛い弟という感じであった。

「先生、坊やは私たちにとってはかけがいのない、可愛い長男なんです。本を読むとダウン症の人は長生きできず、四〇歳位しか生きられないそうです。私達はやがて坊やを天国へ見送ることになります。それまで、先生にはご迷惑をおかけすることになりますが、坊やを見捨てずに、どうかよろしくお願いします。

私は車椅子のこんな不自由な身体になって、本当に情けない限りです。それでも坊やが家に帰って来ますと嬉しそうな笑顔で〝アーチャン〟と言って、私の顔を撫で髪の毛に鼻をつけて、母親の匂いを楽しんでくれるんです。そのたびに、私は〝坊やのために元気で頑張らなくては〟と励まされるのです。

こんなことを主人に話すと、主人は〝坊やは母さんの宝だ、俺だって坊やたちのために都議会で頑張れるから、やっぱり母さんと同じ宝物なんだよ〟と言ってくれます。学園の皆さんには本当にご迷惑をかけて申し訳なく思っていますが、これもご縁と思います。先生とお会い出来て今日はとても安心しました。」

私が初めて正浩さんに連れられて、実川家を家庭訪問した時、お母さんが母心を私に明かしてくれた話であった。

「心の鏡―」40
実川家の人々②
福祉の第一歩

私が知的障害者入所施設「友愛学園」成人部の生活指導員として就職した当時（一九七三年）の入所者は、一八歳以上の男子二四人、女子一六人の合計四〇人定員で、入所者は「園生」とか「学園生」、生活指導員は「先生」と呼称されていた。（現在前者は「利用者」、後者は「支援員」と呼称されている。）

その当時、同園成人部では、実川正浩さん（二九歳）が知的障害者として最も重く、認知症の症状も呈していた。

それでも「アーチャン（母）、トーチャン（父）、アイチャン（長姉）、ミコチャン（次姉）、ツルチャン（従姉）、カジーバチャ（男のお手伝いさん）、アバチャン（女のお手伝いさん）」と家族の呼び名や「ボク（本人）、アバヤロー（馬鹿野郎）、ア、ア！（怒りや嚇しの意）」とか、「アウ、バアバア、アッウーン、ヒエーッ！（驚き）」ということばや音声を発することはできた。文字は自分の名前「まさひろ」の「ま」だけは書けたが、読むことは全くできなかった。

しかし、これだけの言語世界ながら、重い知的障害の生活の中で、ひとつひとつの場面、顔の表情、身体の動きなどから発信される正浩さんの心の表現の豊かさで、私は俳句作品を読み解き明かす感動と同じような、透明で純度の高いコミュニケーションを日々楽しませてもらい、少しづつ心を磨かせてもらったように思う。（表面的な関係では「意思疎通」が困難だと、誰もが思っていたようだったけれども……）

起床から就寝までの生活の流れの中で身辺処理（衣服の着脱、洗面、食事、大小便排泄、入浴、衣類や持ち物整理等々）、日中活動（作業や散歩、余暇や旅行等の外出）は、本人にその目的意識が働かない状態だったため、移動誘導、介護、介助をほとんどの場面で必要としていた。

運動面は幼少年期から発達していた能力が感じら

れ、自転車は片手ハンドルで乗り廻すことが出来るほど上手だった。野球もキャッチボール、バッティング、ピッチングフォームなどはプロ野球選手並みの格好良さだったし、相撲も腰の入った上手投げが上手だった。

健康面はダウン症で皮膚疾患に弱かったが、内臓疾患には思いのほか強く（時たま風邪と下痢はあった）大病することはなかった。

性格は頑固な一面はあったが概して温厚、素直で明るく、道化、茶目っ気があり、幼児や女の子には優しく、大人の女性には甘えん坊の一面があった。また、動物や不馴れな環境には神経質ながらも、反面では男らしい豪胆さ、おおらかさも持ちあわせていた。

私の知的障害者福祉の第一歩は、そんな正浩さんとの出会いからだった。

「心の鏡―」41
実川家の人々③　家庭から学ぶ

「忙しいだろうが熊木君、坊やを連れて来てくれないか」と、友愛学園理事長実川博さん（武蔵野市議会議員一期、東京都議会議員八期）から長男正浩さん（知的障害・ダウン症、「友愛学園」成人部入所者）の帰省を頼まれ、私は実川家を何回訪れたか数え切れない。

私は正浩さんのケース担当者として六年間、春休み、夏休み、冬休み、その他の中途期間と、正浩さんの帰省送迎を行った。当時の実川家では、父親が東京都議会議員、母親（元小学校教員、友愛学園長）が一九六八年（六八歳）の春脳軟化症を患い車椅子生活、長姉が学校教員、次姉はエリート官僚夫人として地方都市生活、お手伝いさん（女性一人、男性一人）は家事万般、接客応対等の事情で、正浩さんの帰省送迎が困難な家庭事情であった。

そんな中にあって母親は車椅子生活のわが身の病身の行く末と、重度知的障害・ダウン症のわが子は短命だろうという思いを深く案じ、自分が元気なうちに出来る限り正浩さんと一緒に過す機会を多く持ちたいと願い望んでいた。

多用な家庭状況を考え、私は正浩さんのケース担当者生活指導員として、母親の希望に応じることが一番の良策と思い、時には業務以外の公休日、宿直明け時間を利用して対応することもあった。

「実川だけ何で熊木先生は送迎するんですか。他の親に対して不公平でしょう」と、ケース会議で同僚指導員から反感を持たれたり、個人的な陰口を叩かれたこともあった。

しかし私は、何を言われようとも父親が理事長だからとか東京都議会議員だから特別扱いしているのではない。ただ重い知的障害の子の父親、母親の〝切なる親心の思い〟に応えることが、ケース担当者としての私の使命であり、私の知的障害者福祉活動の第一歩であり、同じ家庭事情のケースがあれば同じ対応をするだろう、と内心思っていた。

だから、「〝不公平だ〟と言う意見の裏に、私的な時間、交通費（バス、電車賃や自家用車ガソリン代等）の自己負担、事故等の自己責任を負ってまでやる必要はない」という職員の自己保身的な考え方が見え隠れし、〝不公平〟議論には「そうですね」と私は答え、正面きっての議論は避けた。けれども私は、そこは理屈の世界ではないと考えていたので、正浩さんの帰省送迎、家庭訪問は、それまでと変ることなく続け通した。

そうした私の態度に「言っても仕方ない」と思ったのか、回を重ねる毎に陰口は次第に小さくなっていった。私はそのお陰で、誰に憚ることもなく実川家を訪ねては、正浩さんの家庭から知的障害者福祉観、教育観、人間観など多くのことを学ぶことができたのであった。

「心の鏡―」42
実川家の人々④　お見送り

―昭和四二年四月脳軟化症に倒る―
今一度思いきり駆けてみたいなと思う吾也軟化症病む
夫（ツマ）はいう「米一粒位づつはがしゆくほかなき君の病なり」とぞ
（実川千行著「歌集随想　うつり香」純出版社・昭和四五年一月二五日発行より）

私が実川正浩さんのケース担当者になった時（一九七三年四月一日）には、彼の母親は先の短歌二首からも分るように、既に半身不随の車椅子生活六年が経過していた。

父親は東京都議会議員（同年七月二三日七期連続当選）を勤め、社会党都議団幹事長として美濃部亮吉都政の与党議員活動で多忙を窮めていた。

「先生、私がこんな不自由な身体になって、身の回りのお世話が何ひとつ出来なくなり、出勤なさるのに何のお役にも立たず、本当に申し訳ありません」

「何を言うんだね母さんは。俺はどんなに忙しくたって、こうして母さんと坊やが生きていてくれることが、何よりも俺の生き甲斐なんだよ。このところ議会が忙しく、母さんとゆっくり過せないから、俺の方こそ母さんに済まないと思ってるんだよ。今日坊やが学園に帰る準備は大丈夫だから、何の心配もいらないからね」

「坊やと私はここでお見送りをしますから、先生、元気でお出かけになって下さい。坊や、父さんがお出かけになりますよ。二人で行ってらっしゃいしましょう。坊やこっちよ」

「母さんと坊やの見送りが一番だよ。じゃ、行って来るからな」

こんな正浩さんの両親の会話を目の当りにしたのは、いつの日のことだっただろうか。この頃私はまだ日記を書かなかったので、その日の日時は分らないが、春休みの帰園日の暖かい朝方、正浩さんを迎えに訪ねた折だったように思う。父親の活動モットー〝太陽は今燃えている〟と書かれた食堂の黒板予定表に「正浩帰園日、熊木君が迎えに」と白チョークで書きこまれた字だけが、私の脳裏に鮮明に焼きついているのだが……。

「それじゃ熊木君、坊やをよろしく頼む。時間が許す限りゆっくりしてってくれ。その方が母さんも喜ぶから」と言って、父親は東京都議会場へ出勤して行った。三人で後姿を見送った。

「行ってらっしゃいるす番します」と気を締めて云えば涙が込みあげてくる。
　手をとりて「少しはいいか」と顔よせて忙（セワ）しき夫（ツマ）はじっと目を見る
（同「歌集随想　うつり香」より）

この二首の短歌からも分るように、その相愛の深さと心情の中で、正浩さんは育ったのである。

「心の鏡―」43
実川家の人々⑤

相思相愛の教育者

私が実川正浩さんの担当者になった時は、残念ながら彼は快活な活動期の青少年期を過ぎ、重度知的障害の加齢による認知症的な状態であった。そのためか、施設生活の身辺処理面、集団生活の活動面では、ほぼ全面的な介助、介護を要する生活を余儀なくされていた。そんな彼の日常生活に驚いたことが、大きく分けて二つあった。

その一つは衣類の着脱で、裏表と前後の区別をつけて手渡すと、下着も上着も上手に着替え、上着はボタンのはめはずし、ズボンはファスナーの開閉、ベルトの締めこみができたことや、洗面と歯磨きができたことなどであった。

もう一つは精神面で、自分よりも年下や力が弱いと思う人に、「ぼくは歳上」、「ぼくは兄貴」という態度で、時にはやわらかくやさしく手をさしのべての微笑。力の強い人には、時には濁声で睨み顔の「弱い者いじめをするな！」、「言うことをきかないか！」といった形相で、相手の気持を包みこみ、飲みこむ大人の雰囲気を醸し出していたことであった。

そんな正浩さんや「友愛学園」の人々に、私の長女で一人っ子の伊万里は一歳過ぎから「クマゴロウの赤ちゃん」と可愛がられて育ち、その中で彼に抱っこされたり、頭を撫でられたり、頬擦りされたりして、心の温かさを皮膚感覚で教えられ、学ばされたように思う。

お陰さまで今もなお正浩さんや「友愛学園」の人達に会いたいと言って、彼女はフランス留学（大学卒業後、一九九八年一〇月から二〇〇一年一二月までTOURS〈トゥール〉大学仏語コース）から帰国後も、同学園を訪ねてくれている。

余談はさておき正浩さんの両親は、「僕は武蔵野第一小学校の教壇に（略）十五年に亘って立ち続けた。この間に同じ小学校の教壇に立っていた長崎女子師範学校出身の千行と昭和六年に結婚した。（略）結婚の機縁となったのは交換授業であった。僕は音楽がからっきし駄目だったから、彼女に音楽の時間を担当して貰い、交換にぼくは彼女の担任の体操の時間を受け持った。（略）彼女は明治三十三年生まれで僕よりも七歳年上だったため、僕の母や兄貴が痛く心配して反対したが、二人の意志を覆すところとはならなかった。」（実川博著「いのち燃えて」回想録刊行会・昭和五十八年六月十二日発行）というご縁の相思相愛の教育者だった。

私が正浩さんに驚いた二つのことは、そうした両親の愛情深い家庭教育のあらわれであると思い敬服してやまなかった。特に母親の姿を想像すると、崩れても崩れてもケルンの石積みの如く幼少年期の躾教育の日々が、彼の仕草に色濃く残っていたからだった。

「心の鏡―」44
実川家の人々⑥

親子水入らず

「熊木君なあ、ぼくは議会でどんなに忙しくたって、家内と坊やの風呂入れの日は、〝風呂入れだからこれで失敬するよ〟と言って、家へ真っ直ぐ帰って来て風呂に入るんだ。三人とも素っ裸でね。そうすると家内も坊やもぼくと同じ人間だということを、しみじみと感じるんだよ。二人ともぼくの愛すべき人間なんだ。

この身体の不自由な人たちを守ることが、ぼくの根本的な考えで、どんな難しい問題も、ここから解決の糸口が見えてくるんだね。他人は。〝先生大変だね〟と言うけど、ぼくは全然苦にならない。坊やや学園の人達のお世話で先生方が苦労なことは、手にとるように分るんだ。感謝している。少しでもその苦労が報われるように、ぼくは都議会で頑張っているから、君達も学園で頑張ってくれ」と、正浩さんの父親が私に、こんな旨の話をしてくれたのは、いつの日の事だっただろうか。

「泣く子も黙る実川」と言われた東京都議会の実力者だったが、その人間愛、慈愛は、「教育者と被教育者が全身全霊で触れ合ううちにヒントを得、己の人生観が得られるものである。教育は技術ではなく、真心の触れ合いである。従って、教育者は常に教養を高め、不動の信念の下に目標を見失うことなく、無心に、まっしぐらに進むことが肝要である。」(実川博著「いのち燃えて」昭和五八年刊)と、教育者としての根本に裏打ちされた人間観からの愛情に他ならなかった。

正浩さんを通じて、私は得難い政治家であり教育者であった彼の父親に巡り会えたことを幸運に思うと共に、そのご縁を与えてくれた正浩さんに、今でも心から感謝している。

「お恥ずかしい話ですが、私も坊やも主人がお風呂に入れてくれますの。これだけは主人以外の人には、恥ずかし過ぎて頼めませんでしょう。主人は丈夫で体力がありますから、どんなに疲れていても〝母さんの一人や二人は、ほれ、このとおりさ〟と笑いながら私を抱きかかえてお風呂に入れてくれますし、坊やも一緒なんです。

私の身体を洗い終ると〝ほれ坊や〟と声をかけ、坊やにお湯をかけさせて、石鹸をきれいに流させてくれるんですよ。〝親子水入らず〟ってことかしら、ホホホ……。やっぱり坊やが家に帰ってくると、こういう楽しみがあるから嬉しいですね。こんなことって先生以外の人には話せませんものね。恥ずかし過ぎて……ホホホ」と母親も、上品な笑みで私にお風呂の話をしてくれたことがあった。

私は正浩さんの両親から同じ内容の話を聞き、〝この親にしてこの子あり〟と、その親子像に福祉の根本があることを教えられた。

「心の鏡―」45
実川家の人々⑦

年賀状と年末の手紙

実川正浩さんの母千行さんは一九〇〇年（明治三三年）四月三日、長崎県壱岐島の祖父の代まで平戸藩主松浦候の代官を務めたという旧家に生まれ育った人である。一九二一年（大正一〇年）長崎女子師範学校を卒業し、一九二九年（昭和四年）に武蔵野第一小学校の教員となり、一九四一年（昭和一六年）までの一二年間教員生活を送った。

「明けましておめで度うございます
昭和五〇年元旦
本年も正浩の事よろしくお願い申し上げます
おついでがありましたらこちらの方へおみ足お延ばし下さいませ
前田先生にもよろしくお伝え下さい」

正浩さんを担当して二年目にいただいた母親の年賀状である。文中「前田先生」とあるのは、真栄田素子先生のことで、当時日本女子大学で社会福祉学の第一人者一番ヶ瀬康子教授（後年東洋大学を経て現在は長崎純心大学教授・日本福祉文化学会会長）から福祉学を学んだ新卒の才媛で沖縄県出身だった。彼女は昭和四八年（一九七三年）度の一年間、私と一緒に正浩さんを担当し、福祉門外漢の私に、福祉の知識を多方面にわたって教えてくれた。翌年度は東北福祉大学の新卒採用二年目で岩手県出身の伊東いま子先生が交代で担当した。彼女は口数の少ない人だったが、柔和な笑顔の明るさで実践の伸びやかさ、しなやかさを教えてくれた。二人とも私にとっては、福祉の先生だった。

私はこの二人の若き生活指導員とのペアに恵まれたことで、正浩さんとの日々を知的障害者と生活指導員という関係を超え、一人の人間と人間としての心の交流を楽しみ、心の味を覚えさせられていったように思う。もの言わぬ、もの言えぬ重度知的障害者との「以心伝心」、「阿吽の呼吸」の心の味ともいうべきか。

「今年も暮れて参りました。いつも坊主がお世話になります。写眞もいつもお心にかけて送っていただき有りがとうございます。廿七日には帰って参ります由、たのしみにいたしております。

何卒皆様よいお年をお重ねなさいます様、お祈り申し上げます。　かしこ

十二月九日　実川正浩母

熊木先生　皆々様」

七五歳の脳軟化症で、不自由な身体で万年筆を握りしめて書いた母親からの手紙である。一九七五年（昭和五〇年）末の冬休み帰省の連絡と、正浩さんの学園生活の写真を送った、その手紙の返信だった。

不自由な身体の車椅子生活のため、多くの事は書かれていなかったが、わが子と過ごしたいお正月への母心が、万感の思いで伝わってくる一通であった。

「心の鏡―」46
実川家の人々⑧

母子像の歌

『歌集随想　うつり香』を「先生は俳句をなさっているそうですね。お恥ずかしい限りですが、これをお暇な時に読んでいただけたら嬉しいです。私がつれづれに詠んだ歌で、坊やのことも詠みました。主人は〝母さんらしい歌だね〟と笑っていましたが……」と、実川正浩さんの母親が私にプレゼントしてくれたのは、いつの日のことだったか。

坊や坊やお前の母は私よと吾が鼻を指し子の鼻をさす

吾が家には坊やがありて私ありてだまって手をとり廊下を歩む

註―左半身不随の著者は歩行練習をしている。坊やは理由が分らぬままに、介添し手をとって廊下を行ったり来たり―

同歌集からの二首。春の陽光が暖かくやわらかく射しこむ廊下を、障害をもつ母子が手をとり合って行ったり来たりの歩行訓練を繰り返している情景歌である。フッと立ち止まっては一息入れ、「坊や、母さんは私よ、分るわね。貴方は私の大事な子なんですよ。ありがとう」と、母子の会話の姿が廊下からの影絵にもなって、私の眼前に浮かぶ。

「ああ、何と切なくもあり、美しい情愛の姿でもあろうか。神仏の光に満ちあふれた母子像の輝きではないだろうか」と私は、心の底から祈りを捧げる深い感動を覚えずにはいられない。

「此の春休みは、私が風邪をひいたりいたしまして、坊やは二階の自分の元のベットに一人でねたりし、親子の交流が余りなかったようで、坊やにかはいそうな目に逢わせた様で、今帰すのは心残りな様な気がいたします。でも本人にすれば、却って一人で出来た事に満足しているかも知れません。今後もよろしくおねがい申し上げます。」

一九七六年の春休み帰省の帰園時にいただいた、母親からの手紙であった。

この頃、母親は車椅子生活ながらも体調の良い時は、杖をついて車椅子から立ち上り、正浩さんの肩や頭に手を差し伸べ「坊や、今度またお家に帰って来るまで元気でね。熊木先生が一緒だから大丈夫よね」と、それなりに元気だった。また、私とは短歌や俳句などのお茶飲み雑談に興じ、文学少女的な笑顔を見せてくれることもあった。とても可愛らしく上品な人だった。

いつもの帰省時には、自分の部屋で正浩さんと一緒に寝起きし、不自由な身体ながらも、母親らしく彼の身のまわりの世話をして、親子水入らずの生活を楽しんでいた。それだけに、今回の帰省は、「一人で出来た事に満足しているかも知れません」と、母心の切なる思いを残したのである。

「心の鏡―」47
実川家の人々⑨

一人ひとりの生命

生命あってこそ

友愛学園理事長　実川博

（略）職員の皆さんからは、大変手のかかる子供たちを、雨の日も風の日も、親身も及ばないお世話をいただいて居ります。ここに謹んで理事長として、親として、心から感謝申し上げます。

生命あってこそ（生命あっての物種）は、私の始めであり、又、凡てでもあります。およそこの世に生を受けた者、唯一人として、死にたいと思う者はなく、みんな「健康で、幸福でありたい」と願っているのではないでしょうか。

何物にも代えることの出来ない唯一の生命を大切にすることが、私の凡てであります。長い政治生活を致して居りましたが、常に念頭にありました事は、「一人ひとりの生命が大切にされ、みんなが親しみあい励ましあって、戦争のない平和な社会で、ゆたかな生活ができる社会、国会の建設」又、大きくは「世界の平和と人類の福祉に貢献したい」ということでありました。

この理念は、私の長い間の体験と思索から生まれたものであります。又、憲法にも「生命、自由、幸福追求の権利は、侵すことの出来ない現在及び、将来の国民に与えられた永久の基本的人権である」と高らかに示されて居ります。（略）

国際障害者年が「平等と参加」を叫ぶのも、要は人命の尊厳を世界にアピールしたのだと思います。

職員の皆さんが、心身障害者のために、終生を捧げる仕事を選ばれ、数多い職業の中からも、福祉の仕事を選ばれ、心身障害者のために、終生を捧げられることは、何と尊いことでありましょうか。私も皆さんと一緒に、この不幸な子どもたちの為に、残る人生を捧げたいと思います。そのことが、平和を求める心（思いやりの心、生命を守る心）でありますので、先ず地域から世界に向かって、声を大にして行く決意であります。なお、具体的には、皆さんといろいろ協議の上進めたいと思います。

（「ゆうあい」10号・社会福祉法人友愛学園成人部・一九八一年発行の『巻頭言』より）

「熊木君、僕の家は全て学園建設の担保なんだよ。来年借金が終るから、これで安心して死ねるよハハハ。僕はすべての財産を社会にお返しして、きれいさっぱりの身で、君達とさようならの日を迎えたいと思う。最近、仏教の本やキリスト教の聖書を読んだが、根本は同じだな。僕は無宗教だけど、この歳になると何処かに宗教心があるんだね」

と実川正潜さんの父親が語ってくれたのは、この冊子発行の頃だった。この話を思い返しながら「生命あってこそ」を読むと、あらためてその人生観の深さを知ることができた。

「心の鏡―」48
実川家の人々⑩
母心の歌

吾子（アコ）が今日帰らん日なり学園に休みは間近しと夫（ツマ）は吾れを慰む

今頃は夕の食卓につくならんわが家を出るにあらがいし吾子

昨日迄吾子とは入りし浴槽の広きに何かさびしさの満つ

（実川千行著「歌集随想　うつり香」純出版社・昭和四五年一月一五日刊より）

社会福祉法人「友愛学園」は一九五七年四月、東京都三鷹市に開設された知的障害児施設であった。その後一九六六年八月青梅市に移転し、一九六九年四月同園成人施設が開設された。一八歳までは児童部施設、一八歳以上は成人部施設として同一敷地内で入所生活ができるようになった。施設では家庭復帰、社会自立を目標として生活学習（生活自立、作業訓練等）活動が指導計画に沿って行われた。

三鷹市に施設があった時代は、正浩さんは自宅からの通園生活だった。青梅市に移転してからは自宅を離れての施設入所生活となり、母親はわが子への不憫さをどんなに深く抱いたことか。冒頭三首の「今日帰らん日なり学園に」、「今頃は夕の食卓に」、「吾子とは入りし浴槽」と詠みこんだ母心の悲哀と寂寥感が、私の胸奥に切々と伝わり、その深さを想うのみである。

「大変お寒うございます。此の二、三日は、特にきびしい様です。お変わりございませんか。青梅の方は特に、寒さもきびしいとききました。おかぜもはやりますす。お気をつけ下さいませ。

主人もぐつぐつといっております。大した事はございません。

よろしくお願いいたします。お酒でしたらと思いま

すが。」（一九七六年一月二六日消印封書）

「久しぶりによいお天気になりました。正浩が、又毎日お世話様になります。家を出ます時、私も工合が悪くオバさんもるすでしたので、服がよく分らず、着てたまま出て行きましたが、後で学園から着て帰ったものが、ベッドの下から出てきました。大変失礼しました。それで主人が十二日に参ります時持って参りますから、よろしくお願い申し上げます。

先づは要用のみ、ごめん下さいませ」（一九七六年四月七日消印はがき）

さり気ない手紙の文面ながら、やはり子を案じる母心の深さが思われた。「君はウィスキーが好きらしいと言って、家内がスコッチを捜し出して君に渡してくれと言うもんだから」と、父親が来園の折にウィスキーを手渡してくれたことがあった。「お酒でしたら」の母親の茶目な心遣いが、懐かしく思い出される手紙だった。

「心の鏡―」49

実川家の人々⑪　最後の手紙

「いつも正浩が御世話になります。

家に帰りますと、うれしそうに家の中をうろうろしております。私も自分のからだが普通なら、此の子を少したのしませてやり度いと思いますが、私は何にも出来ません。今度の学校は二ヶ月近くあるんだからせめて半月位は、いいじゃないかと申しますので、十五日と書きましたが、折角調子よくなった坊やを、ここで太らせては、と思いまして、又私もオバさんも坊やの足にはついて行けませんので、梶原さんとも相談しまして、一週間にしていただき度く、相済みませんが、お許し下さいませんか。又先生方にも御めいわくをお願いします。

先生は俳句をよくなさるときいておりましたが、とてもたんのうでいらっしゃいます。私等読ませていただいても分らないところが多くて、お恥ずかしうございます。時々御指導下さいませ。

七月十二日

熊木先生　実川千行

只今主人が学園に行くから、つれて行こうと云い出しましたので……。

お手洗いは今朝沢山出ました。そして食事後今度は、一人で珍らしくお手洗いに行きました。今度は、少しやわらかでした。暑中休暇は一週間でよろしいでしょうか。」

この手紙は、夏休み前に正浩さんの臨時帰省をお願いされ、その折の帰園の時、帰省連絡ノートを一緒に父親が手渡してくれた母親からのものだった。たしか一九七六年（昭和五一年）頃ではなかっただろうか。

その後、脳梗塞の症状が一段と進んだことによって、この手紙が最後となった。

私は帰省の時、いつも帰省連絡ノートに、食事のこと、排便確認のこと、睡眠状態のこと、運動（散歩等）のことなど、正浩さんの生活について、言わずもがなの注意事項と記録をお願いした。母親はわが子の帰園後の学園生活が順調であることを願ってか、不自由な身体ながらも、実に要領よく簡潔に日時を追いながら記録してくれた。

「主人の分まで刺身を食べて下痢」、「一晩中〝ウーウー〟と声を出して眠らず」、「天気が良く梶原さんと散歩」などと、成功も失敗したことも含めて。このことが、正浩さんの帰園後の生活にとっても私の生活指導（サポート）にとっても良い結果に結びつき、大いに役立った。

「熊木君、母さんが正浩に会いたい、会いたいと言って仕方ないんだ。誰でも会いたいと言ったら、いつでも帰省できるよう、皆と相談してくれないか」と父親に私が言われたのは、この頃だった。私は生活指導員が納得する方法を考えなくてはならなかった。

「心の鏡―」50

実川家の人々⑫

週末帰省の導入

明治四三年（一九一〇年）生まれの母は今年で九六歳。想定外の長生きで嬉しい限りだ。今も元気に「生きることは大仕事だよ」と言って、朝夕は裏山の農道散歩に励んでいる。二、三年前までは家族の役に立ちたいと、夏は家の周りや野菜畑の草取り、冬はスキー民宿の食器洗いを手伝っていた。

最近は「俺が手伝うとかえって余計な手をかけてしまうから」と、手伝いはやめたとのこと。そんな母が気分的に落ち込まないようにと、「おばあちゃんが元気でこうして自分の事を自分でやっているだけで、とてもありかたいの」と、生家のお義姉さんや孫娘、曾孫娘達が労（いた）わり励ましてくれている。私は生家の家族に「母の事をありがとう」と、いつも心に念じながらその姿を想像し、母の幸福を祈っているのだ。

そんな母が今一番の楽しみにしていることは、生家を巣立った息子や娘達が折々に生家を訪ね、その元気な顔を見せてくれることだという。「親が子を思い、子が親を慕う」心は、古今東西、永遠に変わらない真理であり、心理なのである。

重度の知的障害・ダウン症の子の行く末を案じ、自身の病身の余命を考えると、「居ても立っても居られない」気持で、実川正浩さんのお母さんは、手塩にかけて育てた正浩さんの帰省を待ち望んだことだろう。私は一日も早く「週末帰省」を実現させたいと思い、「すぎな会愛育寮」（神奈川県厚木市）の寮長小杉長平先生（故人）の元を訪ねた。

私が大学生の時、「養護学校教諭二級普通免許状」（私のような文学部の学生の場合、「中学校教諭一級普通免許状」、「高等学校教諭二級普通免許状」を取得しないと、この免許状は取得できず、文学部では取得しにくかった。クラスで取得したのは、変人だった私一人かも知れない。）取得のため、「東京都立青鳥養護学校」（東京都世田谷区）で特殊教育実習をさせていただいた。その時の校長が小杉先生だった。

こんなご縁もあって小杉先生は、「あの時の学生でしたか」と笑いながら、「親が子を思い、子が親を慕う、この親と子、兄弟や姉妹との絆を家族に忘れさせないことだよ。施設は障害児の捨て場じゃないんだ。家庭にかわって子ども達が楽しく暮らす場所、それが施設なんだよ。このことをもう一度再認識するように働きかけなさい。そうすれば週末帰省の件は大丈夫でしょう。君ならやれるよ」と、自身の体験を語りながら分り易く教えてくれた。私には「わが意を得たり」の教え、答えであった。

その甲斐あって二ヵ月後に「週末帰省」の導入が決まった。昭和五二年（一九七七年）頃の事だった。

「心の鏡―」51
実川家の人々⑬

週末帰省

「週末帰省」といっても、当時はさまざまな問題、課題の検討が必要だった。大雑把には、先ず施設側には入所者の生活週間カリキュラム、健康管理、職員の勤務体制など。家庭側には家族、家庭の生活状況、送迎手段、入所者の障害の度合、帰省中の経済的労力的な負担、住宅環境などであった。

これらの事を全体的に検討した結果、原則的には奇数月の第二金曜日から日曜日の二泊三日で実施することにした。その結果、入所者四〇人中約三分の二の人達が帰省するようになった。親子ともども帰省を楽しみとするようになり、帰省前後の施設生活が明るくなったように、その当時の私には感じられた。

昭和五二年（一九七七年）頃、東京都内の重度知的障害者入所施設で千葉県、埼玉県、神奈川県、都区内地域の帰省先にまたがって「週末帰省」を実施した施設は、私の知る限りでは「友愛学園成人部」（東京都青梅市）が初めてのケースではなかったかと思う。

「会いたい時にいつでも会える」という実川正浩さんの母親の切なる願いは、このような「週末帰省」という形で第一歩を踏み出したのであった。正浩さんが三三歳、母親が七七歳の頃だった。

この「週末帰省」が契機となって、その後、親や家族が帰省を希望すれば、個別に帰省対応ができるようになり、正浩さん親子の場合は母親の最晩年（一九八〇年六月二日、享年八一歳で死亡。）まで、「坊やに会いたい」と願った母親の母心に応えてあげることができたように思う。帰省の度毎に母親は「坊や坊や」と慈しみ、正浩さんは「アーチャン、アーチャン」と応じて、車椅子の病身の母親に励ましと元気を与え、お互いに微笑を交わしあったことが容易に想像される。

然るにこのたびの「障害者自立支援法」は、入所施設の利用者が帰省すれば、その分施設不利用ということで補助金をカットする仕組みの法律だという。そのため、入所施設では施設運営の面から入所利用者の帰省が懸念されるとのこと。

正浩さん親子の帰省に見られたような情愛の姿が、これから先は消えていくのだろうか。断じてそんな障害者福祉施策であってはならない。最近の家庭内暴力から家庭内殺人事件や自殺者の多発、増加も、その根本は同じ流れのように思う。

日曜日久々にして家中が揃いて向う食卓たのし
小雀は親を慕いて弱き羽ふるはしつつも共についばむ

（実川千行著「歌集随筆　うつり香」より）

「週末帰省」の一家団欒親子の情愛の姿が、この歌からは髣髴と目に浮かんでくる。

「心の鏡―」52

実川家の人々⑭

母親の願い

「先生、坊やを天国へ見送るまでよろしくお願いします」と、海とも山のものとも分らない新任生活指導員の私に、重度知的障害・ダウン症のわが子実川正浩さん（当時二九歳）への心中を、母親（当時七三歳）が明かしてくれたのは一九七三年春の家庭訪問の折ではなかっただろうか。当時の私（三〇歳）は「二、三年飯を食いつないだら、また文学の道へ戻ろう」と、気軽に考えていた。

そんな私のいい加減さが、母親には直感的に透けて見えたのかも知れないことばだった。「坊やを天国へ見送るまで」はという母親の切なることばは、私の胸をグサッと刺し抜いたように感じられた。その瞬間私は「ハッ」と我に返り「ウッ」と正気に引き戻されたような、不思議な思いだった。その不思議な思いで私をその後、「友愛学園」を定年退職するまでの三〇年間、知的障害者生活指導員の職につなぎ留めてくれたと、今は考えている。

ともかく、そうした力を与えてくれた正浩さんの母親が亡くなったのは、一九八〇年六月一二日で享年八一歳。脳梗塞の病で半身不随の身となって一三年後であった。私はこの時、正浩さんのケース担当を離れていたが、「お別れに坊やを連れて来て欲しい」と父親に頼まれ、職員の意見も「熊木先生が一番母親と親しかったし、実川の家に馴れているから」ということで、正浩さんを連れて行った。母親は梅雨期のややうす暗い座敷で、枕を北にして永遠の眠りに就いていた。

「坊や、よく来たね」と今にもほほ笑むかのようなやさしさ、安らかさの寝顔であった。「正浩、アーチャンだよ。お別れしようね」と正浩さんを母親に近づけると、「アウッ」と悲痛な低いうめき声を発したかと思うと、ガクガクと身体を震わせ、私の身体にしがみついて後退りした。それきり母親に近づこうとはしなかった。母親にいつもの寝顔と違う「死」が直感されたからなのだろう。

　母親の死に対するショックと悲しさが、ことばのない正浩さんからは便粗相となって表われた。私は直ぐ彼の下半身を洗い流してやらなければと思い、「お風呂場は」と聞くと、次姉の澄子さんが「先生、私がお風呂に入れますから」と私の事など気にもとめず、裸になって浴室に入った。私も特に気にせず、上半身だけ脱がせて裸になった正浩さんを、彼女にお願いした。

　着替えを準備して脱衣場から離れようとした時、「坊や、これでお母さんと最後のお別れになるのよ。分るわね」と正浩さんの身体をすすり泣きながら洗い流す澄子さんの声が、浴室から聞こえた。その声は、切なく悲しく私の心に響いた。

「心の鏡―」53
実川家の人々⑮　活動資金に

やっと夏らしくなり、暑い日が続いておりますが、先生には、学園の為に　毎日、ご活躍のこと　本当に有りがとうございます。　いつも結構な資料　その他を　お送りいただきますのに、二人共、伺えませず申しわけなく存じております。
つきましては、日頃の先生の御苦労を、御慰労する気持で、ささやかでございますが　姉弟の気持を同封させていただきました。これは、あくまでも先生が、おつかい下さいますようにお願いいたします。今までも　どれだけ先生が自費を投入していらっしゃることかと思っておりますので何卒　私共の気持をお汲みとり下さいませ。では、何卒お身体をお大事に、おすごし下さいませ。
八月十五日
日下愛子
熊木先生　五十嵐澄子
実川正浩

正浩さんの次姉澄子さんからいただいた姉弟連記名の手紙（一九八八年八月一六日受信）である。この手紙は、私が勝手に送った心身障害者の美術展「第三回福祉ＭＹ　ＨＥＡＲＴ美術展」（一九八八年七月二日～一七日・青梅市立美術館）の作品集と報告集等の資料に対するお礼状だった。

三姉弟の父親実川博先生（東京都議会議員八期。「友愛学園」理事長。一九八七年一月二八日死去。享年八〇歳。）が「熊木君、活動費が足りなくなったら相談してくれ。ぼくはいつでも応援するからな」と心配していたように、「友愛学園」を定年退職するまでの間、毎月五万円以上の小遣を活動費用にあてた。そのため、好きな酒はやめ、酒の上での素行の失敗がなくなり、活動費は何とか小遣で間に合わせることができた。そんなこともあって、この手紙のような心遣いのケースについては、全て障害者団体のグループ作品展や「福祉MY　HEART美術展」への寄付金として取り扱わせていただいた。このことは、現在も変りなく続けている。

この手紙の時は、翌年の「第四回福祉MY　HEART美術展」（一九八九年七月一八日〜二三日・青梅市立美術館）基金として、青梅市社会福祉協議会を通じて美術展指定寄付金とさせていただいた。第四回展は美術展活動の存続が危ぶまれるほど資金難だったため、三姉弟の心遣いが私に大きな励ましと勇気を与えてくれたことを憶えている。

「熊木君を応援してやれよ」と実川先生が三姉弟に言ったかどうか分らないが、先生が亡くなった後、折にふれては実川家の三姉弟から、このような励ましをいただいている。その温情に報いられるような人間に、私はなれるだろうか。

「心の鏡―」54

実川家の人々⑯

謎めいた人

突然「ウッヘエ、ウッヘヘヘ…」と笑い出し、「アンノーツ、カジーバチャ、カジバチャ、ネ、ネ、アンネ、……バヤロー」と、正浩さんが私に話しかけることがあった。私が片足跳びで「カジバチャとケンケンしたんか」、相撲の仕切りをして「ハッケヨイしたんか」などと聞き直すと、「アヤッ、バヤロー」と言ったが早いか、彼の平手が「パシッ」と私の頬に飛ぶこともあった。

正浩さんは自分の話が、私の想像力の弱さで伝わらず、そのもどかしさからの平手打ちだった。二人の間にそのことの無礼、失礼はなく、正浩さんが正気で話しかけてくる、その一瞬が私には限りなく嬉しいことだった。会話の一瞬が過ぎ去ると、彼は意味不明の長い沈黙の世界に引き戻ってしまうからだった。

会話の中の「カジバチャ」とは、実川家のお手伝いさんの梶原幸一郎さんのこと。正浩さんは彼が大好きだった。また、母親からの信頼があつく、「歌集随想うつり香」（実川千行著・昭和四五年・純出版社刊）の出版を母親にすすめ、その原稿をまとめてくれた人だった。

私は実川家で何回となく彼に会ったが、彼はいつも冗談を言って家人を笑わせるだけで、自分の事は一切語らなかった。私にとっては素性が分らず、とても謎めいた人だった。

かろうじて「歌集随想　うつり香」に書き記るされた「―あとがき―　確か、この春さきの事だったと記憶する。ひょんな用事で著者の引き出しを覗いた折に、かなり分厚い原稿用紙を見た。

多分、気のおもむくままに丹精込めて書込んだのであろう、心にしみる歌のそれがあった。（略）

そこで著者の引込思案を説得、これを活字として陽の目に当ててみてはという事になり、かくは出版の仕儀と相成った次第である。（略）

脳卒中の身で思い出す少女期の故郷、戦時中の生活の姿、戦後の出来事など。記憶の糸をたぐって歌に詠みあげた数百のうちには、それだけに人の心をうつものがあり一読に価するかと思う。（略）梶原幸一郎記（元毎日、埼玉日報記者）」

という事が分るだけだった。

母親は「梶原さんは私が退屈すると、面白い冗談を言って笑わせてくれるの」と、いつも言っていた。彼は飾り気がなく、気さくで純朴な笑顔を、いつも人にふりまいていた人、というのが私の印象だった。

そんな梶原さんだったが、正浩さんの父親実川博先生が亡くなった直後から、忽然と実川家からその姿を消した。それ以後、再び正浩さんの前に姿を現わすことはなかった。

「心の鏡―」55
実川家の人々⑰

一周忌の礼状

「本日は、お忙しい中を、ごていねいなお手紙を頂戴いたしまして恐縮しております。本当に有りがとうございました。先生には、いろいろとご活躍の程、私共も感謝し、又、期待しております。父も、天界より感謝し、応援していることと思います。一周忌は、おかげ様で、盛大のうちに無事終り、ほっとしております。皆様方のおかげです。もうすぐ、父の命日がめぐってきます。早いものですね。

今後共、よろしく御指導下さいませ。」(一九八八年一月二五日消印ハガキ)

故・実川博先生の長女日下愛子さんからいただいたハガキ礼状である。この礼状は、一九八八年一月一七日、安養寺(東京都武蔵野市)で行われた実川先生の一周忌法要に、職場の事情と私の心身障害児者地域福祉活動で出席がかなわなかった旨の手紙と活動準備資料を送った、そのことに対するものだった。

この頃の私は四五歳の働き盛りで、「友愛学園」成人部生活指導員勤務の傍ら、障害者福祉ボランティア活動に明け暮れ、一日の睡眠時間は四、五時間で公休、宿直明け時間は全て活動に当てるという生活だった。

それは心身障害児者のスポーツ活動としての「第五回福祉ふれあいソフトボール大会」(一九八八年四月一七日・青梅市永山公園グラウンド)、「第四回福祉ふれあい釣り大会」(同年五月二二日・東京サマーランド秋川自然園)や文化活動としての「第三回福祉MY HEART美術展」(同年七月二日〜一七日・青梅市立美術館)、「第七回福祉映画・Kenny上映会」(同年八月二七日・青梅市民会館)、「第三回福祉TOKYO LIFE展」(同年一〇月三日〜七日・世界観ギャラリー=千代田区神田)等のボランティア活動であった。

このハガキを再び目にして、「熊木君、君達が地域の障害者のために一生懸命頑張ってくれて、僕は本当に嬉しいよ。君達の活動が報いられるよう、僕も都議会で頑張るからね」と、いつも疲れ気味の私を励ましてくれた実川先生の元気な巨漢の姿が思い起こされた。

また、一九八七年一月三一日、安養寺で二千人余が参列した実川先生の告別式の光景が思い出された。その折、喪主の正浩さんが控え室で従姉のカズコさんに、「カコチャン」とはっきり呼び名を言って、彼女にほほ笑んだ。

「あらっ、私を覚えていたのね」と、カズコさんは感激で目を潤ませ、正浩さんの両手をしっかりと握りしめた。正浩さんの介助役だった私は、胸がジーンと熱くなった。従姉とは久方ぶりの再会だった。

私は二人の姿に「帰去来」という言葉が思い浮かび、その場面の光景を思い起こすことができたのだった。

「心の鏡―」56
実川家の人々⑱　お礼状

五十嵐澄子様　先日の理事会①の折には、貴いおこづかいをいただき、ありがとうございました。早速お礼をと思いましたが、他の職員の手前や食事指導中ということもあって、失礼をいたしました。これから本当の意味で、自分の人生と障害児者の皆さんの幸福な社会のあるべき姿を考え、実川博という人生の先達者が私に何を教え、何を求めていたのかを、障害者福祉文化活動の実践を通して検証していきたいと思っています。まずそのことをエッセイ②として書き続けたいと考えています。

実川博先生が書き遺した回想録「いのち燃えて」の教育者の世界を、知的障害者生活指導員として私なりの立場で、少しでも人間性が深められるよう学びたいと考えています。世俗的な出世や社会的な肩書に媚びたり同調することなく、障害者福祉活動の日常を通じて、さまざまな人々の人格にふれあう中で、私は物事の洞察力を養い、自分の見解を明確にしていきたいと念じています。

先生の命日③にと思って書いたエッセイが紙面掲載されましたので、お届けします。拙い文章ですが内容をご了承の上、何かのお役立てになれば幸いに存じます。

取り急ぎ、お礼のご用件のみにて失礼します。

一九八九年一月二八日　熊木正則

追伸

同封資料④は目下企画準備中のものです。ソフトボール大会⑤が青梅市後援の障害児者行事として、六年越しに定着しました。今大会で私の運営委員長の任務は終了させてもらい、次回からは後進の方々が輪番でやれるようになり、大変うれしく思っています。

多分この手紙は、正浩さんの次姉澄子さんのご主人が脳梗塞で倒れ、その療養リハビリ中にお見舞いを送ったことの返礼をいただき、その返礼に対しての手紙だったかと思う。

文中分りにくい点があるので簡単に説明したい。

①は「社会福祉法人友愛学園」運営の理事会のこと。

②は二二万八千部発行の週刊タウン紙「Ｔａｍａ Ｎｅｗｓ ０４２５」（西武新聞社・東京都立川市）にエッセイ連載を始めたこと。

③は東京都議会議員を連続八期三〇年つとめた実川博先生が、一九八七年一月二八日七九歳で亡くなった、その一月二八日のこと。

④は「第二回福祉ふれあいＦＲＩＥＮＤＳ展」（一九八九年二月一七日〜二二日・朝日ギャラリー・ＪＲ立川駅ビル）企画書のこと。

⑤は西多摩地域の障害者施設利用者一〇チームほどが参加して、毎年四月第二日曜日に開催の心身障害児者のソフトボール大会のこと。今年二三回大会が開かれた。

「心の鏡―」57
実川家の人々⑲

甘えの笑顔

正浩さんは長姉愛子さんが学校の教員で忙しく、次姉澄子さんが官僚のご主人と地方都市への転勤生活を送っていた頃、二人の姉に代って従姉のつる子さんに、実の姉弟のように「マーチャン、マーチャン」と呼ばれ、可愛がられていた。

つる子さんが父方、母方のどちらの従姉なのか、私はあえて確かめたことはなかったが、顔立ちから想像すると父方ではないかと思っていた。

つる子さんは「友愛学園」の運動会や文化祭、春休み、夏休み、冬休みの帰省日や帰園日等の折々に、よく来園して正浩さんを喜ばせ、励ましてくれた。

「あらマーチャン、今日はとても元気じゃない。お腹は大丈夫、風邪ひかなかった?今父ちゃんが来てくれたでしょう。父ちゃんは忙しいからつるちゃんが一緒よ」とつる子さんが正浩さんの前に近づくと、ニコッと目を細めた笑顔で、「ツーチャン、ボク、アンネ、ネ、ネ、、ボクネ……アッウン、ブルブル……」と彼女に抱きつき、胸元にしばらく顔を押し付けた。

そんな正浩さんに優しい笑顔で、「マーチャン淋しかったの、ご免ね。今日は運動会よ。マーチャン、ツーチャンと一緒に走ろうね。ツーチャンはマーチャンの早さについていけるかしら」と、運動会の時には話しかけていた。

「先生、マーチャンは幼い時から甘えん坊だったの。でもね、それが幾つになっても変わらず可愛い人なんですよ。特に女の人には甘えたがるんです。淋しがり屋なんでしょうね」と、つる子さんは私に何回か言ったことがあった。

おそらく正浩さんは、乳幼児期から青少年期にかけて、「次女から数えて九年ぶりの男の子の誕生の喜びも束の間、家族はこの運命の子を力を合わせて育んできた。既に、この子も四十歳を迎えようとしているが、その精神は、あの生まれた時の無垢そのままに精神の発達を止め、その目は今日も無心に何かを語りかけている。」（実川博著「実川博回想録　いのち燃えて」昭和五八年刊）と書き遺しているように、母親は元より二人の姉や従姉のつる子さんたちに、厳しさと甘えの両面から身辺の自活力と人格形成の家庭養育を施され、そんな暮らしの中で自然と甘えどころを覚え、身につけていったものと想像された。

つる子さんが来園の折に見せた正浩さんの甘えの笑顔は、彼女にとっては何物にも変え難い「百万ドルの笑顔」だったに違いない。そんな正浩さんにとって、従姉のつる子さんは親や二人の姉に次ぐ大事な人だった。しかし、私が定年退職する前に彼女は亡くなったと、風の便りに聞いた。正浩さんには悲しい便りだった。

「心の鏡―」58
実川家の人々⑳　次姉の歌

熊木先生　いつもお心にかけていただきながら、お便りもせず申し訳なく存じて居ります。

またこの度は、母のことを載せていただき、心から感謝致して居ります。母が弟に寄せた切ない母心を私も忘れない様に、両親のことを思い出しながら、弟との人生にかかわっていきたいと願って居ります。

同封致しました物は、先生がお疲れをいやして下されば幸いと存じ、失礼をかえりみず入れさせていただきました。御笑納下さいませ。

私は母と異なり文才もなく、何の趣味もございませんが、ふと心にとまった事を記して居ります。

誠にお恥かしく存じますが、ご寛容下さいませ。


父母の在ます浄土（ところ）もかくあるかハワイの沖の赤き夕映え

物言えぬ弟なれど全身で家に帰りし喜こびをうたう

もろもろの思いが胸にせまりしか我れにすがりて泣く弟よ

弟と我れの命を願わくば同時に召せよ天の神々

なにとぞ先生がご健勝にてあそばします様、衷心よりご自愛のほどお祈り致します。

四月二十二日　　五十嵐澄子拝

熊木正則先生

正浩さんの次姉澄子さんからこの手紙をいただいたのは、一九九〇年の春休みの帰省日に、彼女が彼を迎えに「友愛学園」成人部に来園された折だった。

私は手紙を何度も読み返した。そのたびに、切なくも美しい姉弟の情愛の歌に心打たれ、涙が熱く頬を濡らしたことを憶えている。

ハワイの大海原の西空が夕映えで赤く美しく広がる、そのような美しい天界に両親はいるのだろう。その彼方から「澄子、正浩を頼むよ」という父母の声が、澄子さんの心に聞こえてきたのであろうか。「父母の在ます」という歌は、そのように私には読みとれた。

「物言えぬ弟なれど」の歌は、施設入所生活から久々に解放され、わが家のあたたかさ、気ままさの中で過ごせる喜びを知的障害の弟はことばにかえて、家族や食堂のテーブルの周りを「ウッ、ウッ、ブーッブ」と口ずさみながら、ハイドンの行進曲で行進するように、リズミカルに行進している表現の姿を詠んだのであろうか。

「もろもろの思いが胸にせまりしか」と「弟と我れの命を願わくば」の二首を重ね合わせて読んだ時、その情愛の心にそこはかとない運命の切なさ、哀しさを感じずにはいられなかった。

「心の鏡―」59
実川家の人々㉑

次姉への礼状

五十嵐澄子様　いつも活動に対するご芳志をお寄せいただき、ありがとうございます。

本日、伊東先生（「友愛学園」成人部施設長）から受領いたしました。現金は「第五回福祉ＭＹ　ＨＥＡＲＴ美術展」の運営資金に、ビール券は「友愛学園」成人部職員親睦会に、それぞれ有意義に使用させていただくことにいたします。愛子様にもお礼のほどを、よろしくお伝え願います。

弟と我れの命を願わくば同時に召せよ天の神々

美しい姉弟愛の深さに感じ入りました。美しい心で、ゆたかな人生を送りたいものですね。学園生の心は実に美しく感じるのですが、その心をとりまく人々の心は、私を含めて世俗の泥に押し流され、すっかり濁りきっているように感じられる昨今です。

4月21日（土）、友人の詩集出版記念パーティー（Ｈ氏賞候補）に招かれましたが、詩人安西均、長谷川龍生、藤原定さんたちの話を聞き、五十嵐さんの短歌四首は、やはり心の透明度が高く、美しい心の響きだなアーと思いました。

このパーティーの帰り道、私のようなうす汚れた俗人があれこれ思うことを、文才をかえりみずに書くことは許されることなのだろうか、とふと思わずにはいられませんでした。

今、頭の中は大混乱している最中です。この混乱を鎮めるため、「一休」（水上勉著）を読みましたが、一休禅師の破戒僧生活を想像すると、ますます混乱がひどくなるありさまで、頭の芯がフラフラ状態です。

私は「友愛学園」にとって、真の意味で生活指導員たる資格がない職員だということが、最近になってようやく少しづつ分るような気がしてきました。何となく時流に押し流され、その流れの淀みにたどりついて漂う棒きれに過ぎないのかも知れません。
つまらない独白とお笑い下さい。
取り急ぎ、お礼の一筆にて失礼いたします。
一九九〇年四月二十四日

熊木正則

この手紙は、四月二二日に正浩さんの次姉澄子さんからいただいた手紙とお心遣いに対するお礼の手紙。

この当時の私は、「友愛学園」生活指導員の勤務の傍ら、西多摩地域の心身障害児者の「俺たちの甲子園」ソフトボール大会、障害者のグループ作品展や個展の美術専門ギャラリーでの開催、青梅市立美術館での心身障害児者美術展「福祉ＭＹ　ＨＥＡＲＴ美術展」の開催ボランティア活動に、明けても暮れても追われていた。自分のための休日は、年間四、五日程度の体力勝負の時期だった。

「心の鏡―」60

実川家の人々㉒

そこまでは

いつもいろいろと有りがとうございます。

本日、すばらしい冊子を頂戴いたしました。弟のことが、とてもよくとりあげられており、又、母のことなども、懐しく、読ませていただきました。有りがとうございました。

このようなご活動は、いろいろご苦労が多いと思いますが、今後共、お続け下さいますよう、心から、お願い申し上げます。

気持ばかりでございますが、同封いたしましたものは、先生ご自身でお使い下さいますように。応援の意味でございます。

では、お忙しい折、くれぐれもご自愛下さいませ。

十一月二十五日
日下愛子　五十嵐澄子
熊木先生

この手紙は、一九九二年に、実川正浩さんの次姉澄子さんからいただいたものであった。当時、私は先年亡くなった正浩さんの父親実川博先生のモットー「太陽は今燃えている」や「熊木君、真実はひとつだ頑張れよ」の励ましのことばを胸に、明けても暮れても障害者福祉活動に、無我夢中であった。ヘトヘトに疲れ、自失茫然となることもあった。

そんな時は、青春時代に読んだJ・Sスペンサーの本の中の「今日なすべきことに全力を尽せ、明日はさらに進歩するだろう」ということばが、何故か遠い記憶の彼方からよみがえり、「もうひとふんばりだ」と気をとり戻させてくれた。

私は落ちこぼれの知的障害者生活指導員の意識が強く働いていたこともあり、自分の赤裸々な姿と来し方、行く末を書きとめたいと思い、「Ｔａｍａ Ｎｅｗｓ ０４２５」（西武新聞社・東京都立川市・二二万八千部発行の多摩地域週刊タウン新聞）に一九九一年一月からエッセイ連載『心の花』を一〇一回書かせていただいた。

　この連載が始まって間もなく、友愛学園の一部の生活指導員や労働組合の職員、施設長から、「こんな事を書かれては困る。迷惑だからやめて下さい」と詰め寄られた。私は私の福祉活動をめぐって、いつも反対や批判の声を浴びていたので、「またもやか」と思った。「分りました。私が書いたどの部分、内容に実害が生じたのか、またそれによってどんな経済的被害を受けたのか、それを具体的に示して下さい。私は友だちの弁護士に相談して裁判でも何でも受けます。また、私が間違っていたという裁判であれば謝罪しますから」と、私は言い切った。

　すると、「そこまでは」という皆さんの返答だったので、私は連載を続けさせてもらった。この手紙の中の冊子には、そういういきさつがあったのである。

「心の鏡―」61
実川家の人々㉓
不徳の致すところ

「五十嵐澄子様

武蔵野の新緑に囲まれて、さわやかな日々をお過ごしのことと存じます。昨年十一月末にお心遣いいただきましたご芳志金は、同封領収書の内容で、『第七回福祉MY　HEART美術展』に使用させていただきます。いつも温かいお志を寄せていただき、感謝いたしております。

この心身障害児者の美術展をもっと社会的に発展させて、亡き実川先生のご恩に報いたいと念じています。また、『友愛学園』に迷惑をかけずに、活動したいと思っています。

愛子様にもお礼の旨、よろしくお伝えください。

一九九三年五月一八日　　熊木正則」

この手紙は、一九九二年一一月二五日の手紙で「気持ばかりでございますが、同封いたしましたものは、先生ご自身でお使い下さいますように。応援の意味でございます。」といただいたお心遣いに対する礼状。

さすがは実川先生のご息女姉妹の情け深かい心遣いだと、私は心に染み入り感激したことを憶えている。

「昨日は、久しぶりに、お元気なお姿に接し、嬉しく存じました。弟も先生のおかげで、元気なようで（一寸、髪が伸びていたので老けて見えましたが）安心いたしました。今、学園祭に向けて、一番お忙しいところですね。

その他のご活動の方も、何卒お身体にお気をつけて、ご活躍下さいませ。（前に送っていただきました新聞、とても面白く拝見いたしました。）さて唯今、思いもかけず先生からのすばらしいお品が届き、びっくりしています。こんな積もりではございませんでしたのに。いつもすみません。今夜、早速いただきます。本当にありがとうございました。

追伸　今、領収書をいただきました。こんなにしていただかなくて、先生がお使いになれば……と思っていましたが。」

この便りは、一九九三年一〇月二五日の日付で、正浩さんの長姉日下愛子さんからいただいたハガキ。

書き出しに「昨日は、久しぶりに、お元気なお姿に接し」とあるのは、愛子さんが学園祭の用件等で来園されて、正浩さんとの面会の折にお目にかかった時のことだろうと思う。

「(一寸、髪が伸びていたので老けて見えましたが)」は、この頃の正浩さんの散髪は職員がやっていたが、学園祭の準備に忙しく、散髪に手がまわらなかったのであろう。

当時の私は、正浩さんとは別の生活棟を担当していたので、特別な事がない限り、彼の身辺生活を見てあげられなかった。とは言え、お姉さんには気の毒な思いをさせ「不徳の致すところ」と思った。

「心の鏡―」62
実川家の人々㉔

弟の作品に

「熊木先生　昨日は、お忙しい中を、又、きびしい暑さの中を、ごていねいに、お便りと、美術展の資料をお送り下さいまして、本当に有りがとうございました。先生のご熱意のほど、本当に本当に頭が下がります。何卒、さまざまの困難を乗りこえられて、今後もがんぱって下さいますように、心からお願い申し上げます。

又、今回は、弟の作品が出ているとのこと、これ以上のびっくりはございません。そして、写真を見せていただいたかぎりでは、どこに、やぎがいるのかな、と妹と二人不思議に思いましたが、何にしましても、私達にとり、こんな嬉しいことはございません。

九月からペンキやさんが（日下自宅に）きますので、八月末の方に、伺いたいと思っています。妹も元気であれば、一緒に行けると思いますが。十五日から一週間ほど、長野の山の方に旅をいたしますので、大急ぎで、この文を認めました。

市からの助成金もなかなかむずかしいのですね。本当にささやかすぎますが、私達の気持を同封いたしました。先生に少しでもお役に立てば、うれしいです。では、何卒、お身体にお気をつけて、お過ごし下さいませ。

八月一二日　　日下愛子」

「日下愛子様

このたびの美術展、勝手なことをして、とお叱りを受けるのではないかと、内心、心配していました。しかし、お喜びのお手紙をいただき、大変うれしく思いました。その上、活動のご芳志金までお心遣いいただき、まことに恐縮に存じました。大きな励みとなりました。

来年の日仏交流展または第一〇回美術展の基金として、活用させていただくことにします。この旨、ご了承願います。『第九回福祉MY　HEART美術展』作品集、少しなら余分があります。もしご希望でありましたら、ご連絡いただければ、ご希望冊数をお分けできるかと思いますので、お申し出下さい。

五十嵐澄子様にも、ご芳志金のお礼を、よろしくお伝え願います。それでは、見学にお出かけのほどをお待ち申し上げ、お礼の用件のみにて失礼いたします。

一九九五年八月一七日　　熊木正則」

正浩さんが一瞬の正気で作った粘土焼きの作品を、「第九回福祉MY　HEART美術展」（一九九五年・青梅市立美術館）と「福祉MY　HEART美術展一〇回記念日仏交流展」（一九九六年・フランス）に私は出展した。このことに正浩さんの姉二人は驚き、心から喜んでくれたのだった。

「心の鏡―」63

実川家の人々㉕

一緒に入浴

正浩さんが痒みの激しい皮膚病『疥癬（かいせん）』にかかったことがあった。冬休みの帰省前だった。そこで私は澄子さんに、近況の様子を書き、治療予防法のパンフレットを送った。

「五十嵐澄子様

このたび長女正子様が懐妊されました旨、伊東先生から聞きました。まことにおめでとうございました。

ところで正浩さんの疥癬（かいせん）の件、大変ご心配をかけて申し訳ありません。目下治療中（ハップ＝硫黄薬＝入浴・軟膏塗布）ですが、大分快方に向っていますが、冬休みは帰省までに完治しますか、どうか。完治しない場合は、帰省時に医務室の看護婦さんから、治療と生活上の注意点について説明があると思います。また、疥癬予防法のパンフレットを同封いたしましたので、ご参照願います。

私は出勤日（夜勤日は入浴済み）には、毎日正浩さんと入浴することにしていますが（私も素っ裸です）、私の身体には疥癬が嫌ってか伝染しません。また、排泄や着替え等は普段どおりに介助していますが、特に変化はありません（皮膚接触後、手は水道で洗い流しています）。

何人かの職員は、感染するのではないかと、入浴を嫌っています。私は生活指導員として実に情けなく思い、私はそういう人には入浴介助をして欲しくないので、入浴当番でなくとも私が都合をつけて、正浩さんと一緒に入浴していますから、ご安心下さい。

私は『友愛学園』に就職した当初、はじめて家庭訪問した折、お母さんに『坊やを私達が天国に見送る日まで、先生、よろしくお願いします』と言われ、『私の力の及ぶ限りは全力をつくしますから』と約束しました。正浩さんの生涯をご両親と見送る日までは、私は学園に勤めさせていただこうと決心しました。

だから、正浩さんの身に何がおきようとも、私にできることは約束を果たしていきたいと考えています。正浩さんは丈夫ですから、私よりも長生きするかも知れません。その時は及ぶべくもありませんが……。

地方の施設や友人から『施設長をやってくれないか』という話が二、三件ありますが、私は自分の生き方を貫いて『生活指導員の誇り』とは何か、そのことを求め続けたいと考えています。

また、障害児者の美術展活動に新たな道を切り開きたいとの思いも強く、折角ながらも全部お断りしました。一介の生活指導員として、さらにその実力を養い、人間性を高めていきたいものだと考えています。

寒さが一段と厳しくなってきました。お身体大事にお過ごしのほどをお祈り申し上げ、失礼いたします。

一九九五年十二月十九日　熊木正則」

「心の鏡―」64
実川家の人々㉖
叔父の愛情表現

「福祉文化エッセイスト　熊木　正則　先生
　今年も残りわずかとなり常にも増してお忙しい事と存じます。

　先日は報告書とお手紙を有りがとうございました。娘と読みながら先生のお心の温かさとご真情に涙があふれてまいりました。有りがとうございました。正子もこれから親となる上の大きな糧となった様子でございました。学園の将来や我が子に思いを残していったであろう両親も喜んでいると思い、仏だんに供えさせていただきました。

　私もなるべく健康にすごし、先生のご努力におこたえしなければと心を新たに致しました。どうぞ今後ともよろしくお願い申し上げます。

　来年が先生のご活躍の上によりよきお年となります様お祈り致して居ります。

乱文乱筆お許し下さいませ。　かしこ」


　一九九五年一二月二三日、正浩さんの次姉澄子さんからいただいた、先の手紙の返礼ハガキである。

　ことばで適切な表現ができない正浩さんではあったが、お正月をお姉さん達家族と過せる待ちに待った冬休み帰省なのである。それだけに、私は何としても彼を帰省させてあげたかった。しかし、やっかいなことに今回は疥癬にかかり、家族への感染が気がかりだった。

　特に澄子さんの長女で正浩さんの姪である正子さんが初めての妊娠、彼女への影響が心配であった。そこで私は、疥癬に対する正しい知識と予防法で対処すれば、不必要な心配はいらないし感染することもないからと、手紙を書き送ったのである。

　その結果、「正子もこれから親となる上の大きな糧となった様子でございました。」とのハガキをいただき、「正浩さん、これで良かったね」と、私はホッとしたのだった。案の定、疥癬がお姉さん家族に感染することはなく、正浩さんは家族に囲まれ楽しくお正月を過し、無事に帰園した。

その帰園時ではなかっただろうか、「坊やが正子を睨みつけ、いきなり頬をぶったんです。こういうことって初めてでした。正子が小さい頃、坊やはとても可愛がってくれたんですよ。私も正子もびっくりしました。こういうことって、坊やは学園でもあるんでしょうか」と、私に話したのは。

私も「エッ」と驚いた。

「多分、本気ではないと思います。赤ちゃんを産んだら母親になるんだぞ、『正子、しっかりしろよ』という、正浩さんの叔父としての愛情表現じゃないでしょうか」と私が勝手な推量で答えると、「ホホ……、先生は何でも分かるのね。坊やは叔父さんだから、そうかも知れませんね。よく分りました」と、嬉しそうな笑顔で相槌を打ったのである。

「心の鏡―」65
実川家の人々㉗　初めてのエッセイ集

「もう、八月となり、一年の過ぎ去ることとの速さにおどろき、淋しさも感じております。先生には、このお暑さの中、公私共に、ご活躍のほど、お慶び申し上げます。弟のことでは、いつも本当にお世話になり、心からお礼を申し上げます。

又、この度び、すばらしいご本をいただき有りがとうございました。とても読みやすく、心に響くものがあり、父母の事も思い出され、楽しく読んでおります。

明後日より旅に出ますので、帰りましてから、又、ゆっくりと読ませていただきます。

ささやかですが、妹と二人で、お祝を同封させていただきました。あまりにも少しで、お恥しゅうございますが、何かのお役に立てば、嬉しく存じます。

では、これからも、お元気で、ますますのご活躍を期待しております。

八月十一日

日下愛子

熊木先生」

一九九七年八月一一日付けでいただいた手紙である。文中「又、この度び、すばらしいご本をいただき有りがとうございました。」とあるのは、私の初めてのエッセイ集「心の花」（一九九七年・審美社刊）のことである。

この本は、私が知的障害者入所施設「友愛学園」（東京都青梅市）成人部生活指導員としての体験や思い出を、多摩地域タウン紙「Ｔａｍａ　Ｎｅｗｓ　０４２５」（西武新聞社・東京都立川市）に『福祉の情景』四五回（一九八五年）、『心の共育』三回（一九九〇年）、『心の花』一〇一回（一九九一～九五年）、家庭教育の月刊誌「生涯学習の友　すこ～れ」（スコーレ出版・東京都町田市）に『行きで帰る心』一二回（一九九五～九六年）のタイトルで連載したものを一冊にまとめたものであった。

連載中、職場の同僚から「こんな事を書くのはやめて下さい」と施設長室に呼び出され、強い口調で連載中止の抗議を受けたことがあった。

私は私の体験や思いを通して、入所者の施設生活、生活指導員の人間像、知的障害者の子をもつ親や兄弟姉妹の心情などの観点から、できるだけその真実を書きとめることで、福祉施設の閉鎖性を打開し、一般の人々に正しい理解と認識をもってもらいたいと願い、稚拙な文章力ながらも連載を続けたのである。

そんな思いをしただけに、「とても読みやすく、心に響くものがあり、父母の事も思い出され、楽しく読んでおります」と書かれた手紙をいただき、本当に嬉しい限りだった。いただいたお祝い金は、私の活動を支援してくれている人達への贈呈三〇〇冊余りの送料に、全額使わせてもらった。

「心の鏡―」66
実川家の人々㉘　最後の旅行

「日下愛子様

お元気で過されていることと存じます。十月四、五日の一泊旅行で、正浩さん、青木茂雄さん、奥野先生、私の四人で秩父へ行ってきました。国民宿舎『両神荘』に泊まり、温泉に入り、学園車でのんびりとドライブ旅行を楽しみました。少人数で乗り馴れた学園車だったこともあってか、正浩さんはいつもの旅行よりは緊張感がなくリラックスしていました。帰り道、飯能市の寿司屋で昼食。正浩さんは大好物の鮪鮨（まぐろずし）をパクパクと何個も食べ、大満足の様子でした。とても楽しい旅行だったように思います。

ところで先日の保護者会の折には、『第九回福祉MY HEART美術展』作品集の販売協力をいただき、ありがとうございました。お礼状を早く差しあげなければならないと思いつつも、同封研究会の報告書草稿書きに缶詰め状態（九月二十日までには書きあげて、九月二十八日の研究会で検討のため）となり、その上、来春四月一日から三十日会期予定の『日仏障害者国際交流美術展』の交流ツアー企画（参加者二十人前後）、『ひわまり号』（障害者の国内旅行）のお手伝い用件と続き、すっかり遅れましたことのご無礼をお許し下さい。

明日からは研究会報告書の後半部の草稿（原稿用紙七十枚～百枚）書きのため、一ヵ月ほど自宅書斎で缶詰め状態となります。

お暇な折に、同封資料に目をとおしていただければ幸いに存じます。遅くなりましたが、お礼の用件にて失礼いたします。

一九九五年十月六日　　熊木正則」

元気な実川正浩さんと私が一緒に旅行に出かけたのは、多分この時が最後ではなかっただろうか。正浩さんは何故か水に対する恐怖心が強く、旅行では入浴が大の苦手だった。この旅行では、奥野先生と私が正浩さんの身体を抱きかかえて、大浴槽に入れたと記憶している。

浴槽では私の身体にしがみつき、温泉に身体が馴染むにつれて、少しづつ恐怖心が解けてしがみつきの力が緩んでいった。正浩さんにとっては今までにない温泉心地だったのかも知れない気がした。

この旅行の翌年の晩秋あたりではなかっただろうか。正浩さんが頚椎ヘルニアを発症し、散歩中に転倒したのは。それから間もなく歩行困難となり寝たきり状態になってしまった。それだけに、この旅行での入浴シーン、鮪鮨を大喜びで食べた満面の笑みは忘れ難い。

文中の研究会報告書とあるのは、全国九ブロックの代表者十二人が二年がかりの研究会議でまとめた「入所更生施設のあり方に関する研究報告書」（財・日本精神薄弱者愛護協会刊）のことである。

「心の鏡―」67
実川家の人々㉙

弟の分以上にうれしく

「日下愛子様

新緑に囲まれたゴールデン・ウィーク、いかがお過ごしでしょうか。障害者文化の社会参加として、同封の日本財団の機関誌、月刊『Em：Bridge monthly』（エン・ブリッジ・マンスリー）の誌面に『福祉MY HEART美術展』で活躍された人の作品を『Art Gallery』欄で、昨年十二月号から連載する旨を同誌編集者と打ち合せ、三月号に正浩さんの作品を掲載しました。しかし、この三月号をもって休刊されることになりガッカリしましたが、また、次のチャンスにはと、願っているところです。

ついでに、日仏国際交流展の資料を同封しました。障害児者の国際交流、文化面での国際化の試みです。寸暇の折に目をとおしていただき、そうした問題、話題についてのご参考になれば幸いと存じます。

保護者会、大変なご苦労と存じますが、お身体に気をつけて、ご奮闘のほどを念じております。お元気で。

一九九六年四月三十日

熊木正則」

この手紙は、正浩さんの作品「ひっぱる」（陶オブジエ）が日本財団の機関誌に掲載発表され、その掲載号をお姉さんに送ったものだった。また、フランスのTOURS市で開催された「福祉MY HEART美術展一〇回記念日仏交流展」（一九九六年四月一一日～五月二四日・MPF ASSURANCESギャラリー）に陶板画「やぎ」を出展。その報告資料も同封。

この手紙に対し正浩さんの長姉愛子さんから、一九九六年五月二日付けで、次のようなごていねいなハガキ礼状をいただいた。

「良いお天気になったと喜んでいましたら、今日は朝からの雨です。今、自宅を改築していますので、こういう雨の日は、うんざりです。昨日は、又、すばらしい機関誌その他を、お送りいただきまして有りがとうございました。

常に、弟のことなどを気にかけていただき、お礼の申し上げようがございません。弟にとって、どんなにか、幸せなことでしょう。

（自分ではわからなくても、私や妹は、弟の分以上にうれしく、父や母に、お墓参りの時など、報告しております。）本当に、こういう障害を持つ子達のために、いつもご努力を重ねていただいている先生のような方が、沢山、世の中に出て下さったらと思います。

同じ福祉の方の仕事をして下さっても、考え方は様々ですものね。一日も長く、先生が友愛学園に、とどまって下さったらと、常に願っています。又、父母会のこと、いろんな問題があり、あと二年間続けられるかと不安です。ではとりあえずお礼まで認めました。有りがとうございました。」

「心の鏡―」68
実川家の人々㉚

最後の最後まで

私が知的障害者入所施設「友愛学園」（東京都青梅市）を定年退職して、はや三年半が過ぎた。時の流れは「光陰矢の如し」である。今、同園在職中のことを振り返って、私に出来た一番の大仕事は、実川正浩さんの陶板画「やぎ」を芸術の国フランスで展示発表したことだったように思う。

私が生活指導員として就職した当時、正浩さんは成人部の入所者定員四〇人中最も重度の知的障害で、ことばがほとんど通用しない状態で常に介助の手を必要としていた。だから正浩さんが芸術的な作品を作り出すことなど、誰もが想像できなかっただろうと思う。

ところが一九八八年四月、成人部園舎の増改築で定員が六〇人に増員され、正浩さんよりも重い障害の人が数人入所した。このことによって正浩さんは、この重い障害の人達のグループの中で健康面、身体面でエリート的存在となり、心理的にも活動的にも自信が得られ、生活面で安定した。

重い障害の人達五、六人だけの日中活動グループを編成し、粘土活動を試めしてみた結果、山本以文先生（現副施設長）の陶板作画指導で、「やぎ」作品が正浩さんの手から創りだされたのである。当時、私も山本先生と一緒に、この重いグループの日課活動を担当していた。だから山本先生がいかに工夫を凝らし、粘り強く指導したかが、容易に察しがついた。私は「山本さん、よくここまで粘りとおしたね」と誉めた。

「熊木先生　毎年行っております、長野の山の方から一週間ぶりで帰ってきましたところ、先生からの貴重な資料とお便りが届いておりました。本当に有りがとうございました。　非常なご苦労の程がしのばれ、感動しました。（いつもですが）そして弟のこと、いつもお心にかけていただき思ってもいなかったことが実現され、又、最後の最後まで、お気を配っていただき、本当にお礼のことばもございません。もし、私達の父、母が、この事を知りましたら、何と言うでしょう。妹といつも先生のご恩に対し、心から感謝申し上げております。それで、全くささやかな気持を同封いたしました。ビールでも召し上がって、少し、のんびりなさって下さいませ。いただきました資料は、これからゆっくり読ませていただきます。本当に有りがとうございました。

八月二十四日夜

日下愛子

熊木先生」

一九九六年に正浩さんのお姉さんから、フランス展報告資料のお礼としていただいた手紙である。この手紙は山本以文先生に捧げたいと思う。「ビールでも」は、「第一〇回福祉ＭＹ　ＨＥＡＲＴ美術展」の賛助金として寄付した。

「心の鏡―」69
実川家の人々㉛

実川家の応接間で

実川博先生が東京都議会で元気に活躍されていた頃、「どうもな、愛子はズケズケものを言う子で、僕は苦手なんだよ。言ってくれるのは有り難いと思うが、あれは母さんに似て気が強いもんだから言い方がきつくてね、ハハハ………。その点、澄子の方は何となくやわらかくて、気遣いが細やかだよ。長女と次女ってのは、親が同じに育てるんだけど違うんだね。熊木君も二人、三人と子どもを育ててみると分かってくるよ」と、実川家の応接間で茶飲み話をしてくれたことがあった。

正浩さんはその話が分ってか分らずか、先生がいつも座る椅子にドカッと座り、両足をテーブルの上に投げ出し、「どうだ熊木、父ちゃんの話はいいだろう」と言わんばかりの顔付きが、先生と瓜二つで何とも可愛いらしかった。先生は笑い顔で「坊やはこの部屋が大好きで、行儀が悪いんだよ。僕の言うことなんか聞かないから、いつも好きにさせておくんだ。初めてのお客さんはびっくりするけど、そのうち坊やに馴れてくるんだよ。坊やには不思議な力が働いているんだね。どうだい坊や、饅頭を食うかい」と饅頭を正浩さんに渡すと、歯がほとんど抜け落ちた口をもぐもぐさせながら、二口、三口でペロッと食べた。そんな父子の姿は、とても自然であたたかく、社会的地位や名声など微塵も感じさせない空気だった。

私はこの空気こそが「友愛学園」に求められている知的障児者福祉観ではないだろうかと思い、それを求めて「わが心の福祉」と定め、生活指導員の一徹さで定年を迎えられたように思う。

(ある時期、「熊木先生が成人部の施設長を引き継いだら、本当に私たちは安心できるのにね」と言われ、「いや、次の若い世代の中にもそういう人が育っていますから、私はその人達にと考えています」と、正浩さんのお姉さん二人にお断りしたことがあった。)

ご両親が亡き後、その遺志をしっかり引き継いで、長姉の愛子さん（一九三三年生まれ）は「友愛学園」保護者会の会長と後援会の会長を歴任され、次女の澄子さんは副理事長として学園運営に尽力され、二人とも無報酬で正浩さんをはじめ児童部（一八歳以下）、「成人部」（一八歳以上）の入所者生活、社会福祉法人組織の維持発展に車の両輪の如くに貢献してくれた。

「平成十一年元旦

最近、体力の衰えを、とても感じるようになりました。人生って短いものですね。

先生のファイトには、常におどろきです。

子供達のために、今年も又、何卒よろしくお願いいたします。

日下愛子」

一九九九年にいただいた年賀状であった。

心の鏡──想えば友よ

「心の鏡―」15

想えば友よ①

社会福祉法人あすはの会「福生学園」（一九九四年一〇月開設・知的障害者入所施設・東京都福生市）、同法人「福生第二学園」（一九九九年三月開設・同武蔵村山市）の創設者であり、その附属支援事業（生活・就労・学童保育サービス等）施設「福生あらたま寮」（一九九四年一〇月開設・東京都福生市）、「府中あらたま寮」（一九九八年四月開設・同府中市）、「三ツ藤あらたま寮」（一九九九年四月開設・同武蔵村山市）、「パン工房実生学舎」（一九九九年四月開設・同昭島市）、「パン工房モンパル」（二〇〇一年一〇月開設・同武蔵村山市）の設立者であり、さらに知的障害者研究活動としての「音楽療法研究会」、「教育学研究会」の設立や総合福祉サービスセンター（身体障害者・知的障害者・高齢者等の在宅サービス）「昭島市保健福祉センター」（二〇〇一年一〇月事業委託・東京都昭島市）の受託事業を運営した福生学園統括園長前田弘文さんは、「やぁ先輩」、「よう先輩」と私を大事に敬い、慕ってくれた、私にとっては掛け替えのない友人であった。

彼は今、どんな事を想い、どんな夢を求めながら、天国から私たちの福祉活動を見守っているのだろうか。

前田弘文さんは一九四九年生まれだから、私よりも六歳年下であった。それなのに、二〇〇二年一月一八日、五三歳の若さで急逝してしまった。彼は生前、よく私にこう言った。

「俺はいくら箱（知的障害者福祉施設のこと）を作っても満足感が得られない。その箱に入れる文化が、俺にはまだないからだ。文化は先輩（私のこと）のように、時間をかけないと出来上がらないし、それなりのセンスがないと育たない。

でも先輩に比べれば、六歳若いという時間があるから、俺が福生学園を引退（彼は六五歳と考えていた）する頃には、箱に何とか詰めこむことができるでしょう。その辺までは、先輩もボケないで元気に応援を頼みます」と。

このことばが今も私の耳から離れないことを思うとき、知的障害者福祉の理想に向って、前田さんなりに施設形体が着実に現実化し、いよいよこれから組織形態に着手して、その中身を文化的に作りあげていこうという段階だっただけに、無念至極でならなかった。

考えてみれば、一九九四年に福生学園を開設以来わずか七年八ヵ月の歳月で、知的障害者福祉のライフプランの施設を作りあげてしまったのだから、彼がいかに努力し、いかに天才的なエネルギーの持ち主であったかが分かるだろう。

彼がこれほどまでに施設作りを急ぎ、命を忘れてまでも知的障害者福祉に打ち込んだ意味は何だったのだろうか。

「心の鏡―」16
想えば友よ②

前田弘文さん（社会福祉法人　あすはの会福生学園統括園長・故人）は一九四九年生まれで、山梨県上野原町育ちだと言っていた。彼は私と似た気質の持ち主で、口先だけの要領のよさや実行力のない事なかれ的な無責任さを鋭く見抜き、そういう姿勢、態度を極端に嫌う人だった。

彼は常に自分の経験と実践、判断と行動の中から自分流の思考と洞察力で物言いをするタイプだった。それだけに思い詰めたことばを、時には感情的に、時には情緒的に気分を乗せて話すため、誤解されてしまうこともあった。軽口でその場限りをとりつくろうという話術は下手で、いわゆる田舎者であった。私も本場の越後魚沼コシヒカリの産地、南魚沼盆地の塩沢町育ちで、生粋の田舎者であり、彼とは気脈が通じていたように思った。

前田さんと語り合う時は、私は越後の上杉謙信と甲斐（かい）の武田信玄や宰相田中角栄と実業家小佐野賢治の心の交流、友情関係を勝手に連想しながら、楽しく過ごさせてもらった。

彼が知的障害者入所施設「社会福祉法人友愛学園」児童部（一八歳以下の学齢児）の生活指導員として就職したのは、一九七九年四月一日だった。因（ちなみ）に私が同学園・成人部（一八歳以上の成人）の生活指導員として就職したのは、一九七三年二月一日だった。お互いに生活指導員としてのスタートが三〇歳だった。

その時分、友愛学園では労働組合活動が内部対立し、児童部中心の組合員グループ、成人部中心の組合員グループ、非組合員のノンポリ職員グループに分かれ、さらに園外からの活動者も入り込み、賃金闘争をめぐって活動が激化、混乱し、殺傷事件が二件発生するという事態の学園状態だった。

私は組合の主張にはある程度の理解はできたが、入所者の生活権を脅かしかねない職場放棄や学園封鎖というストライキ活動は断固反対のノンポリグループとして、活動の前面に立ちはだからざるを得なかった。私は寝こみの自宅を鉄パイプや角棒で襲われたら、幼い娘や妻をどのように守ろうかと、過激派の活動家に恐怖を抱くことが何日かあった。

また、混乱と恐怖で脅えている学園生の生活を、組合の闘争活動からどのように守り、福祉施設としての生活保証、役割を果さなければならないのかを、毎日必死の思いで考え、学園で非力な身体を張りとおしていた。私はこの時ほど自分自身を信じ、信念を持ちながらも、法人組織も組合組織も、学園生の人権を考える「文化」のなさに絶望したことはなかった。

前田さんが就職した時は、このような混乱が一段落して、友愛学園が平常な生活に戻りつつある頃だった。

「心の鏡――」17
想えば友よ③

私と前田弘文さん（前「福生学園」統括園長・故人）とは同じ「友愛学園」の生活指導員だったが、私が勤める成人部と彼が勤める児童部とは、それぞれ園舎が独立していたため、学園の全体行事以外の職員間の相互交流はほとんどなかった。

そんな事情で私が彼と初めて顔を合わせたのは、彼が「友愛学園」に就職してから六年後の一九八五年の二月下旬頃であった。当時、彼が銀行強盗のピストル犯人を捕まえたという記事が、新聞各紙に報じられ、私はその記事で彼が「友愛学園」の職員であることを知ったのである。

私は新聞記事を読んで、「エッ」と驚いた。新聞は彼を写真入りで、「十二日正午すぎ、立川市柏町三丁目の東京相互銀行立川支店で、現金二百五十万円が奪われる強盗事件があったが、現場近くにいた市民がバイクで逃げる犯人にタックルし捕まえた。立川署は近く、この男性に警視総監表彰を上申する。

この人は、青梅市にある精神薄弱者（児）施設『友愛学園』の指導員で、立川市砂川一丁目、前田弘文さん（三六）。（略）」（「朝日新聞」一九八五年二月一三日多摩版）と報じていた。彼が捕まえたピストル強盗犯人は一九歳の少年で、ピストルが偽物だと後で分かった、とも報じていた。

また、「（略）前田さんは格闘の末、左足などに一週間のケガをしたが、『犯人をヘッドロックで路上に押さえつけてやった』と元気いっぱい。（略）」（「毎日新聞」同日多摩版）と報じていた。

私はこの新聞記事を読み、彼が「友愛学園」に就職する前の学園ストライキ闘争で感じた私の命への不安以上の危険に、彼が敢然と立ち向かった勇気ある行動に対し、とても誇りに思った。と同時に、彼は大きな自信と自負の念を持っただろうと思った。

この事件から数日後、学園グラウンドの出入り門口で、私と彼がバッタリと出会い、初めてお互いに顔を見合わせ、挨拶を交わしたのである。

「先輩のことは新聞に出ていたので知ってました。でも実物と会うのは今日が初めてです。ぼくは先輩と同じ東洋大学の教育学部ですが、先輩は新聞に文学部と出てましたが、そうなんですよね。児童部にもう一人菅井さんという社会学部を出た先輩がいます。福祉大学系の人ばっかり多くてつまんないですから、先輩元気でがんばって下さい」と言った。

「前田先生凄いじゃないですか。ピストル強盗をヘッドロックで捕まえたこと、新聞で見ました。足のケガは大丈夫ですか。ピストルは怖くなかったですか。あの勇敢さと正義感の強さには驚きました。ぼくで役立つ事があれば、いつでも相談して下さい」と。

この時から彼は私を「先輩」と呼ぶようになった。

「心の鏡―」18
想えば友よ④

前田弘文さんは船乗りに憧れ、千葉県館山市にある商船学校（全寮制）で航海技術を学び、卒業後日本郵船に就職して世界の港を貨物船の航海士として駆け巡った、と私に話してくれたことがあった。

その話を聞き、私の祖父も日露戦争（一九〇四～五年）後、青雲の志を抱いて船に乗り、樺太（からふと）から南洋諸島（フィリピンやインドネシア等）を材木運搬で航海し、「マサ、世界の海は広いぞ。お前もいつか船に乗ってみろ」と、酒を静かに飲みながら囲炉裏端（いろりばた）で、幼かった私に思い出話をよくしてくれたことを思い出していた。

祖父は新潟港で芸者の小唄勝太郎から習い覚えたと言って、ほろ酔い加減になると「夕暮れ」という小唄を唄ってくれた。また、「医者も薬もいらない、酒を一口くれ」と、盃一杯の酒を飲み干して生涯を終えた人だった。幼い私は、そんな祖父の豪胆さや潔（いさぎよ）さに男らしさを感じ、「俺も船乗りになろう」と憧れた。しかし父は、「船乗りと飛行機乗りだけは絶対駄目だ」と、私の憧れを聞き入れてくれなかった。父は祖父が留守中の家族を守り、家の田畑、山林を守らなければならず、留守中の苦労を一身に背負って、大地と共に生きなければならなかったからなのだろう。

私は祖父と父の生き方を思い浮かべながら、前田さんの話を聞き、彼に親近感を持った。彼が日本郵船の貨物船で世界の海を航海したのは、一九六〇年代後半から七〇年代初めの頃であった。その頃、日本は東京オリンピック（一九六四年）後の高度経済成長期にあって、一九六八年には国民総生産が世界第二位となり、戦後復興の奇跡と世界の人々から驚かれ、称賛された。

そんな経済状況だったので、日本の貨物船の入出港は忙しかったが、それでも日本の船ほど正確な時間の入出港の船はなく、各国の港で驚かれ、評判が高かったそうである。入出港時間に合わせ、港での荷物の積みおろしや積みあげ作業が徹夜になり、結構きつい仕事だった、と苦笑いしながら、彼は私に話してくれた。

健康を害して病院に入院し、「俺はもう船に戻れない」と失意の中で入院生活を送っていた時、担当看護師だった奥さんと巡り会い、船を下りる決心をし、奥さんの励ましで東洋大学教育学部に入学したのだそうである。彼の知的障害者福祉への道は、ここから始まったと言っていいだろう。

「フランスのマルセイユは懐かしいな。俺みたいな上野原育ちの山猿が、二〇歳（はたち）そこそこでヨーロッパで一番の港町を歩いたんだもの……コーヒーを一緒に飲んだ娘は、今頃どうしているのかな」と彼は窓の彼方へ呟いた。

「心の鏡—」19

想えば友よ⑤

「俺はこのまま児童部にいても、福祉への希望が持てなくて、明星大学の小学校教員資格修得の通信教育を受けたんだ。頑張って何とか資格がとれたと思ったら、教員採用試験の応募年齢が過ぎちゃって駄目。何をやってるんだろう、と笑っちゃったよ。小学校の教員になれなくなった以上は何としても、先輩達が活躍している成人部に異動して、自分で勉強してきた教育学を生かせる自分なりの知的障害者福祉の道を開拓するか、他所の施設に移るしかなかった。

幸いにも先輩のお陰で成人部に移ることができて、友愛学園を辞めずに済んでホッとしました。先輩が新聞に俺の関連記事を売り込んでくれたタイミングが、異動希望に何かしらの影響を与えたのかなぁ、と思いました。それまで何回希望を出しても、他の人が優先されて俺の場合は駄目でしたから……。ようやく異動が適って、先輩と一緒に働くことができるようになった。本当に良かったし、嬉しかったです」と前田弘文さんが私に話してくれた笑顔が、昨日のことのように思い出され、この拙稿を書く今も忘れ難い。

私が前田さんの取り組んだケースについて、友人の新聞記者に紹介した内容は、以下のようなことだった。

「青梅線拝島駅の北側、横田基地脇の五日市街道に面したところに誠和工業（岡村誠也社長＝福生市熊川1577）という小さな町工場がある。オーディオ製品や医療器具など精密板金の工場で、従業員は20人ほど。

社会の刺激を

この工場に、重度精神薄弱更生施設の友愛学園成人部（伊東正治園長＝青梅市成木）から米田裕一さん（二一六）が、実習にやって来たのは六年前。裕ちゃんこと米田さんはダウン症という障害のうえに耳が聞えない、話せない、視力も弱いという二重三重の障害を背負った青年だ。
この青年を、なんとか外で働かせたいと思ったのが友愛学園の生活指導員の前田弘文さん（三九）。前田さんは常々『施設のなかの生活にどっぷりつかるより、重度の障害者でも可能性があれば外で働いて、もっといろんな刺激を受けたほうがいい』と思っていたのだ。

（略）

連絡ノートも十数冊

もっともこうなる道は、平坦だったわけではない。通勤の問題も大きかった。友愛学園から誠和工業まではバスと電車を乗り継いで約一時間半。字も読めない、耳も聞えない裕ちゃんには、たいへんな〝冒険〟だ。学園でも職場でも、いつも同じ電車に乗るように、決まった時間に裕ちゃんを出勤、帰宅させているが、時として反対方向に行ってしまうこともしばしばだ。話すことが出来ない裕ちゃんのために、職場と学園をつなぐノートを作った。今日はこんなことがあったと裕ちゃんの様子を連絡し合っている。その連絡ノートも、もう十数冊にもなった。」（「アサヒタウンズ」昭和六三年一〇月二二日多摩版）

「心の鏡―」20
想えば友よ⑥

「表情もまるで別人

この工場に働きに出る前と、今とでは、裕ちゃんの顔つきも表情もまるで別人のように変わったと、みんな口を揃える。『裕ちゃんひとりのことでも、いろんな所へ与えるインパクトは強かった。これからも知恵遅れの人たちを受け入れる企業が、ひとつでも増えてくれたら……』と友愛学園の前田さんはいう。

（榎田友子記者）」（「アサヒタウンズ」）昭和六三年一〇月二二日多摩版）

というあらましで、米田さんが写真入りで報じられた。

友愛学園は青梅市の北西部に位置し、埼玉県飯能市の市街地と隣接する山間の成木二丁目という集落にあり、青梅市の市街地へは成木街道をバスで四〇分ほど乗らなければならなかった。また、この街道の奥地の山には採石場があって、採石砂利を運ぶダンプカーの往来が激しく、横断歩道を渡る時や道路沿いの歩道を歩く時、突っ走るダンプカーの風に巻きこまれるのではないかと、身の危険を感じる怖さが常につきまとっていた。街道では人身事故や物損事故が多発していた。バスは利用客が少ないためか、二時間に一本程度しか走っていなかった。

そんな交通事情や米田さんの重度知的障害のダウン症、難聴、弱視、言語の四重障害のことを考え合わせると、並の生活指導員なら一も二もなく会社通勤実習など「無理、無理」と結論付けたことだろう。

しかし前田さんは米田さんの能力と前向きな意欲をケース担当者として見抜き、旧知の町工場に実習の受け入れをお願いし、社長をはじめ社員を説得したのである。私は前田さんの米田さんに対する愛情、情熱の深さ、実践と行動力に深い感銘を覚えた。この一件は、彼のひたむきさを物語っていた。

また、前田さんが船乗りからの再出発のため、東洋大学教育学部で学んだ教育学的な視点で、重度知的障害者の職場実習をこの時期に実践したことは、彼ならではの大きな成果、意味をもつ出来事であった。米田さんにとっても、この単独通勤の会社実習社員を約一〇年間継続したことは、彼の施設生活の人生にとって、かけがいのない社会参加、社会経験の貴重な風雪に耐え抜いた大輪の花の時期だったと言ってもいい。

「先輩、無理だとあきらめてはいけないことを、米田は俺に教えてくれた。逆に、たとえ僅かな可能性でも、やる気と勇気と努力さえあれば何でもできるということを、米田は身体を張って、俺達に証明してくれたように思う。あいつの辛かったことを考えると涙が出てくるよ」と前田さんは語っていた。私も同感だった。こんなことから、私は榎戸記者に取材をお願いしたのであった。

「心の鏡―」21
想えば友よ⑦

「アババ、アバァ、アンネ、ネェー、バッババァ」と大きな叫び声を、寝静まった生活棟の廊下にまで響かせたり、「アウッ、ワァー、ウォー、ウウウッ……」と突然仁王立ちになって全身硬直状態でプルプル震わせ、何かを威嚇（いかく）するような唸り声を、米田裕一さんが発するようになったことがあった。

「前田先生、最近ユウさんの様子が変なんだけど、何か心当たりありませんか」と聞くと、「たしかに変だね。俺も気になっている。この間、誠和工業に電話したけど工場では特に変ったことはないし、機嫌よく働いているって言うんだよ。何が原因なんだろうなぁ」と、前田さんは答えた。

「でも何かがあったはずだよ。通勤中に意地悪をされているとか、突然、犬に吠えつかれているとか、何か嫌なことがあるんだと思うよ。一度、通勤状態を追跡調査してみた方がいいね」と私が言うと、「そうだな、確かめてみるよ」と彼は、直ぐ追跡調査をした。

「先輩の勘は鋭いです。会社からの帰り道、犬に吠えつかれていましたよ。セーターの袖に二、三個小石を入れ、犬の前でブン、ブン振り回しながら通ってた。犬を威嚇する知恵に驚きました。でも、それでも知恵があるんだから、犬がいない路地だってあるわけだから、そこを通ればいいのに、その路地にこだわっている様子でした。この辺がユウさんの冒険心なんだろうね。犬への馴れ方を教えてやることにしました」と、彼は、苦笑しながら私に言った。

「そうだね、帰り道の楽しみに、犬に馴れさせる方がいいかも知れない」と私の相槌で、この一件は落着した。

知的障害のダウン症で聴覚、視覚、言語に障害をもつ米田裕一さんの誠和工業での工場実習は、二〇歳から三〇歳代までの十数年間続けられた。二重、三重の障害をもつ重度知的障害者が、片道一時間半ほどを送迎なしの単独行でバス、電車を乗り継いで通勤し、これほど長い年月にわたって工場社員として実習した例を、私は寡聞（かぶん）にして知らない。

米田裕一さんの工場実習は、「国際障害者年」（一九八一年から一九九〇年）と共に歩み続けた期間であり、彼を快く実習社員として受け入れ、製品の油洗浄、サイズ検査、包装、納品運搬の作業教育、働く喜びと自信と誇りを培ってくれた誠和工業社員に、国際障害者年のテーマである障害者の「社会参加と平等」という言葉を贈り、敬意を表したい。輝かしい実践だった。

また、米田裕一さん、前田弘文さんからは、「可能性が人間を作る」教育的原理を学ばせてもらった。私は二人を敬愛してやまない。

「心の鏡──」22
想えば友よ⑧

「第二回福祉ふれあいFRIENDS（フレンズ）展」（一九八九年二月一七日～二二日・朝日ギャラリー・立川市）の作品搬出の際中、「先輩、叔父が使わなくなった空工場を改造して、立養（たちよう）の子どもたち（東京都立立川養護学校の生徒）の通所訓練所のボランティア活動をやりたいと考えているんだけど、搬出が終り次第見てくれませんか」と前田弘文さんが突然言ったので、「もう直ぐ終わるからいいよ」と私は返事をした。

叔父さんの空工場は、旋盤工場として使っていたもので、一〇〇坪ほどの木造一部二階建ての平屋であった。

「これなら充分の広さだね。一階を活動教室にして、二階を談話室兼事務室に使ったら、立派な訓練施設になるよ」と私が言うと、彼は「そうですか、大丈夫ですか。備品や修繕の材料費だけで二〇〇万円くらいかかるんだけど、全額自腹を切ってやることにしてます」と言った。私は前田さんの熱心さと志の高さに敬服し、彼なら自己責任を明確にしながら、理想の施設作りに向っての第一歩を踏み出すだろうと確信した。

私は青春時代の十数年間、文学を求めて俳句作家藤田湘子先生の門下生として過ごし、「熊ちゃん、男が事を成すには、四〇歳前後に覚悟を決めて始めなかったら物にはならないよ」と、時々先生に言われ教えられたことを思い出す。この時、前田さんは四〇歳だった。

私が知的障害者施設「友愛学園」の硬直した運営方針の組織に、知的障害者の社会参加に限界を感じ、「国際障害者年」（一九八一年～一九九〇年）に因（ちな）んだ福祉映画上映会（一九八一年～八八年・青梅市民会館）の活動に取り組み、知的障害者の美術展文化活動への第一歩を踏み出したのが、三八歳の時だった。青年期から世間的な大人へ脱するこの時期は、自己責任の自覚と志への情熱が問われ、大人社会への信頼と期待が寄せられていることを肌身にひしひしと感じ、藤田湘子先生の教えが「こういうことなのか」と理解できた。

　前田さんも私も友愛学園の硬直した年功序列的な考え方や一部の労働組合員の権利主張で、運営責任者がいつも我が身の保身術に明け暮れているような姿に、許しがたいものを感じていた。もっと単純に、純粋に知的障害者の物理的、精神的な自由と喜びのある生活が、どこにあるのだろうと考えていた。私は私自身の青春時代の俳句作家藤田湘子先生の文学的な教えを振り返り、知的障害者の自己表現文化の道を志向した。前田さんは青春時代の日本郵船の船員経験を通じて、企業的な視点を生かそうと、施設作りを志向したのである。

「心の鏡─」23
想えば友よ⑨

前田弘文さんが「友愛学園」児童部から私が勤務していた同学園成人部に異動してきたのは、昭和六三年（一九八八年）四月一日だった。その頃、前田さんは勤務の傍ら立川市の知的障害者通所訓練施設「すみれの家」のボランティア活動を、公休日を利用してやっていた。その経験を通して、何とか自分が理想とする知的障害者施設を作りたいと模索していた。

「前田さん、これからの施設は、友愛学園のような単なる古さだけの伝統に流されているだけでは意味がない。滋賀県立『近江学園』（一九四六年創設）を作った糸賀一雄、池田太郎（後に一九五二年に同県立『信楽学園』を創設）、田村一二（後の一九六一年に『一麦寮』を創設）の三人について、戦後の知的障害者福祉の思想、教育理念をしっかり勉強して、今の私達には何が求められているかを考えなければ駄目だ。今や全国に知的障害者入所施設は千百ヵ所余りある。それでもまだ足りないが、私は私の進むべき道として施設作りよりも、そこから生み出される文化、その中の自己表現文化を社会参加させたいと考えている。

前田さんは施設作りだから、施設を作るにしても、知的障害者の施設活動の営みの中から文化的な付加価値が生まれてくるような、そんな施設作りを考えた方がいいと思う。文化って言葉は簡単だけど、実際は抽象的な世界だから、思いつきや施設という箱物作りのような外見で、直ぐその効果が世の中に評価されるという訳にはいかない。

目に見えない時間、目に見えないお金、目に見えないネットワーク、目に見えない人としての素養、教養など、見えないだらけのことに時間と労力を費やし、芽が出るまでじっと待つ忍耐が要求される、というのが私の友愛学園での実感だよ。前田さん、そういう学園施設を宮城まり子さんが静岡県に『ねむの木学園』として作りあげたんだ。何だかんだ言う人がいるけど、私は世界に通じる学園施設作りとして立派だと思っている。『ねむの木美術館』も作って、学園生の作品を飾っているというからね。」と、私は前田さんに夜を徹して語り明かしたことがあった。彼はじっと聞き入っていた。

「そうか、これからの知的障害者福祉は〝文化〟なんだ。いいことを先輩は教えてくれた。俺は芸術や文学のことは分らないが、音楽と教育についてなら少しは分るから、それを縦軸にして文化を考えてみよう。まだ具体的な施設作りのプランはないけど、何となく施設作りの夢がふくらんできましたよ」と前田さんは、私の話に「わが意を得たり」と喜んでくれた。彼は心ひそかに、施設作りへの志を固めていった。

「心の鏡―」24

想えば友よ⑩

前田弘文さんは知的障害者福祉施設作りを、次のような手書き通信文で第一歩を踏み出した。

「〈通所訓練所〝実生学舎〟発足のお知らせ〉

◆知恵遅れの人たち、今なにをなすべきかの思いに、ささやかですが、府中市日新町に〝実生学舎〟を発足することになりました。

◆発足につきましては、立川工業（株）代表取締役星野利雄様所有の建物を無償で借りることになりました。当分の間は、前田、松永両名で施設整備をし、89年4月より利用できるようにしたいと思います。」

◆この場を足場に、知恵遅れの人たちの生活を考え、ボランティアを育て、共に福祉問題を勉強していきたいと思います。ボランティア活動に参加していただければ幸いに思います。

運営責任者　前田弘文（友愛学園）　松永正美（いちょう作業所）

◆連絡先

立川市　前田弘文　　八王子市　松永正美

※　活動詳細は後日お知らせ致します。

昭和六十三年十二月吉日」

（文中、住所、電話番号は省略しました。）

この後、私の助言で若干の手直しをした上で、活動内容について、

1. 月に四回、日曜日、平日各二回心身障害児者の家族の休養日として利用してもらう。
2. 心身障害児・者の仲間作りとして、軽作業や遊びを通して色々な体験をしてもらい、自立の手助けを行う。
3. 施設を利用したいグループに開放します。
4. 活動時間は日曜日、平日。
5. 送迎は希望があれば行ないます。

大きくふくらんでいった。

6．施設運営費として一回　円負担としてもらいます。

と設定した。

この時点では、活動実績がないため、どこからも活動運営費の援助が受けられず、全額自費負担でのスタートだった。そこで、友愛学園の生活指導員有志に相談し、前田さんは「実生学舎を支える会」を作り、同僚の芳賀沼博さん（友愛学園成人部生活指導員・現福生第二学園副施設長）に会長、松本俊一さん（同・現岩手県の知的障害者施設職員）に副会長をお願いして、活動費の支援を呼びかけた。

また、実生学舎の社会的存在の意義、社会参加を積極的に推進するため、「文化活動顧問」を熊木正則（同・現NPO法人マイハート・インターナショナル代表理事）が引き受け、一九八九年四月、実生学舎は東京都立立川養護学校（立川市）の生徒を中心に、知的障害児童保育クラブの通所訓練施設としてスタートした。この後、この事業を足がかりに前田さんの夢は

「心の鏡――」25
想えば友よ⑪

実生学舎が立川養護学校の生徒を中心として知的障害児童保育クラブ活動を開始した頃、養護学校週五日制が導入されようとし、同校が東京都のモデル実施校に指定された。

前田さんは「（略）学校側からの効用の建前としては、1親子のふれあい、2ゆとりのある教育実践、3教職員の研修時間の保障等であろう。わたしは、精神薄弱者更生施設友愛学園の生活指導員である。実生学舎を福祉作業所指導員の松永正美氏と設立して、障害児グループ『いもっこ』の代表小尾富士子氏と合併し、共に運営している。

この設立の動機のひとつに、『長くて、暑い夏休みを、親子でじっと耐えるだけです』という障害児の母親の声があった。すくなくとも、養護学校は現状通り、六日制を継続実施すべきだ。ただし、教職員に対しては五日制を導入することには前向きに検討すべきだ。事実、日本の経済力はジャパンバッシングとなり、総労働時間の短縮を要求されている、このことは理解している。

（略）わたしが今まで受けてきた学校教育は『人を思いやる教育』であった。今それが逆に教育者集団に問われている。また、教育の哲学とは『弱い者に対する思いやり』なくしては存在しない。養護学校関係者に再考をお願いしたい。」（「地域協だより」NO.27・1991年・2月・2日・障害者地域交流協議会・『養護学校の五日制は是非再考を・前田弘文』）

と、養護学校の週五日制の導入について、教職員の労働時間短縮の週休二日制は理解した上で、児童の学校処遇については再考するよう訴えた。

当時、私は前田さんからこの話を聞き、教職員の労働時間の短縮やゆとり教育の両面は、知的障害者福祉施設労働時間短縮と入所者の個別的生活のゆとりという点では、私は共通の課題だったので賛成した。しかし、週休二日制となった場合の障害児童のサポート体制について、その具体的な施策がはっきり示されない限り、親や家族、家庭にその分の精神的、物理的、経済的な負担が大きくのしかかることになり、私は前田さんの〝再考を〟という訴えは、養護学校の関係者や地域福祉関係者に大きな波紋を投げかけたと思った。

その一方では、実生学舎が無認可の知的障害児者の通所施設として、前田さんのポケットマネーや保護者の会費で自主運営され、焼きもの作り、楽器練習、料理作り、和紙作り、木工品作り、各種行事レクリエーション、緊急ショートステイ等が、立川養護学校の生徒を中心に学童保育として展開された。当時、このことは、養護学校五日制導入の受け皿活動の事例として、大きな話題を呼んだ。

「心の鏡―」26
想えば友よ⑫

東京都立立川養護学校（立川市）の生徒を中心に、知的障害児者の毎週土曜日と毎月一回日曜日の野外活動を、通所訓練施設「実生学舎」（代表前田弘文・東京都府中市）として設立開始した翌年、立川市内で活動していた「グループいもっこ」（代表小尾富士子）と合併し、「グループいもっこ実生学舎」と改称し、水曜日の午後も活動日とした。

「本人の能力と自立を高める」ことを目標に、彫刻家鈴木孝さん、音楽家本沢千恵子さん、伊藤啓子さんを講師ボランティアに迎え、陶芸、彫刻、絵画、工作等の創作、歌や楽器演奏等の音楽を活動の中心に組み立てていった。

その頃、知的障害者の生活指導員として私は、障害者が施設や学校の枠にとらわれない、自由で伸びやかな文化活動の社会参加を、友愛学園の勤務をこなしながら展開していた。青梅市での福祉映画上映会、西多摩地区の障害児者ソフトボール大会、同じく魚釣り大会、障害児者美術展、同じくグループ展や個展を多摩や都内で開催し、自分のための休日がほとんどとれない状態だった。

そんな訳で、前田さん達の「実生学舎」活動を手伝うことが出来ず、ただ「前田よ頑張れ！」と心中で祈る他はなかった。

朝日新聞姉妹紙「アサヒタウンズ」（週刊紙、立川市立川駅ビル）の榎戸友子記者が、同社経営の「朝日ギャラリー」（同）を使用料金無料で紹介してくれたので、多摩地区の知的障害者とプロ作家の合同展「福祉ふれあいＦＲＩＥＮＤＳ展」を一九八八年から一九九一年まで、毎年一回のペースで四回開催した。

その第三回展（一九九〇年二月一六日～二一日）、知的障害者五施設とフランスの養護学校一校を加えた六団体と費用約六〇万円分の作品を日本画家岩崎巴人さん（千葉県館山市）、画家・絵本作家田島征三さん

（東京都日の出町）、彫刻・造形作家友永詔三さん（同五日市町）、洋画家八木道夫さん（同町田市）、同宮トオルさん（同田無市）に展示即売作品として二点ずつ賛助出品してもらった。岩崎巴人さんが館山市から見学に来られて、「物欲しさでは描けない、無垢の光に満ちた作品だ」と褒めたたえた。

この作品展に、「グループいもっこ実生学舎」から三人が鈴木孝さんの指導で制作した作品四点を初めて出品した。

「先輩、実生学舎が皆んなの仲間に入れて、こんな嬉しいことはないです」と前田さんは言った。「そうか、実生学舎がこの作品展をきっかけに、文化的な創作活動に自信がつけば、それが一番だね」と言って、私は前田さんを励ましてやった。

「心の鏡—」27

想えば友よ⑬

「前田です。これから、ちょっと相談したいことがあるんで、小作の〝ディニーズ〟まで来てもらえませんか」といつもになく深刻な顔つきで、私を訪ねて来たことがあった。一九九一年三月一四日、雨が降っている午後五時半頃であった。少し肌寒かった。

「いいよ。今日は朝から美術展の報告準備をして、今一段落したところだから」と言って、私は前田弘文さんの車に乗せてもらって出かけた。実生学舎の副代表松永正美さんも一緒だった。

私の家からファミリーレストラン『ディニーズ小作（おざく）店』までは、車で一五分ほどであった。店内は家族連れで賑わっていた。テーブルの席に着くなり、前田さんは身体を小刻みに震わせながら、「今日『いもっこ』からあれも、これもみんなよこせって言われたんだ。『これ以上実生学舎と一緒にはやっていけない』からって、突然言い出して。俺と松永がポケットマネーで買い揃えたものばっかりなんだぜ。それを全部よこせってんだよ。もう頭にきたから、出るところに出て話をつけようと二人で決めたんだけど、その前に先輩の意見を聞こうと思って。先輩ならどうしますか。」と言った。

私は彼の血相を変えた物言いに、大分興奮しているな、と思った。隣りの松永さんも暗い表情で、「自分たちが一緒にやりたいと言って『実生学舎』に転がりこんできて、あの言い草はない。合併を解消するから、共有物となっているピアノも楽器類も、それに作業テーブル、机と応接セットに備品収納棚、事務机もだ、全部よこせってんだから、あきれて物が言えませんよね」と話を継ぎ足して言った。

「そう、それじゃ頭に来るよね。だけど、ここで短気になっては駄目だ。このトラブルで『いもっこ』の人達に、あらぬ評判をたてられたら『実生学舎って実はこうよ』ってことになる。あんた方の理想と『実生学舎』の将来を大事に考えて、欲しいものは『どうぞお役に立つなら』と全部あげちゃうんだよ。そうすれば相手は何も言わないはずだ。そして、肝心なことは相手に対して自分達から何も言わないこと。それが代表前田弘文としての度量ということになる。二人が今までどおり真剣にやっていけば、物なんて誰か彼かが応援してくれて、直ぐまた元通りに揃えられるもんなんだから、心配ないさ。いい経験をさせてもらったと思えば、そう頭に来ることもないんじゃないか」と、私は二人に諭して落ち着かせた。

「先輩の話を聞いてよかった。松永、明日全部くれてやることにしよう。スッキリしました」と、前田さんは興奮が冷め、いつの間にか、平生の笑顔を取り戻していた。

「心の鏡―」28
想えば友よ⑭

前田弘文さんが私を「先輩」と慕って、知的障害者入所施設「友愛学園」（東京都青梅市）成人部生活指導員として私と一緒に働いた期間は、彼が同園児童部から異動してきた一九八八年四月一日から一九九三年三月三一日退職までの僅か五年に過ぎなかった。

しかし、その五年という歳月を今振り返って考えると、さまざまな相談事や知的障害をもつ人達の人生について語り合ったことが思い出され、一〇年、二〇年と積み重ねてきたような先輩後輩の人間関係の重さが感じられ、不思議な感慨である。

「俺は児童部ではほとんど何にもしてこなかったし出来なかった。たったひとつ米田裕一の職場実習だけは、俺が誇れる取り組みケースだった。米田のケースを突破口として羽村養護（東京都立羽村養護学校のこと）を卒業した人たちの職場実習工場を作りたいと思って提案したけど、職員の労働条件がどうだのこうだの、子ども達を無理に外へ出す必要がないだの、工場作りの資金をどうするだのと組合の連中や園長の決断力のない意見や理屈で、やりようがなかった。

でも成人部に移ってきたら、俺が初めての職員会議で、先輩は半数近くの職員を向こうにまわして、自分の実践活動を裏付けてこの人達の社会参加や文化活動の意見を、まるで喧嘩腰でぶつけていたのには驚いた。その真剣さ、情熱、実践と行動力、そんなエネルギーが感じられ、俺は何にも言えなかったけど感動しました。そして『ああ、俺は成人部に来て良かったなぁ』とつくづく感じました。

成人部は熊木や佐藤（佐藤友之さんのこと。現在社会福祉法人「青梅なかまの会」理事長。知的障害者の社会参加、地域福祉活動で活躍している。）が牛耳（ぎゅうじ）って、勝手放題に地域活動をしていて園長は二人の言いなりになっていると児童部の連中が言っていたけど、実際はそんなレベルじゃないってことが分りました。

先輩の仕事ぶりを見ていると園生への心配りが細やかだし、目線は低いし、会話も楽しんでいるし、俺なんか生活指導員としてかなわない力だと思っている。学園の仕事をきっちりやりながら地域活動や美術展活動をやっていることも分かっていたし、児童部の連中は何で根も葉もなく〝牛耳っている〟なんて言っているんだろう。馬鹿ばかしいことだ。何とか俺も先輩に負けないように頑張るつもりでいます。」と、前田さんは力強く言い切った。

「心の鏡―」29
想えば友よ⑮

知的障害者の福祉施設作りについて、「『かたつむりの会』の施設作りは、『更生施設』と『生活寮』が建設される構想です。これに前回紹介した関係施設、心身障害児者通所訓練事業（実生学舎）が加わった複合施設となり、将来的には、店をも含めた独自のネットワーク作りの基本構想です。この構想は、施設機能としては、社会的ニーズに充分対応出来ることとが可能となります。」（社会福祉法人設立準備会『かたつむりの会』後援会「かたつむり」第五号・平成四年一二月発行の〝『理想の法人』へ向けて・かたつむりの会事務局長　前田弘文〟より）と、前田弘文さんは会報誌に語っていた。

当時、前田さんが私に話してくれたところでは、この基本構想の施設建設費は約六億円で、自己資金調達が二億円、国と東京都の補助金が四億円必要だとのことだった。私は生家の民宿「アルペンホフ護城館」の建物だけの建設費が一億八千万円、共同経営の大沢山温泉旅館「高七城」（新潟県塩沢町）が土地代を含めての建設費が六億円かかったと長兄から聞いていたので、前田さんの六億円構想がいかに大事業であり、苦労と責任が重大であるか、おぼろ気ながら想像できた。

「俺みたいな肩書きも何もない一介の生活指導員の若造が、一文なしで施設を作ろうってんだから、常識的に考えれば無茶な話ですよね。でも『かたつむりの会』（東京都荒川区・会長鈴木和雄）に出会って、『実生学舎』（東京都立川市・代表前田弘文）と一緒に都内に施設を作ろう、ということになったんだ。〝子どもを大学に出すつもりになれば、五百万円や一千万円くらいの金は都合つけなくちゃ〟という親が、施設作りの勉強会に何人もいたんだ。

これからの福祉は受益者負担の考え方も、時と場合によっては必要なんだという発想を、熱心な親は持っているんだね。昔のような篤志家だけの出資金だけではなく、皆が金を出し合ってもいい時代になってきたんだ。先輩、俺はそういう『親なきあと』の親の熱い思いを大事にした手作り施設にしていきたいと思っている」と前田さんは言った。

一九八五年から一九九三年三月の退職時まで、前田さんは友愛学園の生活指導員のかたわら実生学舎の学童クラブの指導ボランティア、かたつむりの会事務局長を兼務し、寝る間を惜しんでの活動に疲れきっていたようだ。

時々、学園生のベッドでゴロ寝をしていた。「私一人でも大丈夫だから、そのまま休んでいろ」と私が声をかけると、「先輩の時だけですから。恩にきます」と言って、前田さんは心置きなく休んでいた。

「心の鏡――」30
想えば友よ⑯

「主人は、家では仕事のことを殆ど口にしませんが、熊木先生のことは〝俺の師匠だ〟とよく言ってました。今日こうして大勢の皆さんを迎えて、福生学園の竣工式が無事にできて、ホッとしました。何しろ自分でこうだと思い込んだら、人の都合におかまいなく一直線に動き回る人ですからね。

何か問題があったり、悩みがありそうな時は、〝これから熊木先生の家に行ってくるから〟と言って出かけましたから、夜勤明けの日とか夜遅い時は迷惑だったと思います。いつだったか夜遅く訪ねたら、〝こんな遅い時間に何の用ですか！〟って奥さんに叱られ、〝熊木先輩の奥さんはおっかねぇや！〟って帰ってきたことがありましたよ、フッフフ（笑い）。

奥さんだってたまには頭にきますもんね。でも、いつ、どんな時でも先生は嫌な顔もしないで相談相手をしてくれるので、先生を訪ねるのがとても楽しみのようでした。

本当は私が聞いてあげればいいんですけど、私は知的障害をもつ人のことや福祉施設のことなどよく分らないから、主人にしてみれば、そういう話し相手ではなかったんでしょうね。それと、主人のやりたいことは主人任せで、やりたいようにやればいい。家族のことは私一人で何とでもなるから、と割り切っていましたから……。好き勝手をやってもいいんですけど、身体がもつかしらと心配でした。主人は若い時、肝臓を悪くしましたので、〝気を付けて！〟って言っても、〝分ってるよ〟の空返事で、私の言うことなんかちっとも聞かない人でしたから。

先生が話し相手になってくれなければ、主人は悩みや相談事のストレスが溜まって身体を悪くしていたかも知れませんね。そのことを考えると、主人は先生が友愛学園時代の職場の先輩であり、大学の先輩であったことが、とてもラッキーだったと思います。今日は忙しい中、本当にありがとうございました」というような話を一九九四年九月二九日に行われた「福生学園」竣工式のパーティー会場の片隅で、前田さんの奥さんは私に話してくれた。

私は奥さんのこのような心遣いの話と、前田弘文さんがとにかく元気でこの日まで頑張りぬき、福生学園の園長として四五歳の晴れ姿を見せてくれたことは、感慨無量の喜びであった。

前田さんは「いつもカミさんに〝好きなようにしたら〟って言われるんだ。でも俺の病気を治してくれたし、大学も出してくれたから、俺には最高のカミさんなんだ。俺が父っちゃんボーイで好き勝手ができるのは、彼女のお陰なんだ。照れくさくって〝ありがとう〟って言えないんだけれど……」といつも私には言っていた。

「心の鏡―」31
想えば友よ⑰

知的障害者の音楽療法の現場を初めて目にしたのは、今から二三年前のことだった。今では認知症の人や知的障害の重い人などに効果があるということで音楽療法がかなり普及し注目されるようになったが、当時は一部の病院や施設でしか療法活動が行われていなかったため、私は知的障害者の重度者入所施設「友愛学園」で働きながらも、「音楽療法」という言葉を耳や目にする機会がなく全く知らなかった。

しかし幸いなことに、私は一九八二年一一月一五日、東京都福祉施設職員海外派遣研修員として福祉先進国スウェーデンを訪れ、ストックホルム郊外の知的障害児者施設を視察し、そこで音楽療法の活動現場を目にすることができた。

療法教室は何もないガランとした物静かな空間だった。その真ん中で若い先生と高校生くらいの重い知的障害の人達六、七人がギターを楽しそうな笑顔で弾き鳴らしていた。皆んな温和（おとな）しく輪になって椅子に座っていた。

「この人達はいろいろな楽器をつかいますが、今日はギターです。音楽を聞くだけではなく、楽器を弾くという行為で、その人なりに音を表現し、音から音へとコミュニケーションを広げていきます。音を楽しむことで精神的にも肉体的にもリラックスします。

私達は教えるのではなく音から音への重なり合いの中で、音に対する興味や関心、集中力を引き出し、音楽の心地よさを一緒に楽しめるようにしています。この人達は、この時間を過ごした後、夜の就寝までずっと落ち着いた時間を過ごしてくれる効果があります。日本でもこのような活動をしていますか」という旨のことを、その若い先生は話をしてくれた。

私は半信半疑で話を聞きながら、「私の施設では、文化祭や誕生日会などの行事以外に音楽活動はしていません」と答えるのが精一杯だった。何しろ「音楽療法」という言葉さえ知らなかったのだから。

前田弘文さんが「これからの施設は文化活動だ」と口にして、私が取り組んでいた障害者の美術表現の福祉文化活動に賛同し、音楽療法活動を施設づくりに取り入れたいと考えていた頃、私は彼にこのスウェーデンでの研修視察の話をしたことがあった。

彼は「そうなんだ。さすがに先輩は目の付け所が違うな。大抵の人は、やれ施設規模だとか職員配置数だとか、予算だの労働条件だのとか、そんなことばっかり聞きかじって、施設の具体的な活動場面には気をとめないんだ。現場職員として一番肝心なことなのに」と目を輝かせて、私の研修談議に聞き入ってくれたことがあった。

「心の鏡―」32
想えば友よ⑱

「俺はクラシック音楽よりも演歌の方が好きだ。演歌の方が情緒的で俺の感情にピッタリなんだよ。クラシックって西洋だろう、どっか気取っているようで嫌なんだ」と前田弘文さんは、私に音楽の話をしたことがあった。

その時、私は「そうかなぁ、確かに演歌もいい歌があるけど、クラシックを朝ぼんやりと聞くのもいいよ。特に生のオーケストラを聞くと、曲の内容は分らないけれど気分的に落ち着くし、見果てぬ夢心地もするから、嫌いだってことはないな。前田さんは感情がストレートだからそう思うんだよ」と言った。

そんな感性の前田さんが知的障害児への音楽を考えつつも、「私は当時、三十歳で就職した障害児施設で指導員に従事した新人で、音楽の可能性を知的に遅れた方に利用できたらと薄ぼんやりと考えてましたが、それを実践する力量もなく、音楽の領域を充分に活用することは可能でありました。」（福生学園音楽療法研究会通信「ゴーシュ」創刊号・1998・7・10 福生学園理事・施設長　前田弘文）と、当初の思いを述懐していた。

彼が当時勤めていた「友愛学園」は、音楽療法やアートセラピー的な素地がほとんど感じられず、専ら職員の労働条件や賃金問題に明け暮れる職場環境であった。福祉文化的、教育文化的な実践志向を持った少数派の職員にとっては、極めて息苦しい困難な状況に置かれていたように思われる。

「そうこうしている中で、地域のボランティア活動に参加していくうちに、知的障害児を持っている方を対象とした学童クラブの必要性に気づき私設学童クラブ『実生（みしょう）学舎』を設立し、この活動内容として音楽活動を設けました。理由は音楽が集団的活動に適している事と、家庭教師の音大生を通じて音楽関係者がこの活動に参加してもらえたのが大きな点でした。

音楽関係者の中に、アメリカで音楽療法士の資格を取られ、桐朋学園大学で音楽講師をなされていた伊藤啓子先生が音楽療法実践をしてくださり、実践から多くのことを学習させていただきました。それらが私の頭の中で、音楽療法の有効性と施設での援助・指導としての構想の基本理念となりました。」（同）と、前田さんは音楽療法の実践構想の基本理念を語っていた。

この構想理念を基に彼は「福生学園」に音楽療法室を作り、一九九五年四月、北海道医療大学助教授・全米音楽療法協会公認音楽療法士栗林文雄先生を会長に招いて「福生学園音楽療法研究会」を設立した。

同研究会は福生学園での実践活動成果を全国的に発信し、音楽療法の新しい分野として注目されている。

「心の鏡―」33
想えば友よ⑲

私が知的障害者の美術表現活動の「福祉MY　HEART美術展」組織を結成したのは、一九八六年四月であり、「第一回福祉MY　HEART美術展」を開催したのは、青梅市立美術館で七月五日から一五日だった。

当時、私は知的障害者施設「友愛学園」成人部生活指導員として一〇年勤め、働き盛りの四一歳だった。第一回展終了後、八月二六日から九月六日の日程でヨーロッパ旅行に出かけ、八月二八日フランスの知的障害者養護学校「I．R．M．P．L，ESSOR」（レッソー）（TOURS＝トゥール市）を訪ねた。この訪問で私は同校の校長先生や五，六人の先生とディスカッションして、フランスとの国際交流の糸口をつかむことができた。

一九七六年七月、「福祉MY　HEART美術展」の影響を受けて、フランスのLOIRE（ロワール）地方の知的障害者施設や知的障害児養護学校の教職員が集まって「Association　MY　HEART　FRANCE」（アソシエーション・マイハート・フランス）（TOURS＝トゥール市、協会会長・Brigitte　RICHARD＝ブリジット・リシャー）を結成した。私に名誉会長を要請してきたが「フランスのことはフランスで」と断り、私は名誉会員ならばということで了承した。

私は福生学園長前田弘文さんが推進していた「福生学園音楽療法研究会」（一九九五年四月結成。会長栗林文雄）の音楽療法活動と、彼が青年時代に日本郵船の貨物船で世界各国の港で経験を積んだ国際感覚、分析力等と、私の知的障害者美術表現文化活動との組み合わせで、知的障害者の国際文化交流の道は、大きく開拓されるだろうと考えていた。私はその意味で、前田さんの施設作りの前途に大きな希望と夢を抱いていた。

あの行動力、実行力、決断力に満ちあふれていた前田弘文さんが、私に一言も癌に冒されたことを口にしないまま五三歳の若さで急逝するとは想像もしていなかった。私は四・五年先にこのロマンについて語り合い、具体的なプランニングを彼に相談したいと思っていた。私はかけがえのない心の友であり、後輩の友を一人失ってしまった。絶句する他ない無念さであった。

今となっては、一九九六年の「福祉MY　HEART（マイ　ハート）美術展一〇回記念日仏交流展」（同年四月一一日から五月二四日・MPF　ASSURANCES＝アシュラン＝TOUR市）でフランス親善交流（同展出品の知的障害者五人の他三人を含む総勢二一人・同年四月六日から一三日の旅程）の訪問交流団長を引き受け、無事親善交流の大役を果たしてくれた彼の笑顔が、懐かしく思い出される。

私にとっては、前田さんとの海外旅行、国際親善、文化交流が、これが最初で最後になろうとは思い及ばない出来事だった。

「心の鏡―」34
想えば友よ⑳

前田弘文さんは「福祉MY　HEART美術展一〇回記念日仏交流展」で、LOIRE川沿いのフランス中世の古城AMBOISE城の隣に建つレオナルド・ダ・ヴィンチが晩年を過ごした「LE　CLOS　LUCE」記念館を見学した時、私にこう言った。

「先輩、フランスに来てみて本当によかった。俺も将来福生学園で音楽療法の成果をあげて、こういう知的障害者の国際交流をやってみたいです。オープニングパーティーでも養護学校や施設訪問でも、この人達は言葉の壁をこえて気持ちと気持ち、心と心で、日本人もフランス人もなくお互いに通じ合って抱き合ったり握手を交わし合ったり、ごく自然にできるんだから。すごく人間的な力を感じました。

先輩が一〇年がかりの苦労を積み重ねて作りあげたフランスとの国際交流の道が、こうしてこの人達の未知の世界を広げるんですね。施設長なんて肩書きにへばりついて施設の中に閉じこもっていたんでは、こういう世界と出会うこともないし、こういう人達の国際交流の可能性も人生の豊かさも引き出せないことが、俺にはよく分かりました。

先輩が俺に、肩書きにこだわるな、縛られるな、常に人としての自分であり続けろ、と言っていることの意味も分った気がしました。本当のことを言うと、先輩が俺に交流団の団長をやれと言い残して、先輩は事前準備で俺達よりも一足先に出かけてしまったんで、無事フランスへたどり着けるかなって、すごいプレッシャーだったんですよ。先輩がフランスのスタッフと一緒に、トゥールのホテルで出迎えてくれた時は、本当にホットしました。これで安心して今晩はグッスリ眠れるなって。」

この経験が自信になっているかどうかは分らないが、その後前田さんは、福生学園の知的障害者七人、職員、保護者を含めた総勢二一人で、一九九八年七月一五日から二〇日の日程で南太平洋の島ニューカレドニアへ、「第一六回ニューカレドニア国際マラソン大会」参加出場を目的に訪問した。

この訪問ツアーで「CENTRE DAIDE PARLE TRAVAIL」（通称CAT）という障害者通所施設を訪問し、国際親善交流をはかってきた。この訪問は、立川市の「立川マラソン大会」と「ニューカレドニア国際マラソン大会」との国際協力関係がご縁だったとのことである。

二〇〇〇年には「福生学園音楽療法研究会」活動で、九月五日から一一日の日程でスウェーデンのストックホルム市を訪問。知的障害者を含む関係者四六人の親善交流団で、音楽療法活動の成果を通じて、楽器演奏会やダンスパーティー、施設訪問などで国際親善交流をはかった。

「心の鏡―」35
想えば友よ㉑

福生学園とその関係者の総勢四六人が二〇〇〇年九月五日から一一日の日程で音楽演奏交流団としてスウェーデン・ストックホルム市を訪問できたのは、一九九九年七月一七日の「福生学園音楽療法研究会」の公開セミナーの講師に、スウェーデンで音楽療法活動をしている音楽セラピスト大滝昌之先生を招いたのがご縁だったと聞いている。

訪問団はABF（スウェーデンの国民教育協会連合会、生涯教育サークルなどを運営する協会）舞台文化祭で、ハンドベル演奏、和太鼓、ダンス、歌を披露した。スウェーデンの参加団体はジャズバンド演奏、創作劇を上演し、知的障害者の文化交流をはかった。また、FUB（スウェーデン知的障害者協会）主催のダンスパーティーに招待され、ジャズ演奏に乗ってお互いに手を取りあいながらダンスを踊り、親善交流をはかったと報告（「ゴーシュ」第六号／二〇〇一・四・二〇発行）されていた。私はすばらしい福祉文化国際交流の実践活動だと思い感服した。

私は一九八六年から「福祉MY　HEART美術展」活動でフランスとの交流を経験しているので、「知的障害者のノーマライゼーションのひとつに表現文化の育成と、その文化的な国際交流が大事な課題だと考えている。これからの施設は、知的障害者の人生が国際的にも広がっていくような、そういう事業の取り組みが生活の質を豊かにしていくためには必要になってくるように思う」と、前田さんに何回か話したことがあった。彼は「うん、うん」と私の話に頷いていた。

もともと前田さんには私の考えに頷く素地があった。彼は小学生の頃から外国にあこがれを持っていた。「（略）その夢をはたすため商船関係の学校を卒業し、外国航路船乗りとなりはじめてニューヨーク航路を体験し、アメリカは西海岸サンフランシスコへ上陸した記憶は今でも鮮明に昨日の模様のように脳裏をかけめぐります。（略）あれからおかげさまで二五ヶ国を訪れる機会に恵まれ、それぞれの国の文化や政治を自分なりの知識で考え、自分の生きざまの糧となっています。（略）」（「あすは」第一二号／二〇〇一・一〇・二八／社会福祉法人あすはの会福生学園発行の前田弘文〝ストックホルムの街を走る〟より）と、青年時代に日本郵船の外国航路で各国の港を巡り、さまざまな異文化体験をもっていたからだ。

だからこそ、月並みな施設長にはない実践力で一九九六年のフランス、一九九八年のニューカレドニア、二〇〇〇年のスウェーデンと矢継ぎ早に、国際親善交流事業を推進できたのだと、私は思っている。

「心の鏡—」36
想えば友よ㉒

社会福祉法人あすはの会「福生学園」統括園長（福生学園・福生あらたま寮・福生第二学園・三ツ藤あらたま寮・府中あらたま寮・実生学舎・パン工房実生学舎・パン工房モンパル・昭島市保健福祉センター受託事業・福生学園音楽療法研究会・福生学園教育学研究会・福生学園海外交流事業）前田弘文さんが享年五三歳で亡くなったのは、二〇〇二年一月一八日だった。私は彼の病状については全く知らなかった。

同年一月一七日から一九日、私は妻と娘を伴って湯河原温泉「ホテル城山」へ出かけ、遅い正月休みをのんびりと過ごし、真鶴半島や大観山からの海の景観、「中川一政美術館」を見学しながら、「今年はどういう年になるのかな」と、未知の時の流れに心を遊ばせていた。前田さんの訃報など想像もつかないことだった。

帰宅直後、一月二〇日の早朝、「小林ですが、前田さんが一八日に亡くなったことを知っていますか」と「友愛学園」の生活指導員小林弘政さんから突然訃報の電話をいただいた。「エッ、そんな馬鹿な、冗談でしょう」、「一八日、職員朝会後、急に体調が悪くなって救急車で病院に運ばれ、そのまま亡くなったそうです」と小林さんの話を聞き、冗談ではなく本当の事だと分った。私は信じ難く思い、「前田の馬鹿たれが！」と、悲しみよりも怒りの方が一瞬早く頭の中を駆け巡った。

「先輩、昭島市の受託事業が決まったし、福生学園の人たちが地域で働けるパン工房もパン屋の協力で出来あがったし、あとはこの人達の老人ホームをどう作るかだけだよ。俺はここまでよく突っ走れたと、自分でも驚くよ。もう一息だね、知的障害者のライフサイクル構想までは。

その後は、先輩の美術展活動と福生学園の音楽療法を両輪にして、知的障害者の文化会館作りと、国際文化交流の事業ネットワーク作りを先輩と一緒にやりたいな。施設職員のプライドとセンスを高めて、施設利用者の生活の質や人生の夢が、社会的にもっと広がったり評価されたりするように。だから先輩には俺が定年退職するまでは、何とか頑張ってほしいものです」と、私を励まし自分の夢を語ってくれた元気な声が私の脳裏をかすめたからだった。

「夢に人生を賭けることは、前田さんだけでなく私も大事な男の生き方だと思っているし、異論はない。だからと言って前田さんよ、こんな風に命を縮めていいのだろうか。〝命あっての夢〟ではないだろうか。これでは太宰治の『走れメロス』にもならないではないか。少なくとももう一〇年は、君と共に夢を語り合いたかったよ」と思うと、悲しさと淋しさが熱く目頭を覆った。

「心の鏡―」37
想えば友よ㉓

わが友、わが愛しき後輩前田弘文さん（社会福祉法人あすはの会「福生学園」統括園長・理事）が亡くなって、今年の命日（二〇〇六年一月一八日）で早や四年の歳月が流れた。

「よう先輩、元気で頑張っていますか。もう直ぐ春が来ますよ」と、大寒波の澄みきった空の彼方から、前田さんの微笑んだ声が、私には聞こえてくる。何という懐かしさだろうか……。

「前略

寒い日が続いておりますが、お元気で活躍なさっていらっしゃるご様子を伺い、嬉しく思っております。

先日は結構な冊子を送って頂きまして有難うございました。前田が亡くなりまして三年、月日の流れの早さを想います。

癌に侵されていると知りつつも治療を受けながら、まだ働けると本人は信じておりましたから、本人も家族も亡くなったら……との思いは持たず生活していました。もちろん遺言などというものはなく、仏壇の写真をみる度に、この世にはいないのだと思いなおしているのが現状です。

熊木様には主人の生前、師としてお世話になり、又今も忘れずご連絡を頂き、感謝しております。お身体をご自愛下さいませ。又御仏前も頂きまして重ねてお礼申し上げます。

乱筆乱文、失礼致します。

草々。」

二〇〇五年二月二日、奥さんからいただいた絵ハガキである。この絵ハガキには、「ジンバブエの少年野球を支援しよう！！」と、アフリカの少年がボールを握り上げている写真が使われていた。少年の目には〝明日への夢〟が輝いていた。

私は「ハッ」と思った。かって前田さんが知的障害者福祉活動への夢を語る時、この少年のような目の輝きをしていたように、私には時々感じられたからだった。奥さんの心遣いの鋭敏さに、私は改めて感服させられ、前田さんは良妻に恵まれていたのだと思った。

私はこの奥さんからの絵ハガキで、前田さんが「癌」に侵されながら仕事を続けていたことを、初めて知ったのである。どういう訳か、生前の彼は、強気一点張りで自分の弱さについて、私には話してくれなかった。

亡くなる数か月前に会った時、不意に「先輩が園長を引き受けてくれたらなぁ……。断られることは分っているけどさ」と独り言のように呟き、「それはなしだろう」と私が言うと、どこか淋しそうに「そうなんだけど」と苦笑いしていた。

その時、彼は自分自身の「癌」の行く末を考えていたのかも知れなかった。今になって考えると、何となく前田さんの口調には、いつもの力強さがなかった。

さらば友よ、夢でいつかまた会いましょう。

中越地震で御実家は被災されませんでしたでしょうか。帰省した折に御紹介頂きました宿に泊めてもらおうと思いつつ実現に至りませんでした。私の実家や姉二人の家は川西と十日町でしたので家のあちこちにヒビは入ったものの住むことができ幸いでした。

熊木様の御活躍と主人を重ねていつも楽しみにしております。どうか身体に気を付けて御活躍下さい。」

前田弘文さんの奥さんからいただいた年賀状である。彼とは先輩、後輩の間柄の長いつきあいだったが、「うちのカミさんは年上女房で、俺なんか息子と同じ扱いでしか相手にしてくれないんだよ。気楽なもんさ」とか、「ずっと病院の看護婦やってるから、俺よりずっと給料がいいんだ。俺の給料なんか当てにしてねぇもんな、俺もカミさんには恵まれたよ。先輩だから言うけど、照れくさくて人には言えないな、フフフ……」と言った他は、家庭や家族などプライベートなことは殆ど口にしなかった。


「心の鏡―」38
想えば友よ㉔

「やあ先輩、実家の方は地震大丈夫でしたか。うちのカミさんの実家方面は大変な被害で、壊れた家が何軒もあったらしいからさ」と、地震を気遣う前田弘文さんの声が、夢の枕元の彼方から聞こえてきたのは、いつの日のことだっただろうか。

前田さんが天国へ旅立ったのは二〇〇二年一月一八日、「新潟中越地震」が発生したのは、二〇〇四年一〇月二三日だった。

私の生家は地震源地帯の小千谷市、魚沼市に隣接の南魚沼市であったが、幸いなことに震源地続きではなかったので、大災害は免れた。しかし、「九四年生きてきたが、こんなに家が揺れて怖い思いをしたのは初めてだった」と、歳老いた母は言っていた。

「賀正　2005・01・01

だから奥さんからこの年賀状をいただくまで、彼女が私の郷里の西山峠を隔てた十日町の出身であることなど、全く知らなかった。

今にして思えば、前田さんが私を「先輩」と親しく呼んでくれた裏には、私が奥さんと同じ新潟県の雪国育ちで、飾り気はないが粘り気には独特の気質があると感じて、その気安さがあったからなのかも知れない。私の家内は、私のそういう気質を「ねちっこくて切れ味が悪く、まるで納豆みたいで嫌だ」と、いつも口喧嘩の時は中国上海生まれの乾いた口調で言っていたが……。

私は奥さんの年賀状を読み、自身の実家やお姉さん二人の家の地震被災に心を痛めながらも、私の生家を心配してくれたことに、頭の下がる思いがした。そして、こういう気遣い、雪国の雪深さに鍛え抜かれた心のやわらかさ、深さに抱かれて逝った前田弘文さんは、幸福な人だったと私には思われた。

心の浮草——恩師

心の浮草1
清貧な恩師

「あんたの福祉がどんなものか、生きている間に一度見ておこうと思ってさ、着のみ着のままで雪の降る塩沢から出て来たの。この歳になるとお金にも身なりにも興味がなくなって、ただ一生懸命生きている教え子の姿を見るのが、私には一番の楽しみでさ」と言って、東京の西多摩を走る青梅線の青梅駅に上村英先生（私が中学一年生の時の担任・塩沢町在住）が降り立ったのは、一九九一年一月九日の午前十時三十分頃だった。

英先生は、私が福祉文化活動として取り組んでいる多摩地区の心身障害児者の美術展「福祉ＭＹ　ＨＥＡＲＴ美術展」の第五回展（一九九一年一月九日〜十五日・青梅市立美術館）を見学したいということで、雪が降り積もる塩沢町から朝一番の電車に乗り、途中で上越新幹線、中央線青梅特快と乗り継ぎ、三時間余りの時間をかけて、美術展を訪ねてきてくれたのであった。私は嬉しい限りだった。

英先生は自分で言っていたように、着のみの普段着にゴム長靴の雪国姿で、どこから見ても塩沢の老婦人そのものであった。私と一緒に先生を出迎えていた妻は、その飾り気のなさに、「まあ、先生ったら」と一瞬驚いた様子だった。私は先生の普段着姿に、「教え子に無用の気遣いをさせてはいけない。塩沢からちょこっと足を伸ばして教え子の活動を見に来ただけ。教え子に手とり足とりで世話されるのは、息がつまりそうで私嫌なの」といった先生の気持ちが読みとれて、昔も今も変らない英先生の清貧な心情のすがしさに、中学生時代の懐かしい心持ちを感じた。

この時、英先生は私の母よりも四歳余り歳下と記憶しているので、七十八歳くらいではなかったかと思う。

「この人は寝たきりで手も足も動かんのに、絵をどうなさって描いたんだろうか。描く人の精神力も立派だが、この人をお世話している施設の先生方も偉いがね。この絵は何を描いているのか、私にはさっぱり分らん。でも一心に何かを描きたくて描いたんだろうと思う。

この花びん、粘土の形が実に自然にできていて立派なもんさ。色もよく焼き出されていて、とてもきれいだ。こういう花びんに、山から採ってきた花を活けてみたい。織物だってゴツゴツ、ブツブツした感じだけど、織る人の心が自然に表現されていていいわ。私は定年前に障害児学級を受け持ったことがあったけど、あの人たちが大人になって、こういう世界を表現できるようになる人がいるんだと思うと、何だかとてもいいものを見せてもらった気がするし、塩沢から出かけてきて本当によかったと思う」と、さしたる疲れも見せず、一つひとつの作品を丹念に鑑賞してくれた。

英先生は最高裁判事の子として東京に生まれ、長岡師範学校（新潟県）卒業後、「舞子小学校」（同県南魚沼市）の「舞子」という字の美しさに魅かれて教員赴任したのが、塩沢町に住むきっかけだったという。第五回展の作品の中からも、「舞子」に通じる美しさに出会えたのだろうか。

心の浮草2
恩師の愛

一九九八年十二月二十五日のクリスマスの日に、加茂農林高校農業土木科を卒業して以来二十六年ぶりに、新宿駅で「お前生きていたか」と万感の思いで私の手を握りしめ、再会を喜んでくれた高鍋昭夫先生が、その六年後の一九九四年六月十八日に、六十七歳の生涯を閉じてしまうとは夢にも思わないことであった。

高鍋先生は加茂農林高校（新潟県）、水戸農業高校（茨城県）の農業土木科教諭と長い教師生活の中で、入学から卒業までの三年間クラス担任を一番最初に受け持ったのが、私たちのクラスで、生涯忘れ得ないクラスだったと、再会の折に苦笑いで話してくれた。

新潟県の上・中・下越地方の各地からグリグリ坊主の男子五十五人が寄せ集められたクラスだったが、どいつもこいつも生きがよく、可愛い子ばかりだった。それだけに、暴力、飲酒、喫煙等の校則にふれる事件が多く、卒業時には四十五人に減ったが、お蔭でいまだに全員の顔を覚えていると言って笑った。

そんな悪たれ坊主のクラスであったが、誰一人として高鍋先生に怒鳴られたり、殴られたりしたものはいなかった。私はそのことが不思議でならなかった。教育的な愛情が深ければ深いほど、その怒りも大きいはずなのに。

「また一見平凡な彼の中には、かつて海軍兵学校（第七十六期生）という軍国少年のエリートコースに乗ったものの、敗戦による軍の解体により夢を砕かれた体験がありました。地球規模の歴史の変革点で、大きく人生の軌道修正を迫られました。やがて福島県の山中で開墾生活、東京農専での苦学、そして高校教師という道程の中で、彼は封じられた青春前期の栄光に、歴史的視野から問いつづけ、言葉にならぬ悲哀と悔恨の影を背負っていたことも確かです。生徒たちへのやさしさは、この人生体験から湧いたものでしょう。」と、高鍋あい夫人（小説家竹原素子・第三回長塚節賞受賞）からの七七忌の挨拶文（一九九四年八月）の一節で、その秘められた思いの何分の一かが分ったような気がした。

高鍋先生は「殴られて分るような単純なことだったら、最初からやるな」と言っては、私たちの悪事を悲しんだ。その悲しく曇る顔の表情で目を見据えられると、殴られる何倍もの痛みが、青春の心に突き刺さった。私はこの痛みを二度ほど経験し、五十四歳になった今もなお大事なものとして記憶している。

「新設の大学から土木科の教授に来てほしいと頼まれたけど、ぼくは研究室は性に合わないからと断ったんだ。教授になっていたら熊木君と再会することはなかっただろう。今でも断ってよかったと思っているよ」と高鍋先生は、私の家に泊った時（一九九三年十二月二日）、私にポツンと言ったことは忘れ難い。

「君は土木に向いてなかった。一度も自分で書いた製図を提出しなかったもんな。でも、今の仕事に自分の人生を見付けられたんだから、それで充分さ。来年また来るからね」と言って別れたのが、高鍋先生との永別になろうとは……。先生、ありがとうございました。

心の浮草3
恩師は姉のごとく

年齢のせいだろうか、春になると桜の花が妙に恋しく、懐かしくなる。思えば「これが桜の花か」と覚えたのは、小学一年生の春の遠足からではなかっただろうか。樺沢城（塩沢町樺野沢）に登って見た、本丸址の老木に咲く花の怪しいまでの美しさは、私の幼心をさくら色に染めぬいた。この城山の桜を村人は「樺桜」と呼んで親しみ、大事にしていた。

樺桜は「樺野沢」の城山に咲く桜だから「樺桜」なのだと、勉強嫌いの悪たれ坊主だった私は、自分勝手に思いこんでいた。そして、村里の桜の木肌に比べて城山の桜のすべすべした木肌の輝きは、「日本一の美しさ」に思えて、私の幼心に晴れがましさと誇りとを与えてくれていたように感じていた。

「まさのり、何してお前は先生を嫌うがだね。先生はお前のことばっかり考えていらんねぃがあて。範里や徹や孝一、詔夫のことだってあるし、千代子も満江もいるし、スミ子や洋子や輝子だって。先生は皆のことをいっぱい考えなくちゃんねぃがあよ。まさのりが強情はって悪いことばっかりしてると、皆だって勉強できなくなって困るがあよ」と、大島水恵先生（小学一、二、四年生の時の担任・六日町坂戸出身）のはるか遠い日の声が、桜の花のほのかな香りの中から蘇ってくるからなのだろう。

樺ざくら夕べの樹音となって散る　まさのり

私は朝な夕なに悪戯をしては母を困らせ、そのたびに母は「セツは利口な娘だった」と、私の直ぐ上の姉が肺炎に罹って三歳で亡くなったことを悲しんだ。私は母から叱られ、悲しまれる度毎に、亡くなった見知らぬ姉への思慕が強くなり、「利口なセツ」姉を夢想していった。

その夢想の姉の姿を、私は大島先生の中に求めようとしていたのかも知れなかった。だから大島先生は、私の幼心の中では、先生であると同時に「セツ姉ちゃん」でなければならなかったのである。何というヒネた悪たれ坊主であったことか。

ある日私は、どうしても授業が嫌になって我慢ができなくなり、教室から抜け出して学校の裏道から青大将（蛇）を掴えてきて、教壇に立っていた大島先生に投げつけた。先生は一瞬の出来事に青ざめ、「キャーッ」と泣き叫んだ。当時先生は六日町高等女学校を卒業して間もない頃で、二十歳前後ではなかっただろうか。教室は大騒ぎになった。私は騒ぎの中を一目散で逃げ出し、気がついた時には学校から五、六百メートル離れた樺野沢新田の神社に逃げこんでいた。その後、夕方まで昼寝をして過ごした。

何食わぬ顔で家に帰ると、蛇騒動は既に家に知らされていて、母に「この悪たれがまた先生を泣かして！」と鬼夜叉のごとくに怒られた。私は母を「ギュッ」と睨み返し、そのまま布団にもぐりこんで、夕飯を食べずに寝てしまった。翌日はケロッとして学校に行き、また、次の悪戯を何にしようかと考えていたのであった。

心の浮草14
鉄拳の恩師①

私は小学校時代を自分が生まれ育った樺野沢地区にあった塩沢町立樺野沢小学校で六年間過した。当時（一九五〇年代）の集落戸数は百数十戸で、全校児童は一〇〇人足らずだった。児童数が少ないため、複式学級で一・二年生、三・四年生、五・六年生の三教室で授業が行われ、担任の先生が一教室一人のため、一学年を教える時はもう一方の学年は先生から与えられた課題を自習するという授業方法であった。こうした授業ハンディを負いながらも、学力が他校に劣るということはなかった。私の学年は男五人、女五人の計一〇人だった。教室の中は皆兄弟、姉妹のような雰囲気だったためか、私は学校は大好きだったが、勉強は大嫌いを通し、授業時間の半分はボイコットして悪戯のしたい放題で、教室から抜け出しては集落中を遊びまわっていた。お蔭で小学校三年生になるまで、私は自分の名前が書けないほど皆から落ちこぼれたが、遊びや悪戯の想像力、運動力は集落の中学生にも負けない位に発達していたように思う。

そんな小学生時代を過した私が、少しだけ「勉強」ということに興味がもてるようになったのは、塩沢町立塩沢小学校、同栃窪小学校、同樺野沢小学校の三校が塩沢町立塩沢中学校で合流し、同学年生がいっぺんに二〇〇人近くに増え、もう落ちこぼれてはいられない、と思ったからではなかっただろうか。

私の悪戯心はバスケット部に入部し、放課後や土・日のバスケット部の練習や試合の汗となって発散されていった。汗をかくほどに私は私のペースで心が落着き、授業に落ちこぼれまいとする意欲を、少しずつ自分に感じはじめるようになっていった。

そんな時期に、私は社会科の長谷川新先生（上越市に在住で健在）から「世界史」を一年間教えてもらった。先生の授業の語り口は、ほんの少しだけ舌もつれが感じられ、それが私の耳には何ともいえない歯切れ

らしさを感じて、我を忘れて授業に引き込まれていった。

のよさに響き、あっという間に授業時間が過ぎてしまう感じだった。先生は骨太のがっしりした体格で、どう見ても体育の先生のように感じられた。「僕は正義を愛する男だから、正義に反する者は、この拳がとぶから覚悟しておけよ。空手（たしか、三段だと言っていた）で鍛えたこの拳には、針金も入っているんだからな。」と、最初の授業時間に自己紹介した話は忘れ難い。四角い顔に黒縁眼鏡の先生の目は、劇画の主人公のように鋭く、「ああ、大変な先生に出会ってしまった」と私は思った。

しかし、先生の授業に慣れるにしたがって先生の本心の優しさ、体格に似合わないロマンチストぶりが分り、私は知らず知らずのうちに、先生の授業が大好きになっていった。

「世界史」の中のそれぞれの歴史の中心人物像を説きあかすとき、先生はその歴史的なロマンとヒューマニティーを熱弁し、いつも自分の「正義感」をそこに滲ませていた。私はそんなところに長谷川新先生の男

心の浮草15
鉄拳の恩師②

「マケドニアのアレクサンダー（Ａｌｅｋｓａｎｄｒｏｓ・紀元前三五六〜三二三年）大王は、エジプトからインドまでを東方遠征し、大帝国を作った。アレクサンダーは征服した民を殺さず、東西文化の融合をはかって、ヘレニズム文化を誕生させた。僕は世界史の中で彼のような人物が一番好きだ」という旨の話を、長谷川新（一九二六年生まれ）先生は自分の正義感や人道主義観を織り混ぜながら、滔々と何時限も叙事詩を語るような口調で授業を続けてくれた。先生は大王になりきっていた。

私は小学生時代を村一番の悪戯坊主で過ごしてきただけに、先生の剛直な正義感や人道主義観の迸る話は、思春期の多感な私の心を擽ったり抓ったりしながらビンビン響いた。

私は知的障害者と施設生活の苦楽を共に過すようになって、社会的弱者に対し金や物、肩書きや地位で自分を誇示するような人物や場面に出会うと、無性に胸がムカムカしたり、骨髄の芯がローソクのように燃え立ってムラムラと熱くなってくるのだが、それはどうやら長谷川新先生の授業で養育された私の心の感性からなのかも知れない。

そんな思いを胸中に秘めながら一九九四年（平成六年）一一月二三日、「塩沢中学校第一一回卒業生同年会」（会場はグリーンプラザ上越ホテル）で三六年ぶりに先生と再会し、「先生のアレクサンダー大王の世界史、私にとっては忘れられない授業でした」と話すと、「覚えていてくれましたか。私も若気の至りで……ありがとう」と教師冥利の笑顔で、固くギュッと私の手を握りしめてくれた。

今年（一九九七年）の一一月八日にも同学年会（同ホテル）が開かれ、先生は上越市から駆けつけてくれた。「お互いに歳を重ねても、直ぐに塩沢中学時代に戻って話が出来るからいいですね」と、あの人、この人と入れ代わり、立ち代わりで思い出話を語っていた。
この会の後、先生から手紙をいただいた。
「(前略) 私も今、最後の学級担任であった一人の女生徒がベーチェット病のため二七歳で失明、絶望の淵から這い上がり、盲学校へ進学。全盲の男性と結婚、女性として生まれた以上、子育てをと願い、そのためアイメート協会に入会。盲導犬と出会い、夫に先立たれながら、明るく健気に生き、盲導犬との出会い以後を綴った「ベルナのしっぽ」を執筆。全国的な共感の中で啓蒙活動を続けている五三歳になる人のための支援を始めています。テレビ映画(大竹しのぶ主演)はクランクアップしたのですが、アニメ映画にして全国の子どもたちに見てほしいという署名運動です。(後略)(一二月六日消印)
私はこの手紙を読み、先生が七一歳の今日になってもなおかつ全力で、全盲という障害を負った教え子の人生を、教師愛、人間愛として受けとめ、その支援活動に東奔西走している姿が脳裡に浮かび、全身が熱くなった。そして、世界史の授業を通して私たちに教えてくれた先生の正義感と人道主義観が、教師という職業の語り草ではなく、人間長谷川新の人間性から語られた本物の教えであったことが、頭の悪い生徒だった私は五四歳にしてようやく分かったのである。また、障害をもつ人々への思いが、先生と私の心の奥底で繋っているように感じられ、私はあらためて教師と生徒との出会いの不思議さをも感じた。

心の浮草16
鉄拳の恩師③

勉強が大嫌いな私に、「やれば出来る」勉強への関心と自信を持たせてくれたのは、長谷川新先生（一九九六年に「動五等雙光旭日章」受賞）の「世界史」の授業だった。

その授業は教科書を数頁進んでは、教科書には書かれていない歴史のロマン、歴史のスペクタクルが何倍も語られ、私の頭の中を「スパルタカス」や「十戒」、「ベンハー」といった映画スクリーンに変えていく面白さと楽しさがあった。これらの歴史物語の映画は、高校生時代、大学受験予備校「早稲田ゼミナール」の学生時代に東京の有楽町や新宿の映画館で見たのだが、映画のところどころの映像が長谷川先生の授業の話と重なりあっていたように思えて、当時の私は「長谷川の野郎は俺達に凄いことを教えていたんだな」と思い、中学生時代の「世界史」授業の面白さを映画館のスクリーンに追体験していた。

そんな授業態度だったから、肝心の教科書のことには興味がなく、成績は悪かった。けれども、先生の教科書にはない歴史物語に私の勉学心は、知らず知らずのうちに目を覚ましていったし、授業に対する満足感も自分なりのレベルで深まっていたように思っている。

昨年末（一九九七年一二月二八日）に『ベルナのしっぽ』㈱イースト・プレス　一九九六年刊）の著者郡司ななえさん（上越市生まれ。東京都墨田区在住。二七歳のときにベーチェット病で失明）から電話を戴いた。

「私は郡司ななえと申します。はじめまして。突然のお電話でびっくりされたことと思います。私、長谷川新先生から熊木さんのことを紹介されまして、ひとことお礼を言いたくて電話をしました。（略）長谷川先生は熊木さんたちを教えた後、私たちの城北中学校（上越市）に来られて、私が三年生の時のクラス担任だったんです。先生はガッシリした体格に似合わず、とてもやさしい先生でした。先生は国語の大家で、私たちの国語の授業もとても楽しい時間でした。先生の〝ジャン・クリストフ〟（ロマン・ロランの小説）の話は一生忘れられません。熊木さんが感じたように、先生はロマンチストでしたよ。目が見えなくなった私を、先生が上杉神社に連れてってくれたことがありました。『ななえさん、上杉神社に遠足にきたことがあったでしょう。今あなたが立っている上杉神社は、昔と少しも変っていませんよ。日本海からの塩の香り、風の音、土の踏み足のやわらかさ、夕日の輝き、私とななえさんの間を流れる空気……。あなたにもよく見えるでしょう』と先生は言ってくれました。私はその時ほど、『ああ、私は長谷川新先生の教え子で良かった』と心底思いました。熊木さん、私たちはお互いにすばらしい先生にご縁があったんですね」

私は郡司さんの電話の話し声を聞き、夜勤明けのボーッとした頭の中の靄が一瞬にして晴れ渡っていく心地と、純な感動を覚えた。

「鉄拳の恩師」長谷川新先生の〝鉄拳〟（先生からいただいた手紙によると、「『空手は初段です。右手の小さな金具は、もっと若かった頃、生兵法で不要になった鋳造ストーブを拳で割ろうと、すじを切ったためです。まさに若気の至り、恥かしい限りです』ということでした。」は、私たち教え子に対する師弟愛、人間愛のシンボルであり、先生自身にとっては若き日の男のロマンのシンボルであったのかもしれない。わが頭上に一度も振り落とされたことはなく、今も私の心の中でその鉄拳は、彫刻されたままになっている。

あとがき

『人の道―わが師・わが友』は、友人竹中俊一郎さんに「熊木さんがこれまでの人生や福祉活動を通じて出会った人々について語っていただきます。熊木さんが長年実践されてきた『福祉MY　HEART美術展』活動に至る道でもあります」と、彼が編集発行している月刊個人誌「マイスタイル　広場」二〇一一年一月号で勧められ、同号から二〇二二年一二月号まで連載した随想文。連載中、書けば書くほどあの人、この人、あの日、あの時、あの場所でと、受けたあまたの恩愛、温情、恩恵が脳裏に浮き沈み、言い知れない懐かしさを覚えた。

『心の鏡―実川家の人々』は、知的障害者のケース担当として家族、家庭との交情を断片的に書き綴り、郷里である新潟県南魚沼地方の週刊タウン紙「魚沼新報」（一九〇一年創刊）に〇六年三月三日から一〇月二〇日号まで連載したもの。

『心の鏡―想えば友よ』は、知的障害者施設作りに奔走し、若くして急逝した後輩の志と交情を思い出すままに書き連ね、同紙〇五年一月一日から〇六年二月二四日号まで連載したもの。

『心の浮草―恩師』は、やはり同紙に心身障害者福祉活動を連載した随筆文の中から、小学校、中学校、高等学校の恩師についてのみ抜粋（九七年六月から九八年一月までの間）したもの。いずれも意を尽くせず中途半端な文になっていた。

表紙の題字と裏表紙絵（著者の似顔絵と言っていた）は、書家・岡本光平さんに寄せていただいた。表紙絵は、Ｓｅｖｒｉｎｅ　ＢＩＳＥＲＡＹ（Ｉ．Ｒ．Ｍ．Ｅ　Ｌｅｓ　Ｆｉｏｒｅｔｔｉ・ＲＩＣＨＥＬＩＥＵ　ＦＲＡＮＣＥ）さんに寄せていただいた。本書の編集、発行では、編集部岡野洋士さんに労をとっていただいた。三人に御礼申し上げます。

二〇二四年一月　　熊木正則

略歴

熊木正則（くまき　まさのり）

1943年　新潟県南魚沼市（旧塩沢町）樺野沢生まれ。加茂農林高校卒業（61年）。日本大学中退（3年後期・64年）。東洋大学卒業（71年）。

知的障害児者施設「友愛学園」成人部生活指導員（73～2003年）。東京都社会福祉協議会の月刊公報誌「福祉広報」編集モニター委員（86～88年）。日本知的障害者福祉協会の「入所更生施設あり方研究会」協力委員（94～96年）。心身障害児者の美術展「福祉MY　HEART美術展」実行委員会結成、運営委員長（86～12年）。「NPO法人マイハート・インターナショナル」（障害者芸術・文化・国際交流）設立、代表理事（03～13年解散まで）。「MY　HEART日仏国際交流展」（96年、07年フランス・トゥール市）日仏共同開催。日仏作品交流（87～12）。「パラリンピックを迎え――2008中国・日本・フランス知的障害者芸術作品展」（08年中国上海市）日中共同開催。日中作品交流（08～12年）。「アジア・パラアートTOKYO」アドバイザー（主催日本チャリティ協会・09年、13年）。「パラアート全国展」シンポジスト（同・10年）。「パラアートTOKYO」運営委員（同・16年）。このほか心身障害児者の個展、グループ展など多数開催。NHK障害福祉賞優秀賞（NHK・NHK厚生文化事業団＝88年）。毎日郷土提言賞最優秀賞（感想文の部・毎日新聞社＝94年）。知的障害者福祉事業功労者賞（日本知的障害者福祉協会＝94年）。読売プルデンシャル福祉文化賞奨励賞（読売新聞社・読売光と愛の事業団＝04年）。青梅市功労者表彰（青梅市＝01、11年）。社会ボランティア賞（ソロプチミスト日本財団＝07年）。福祉文化実践学会賞（美術展活動団体として。日本福祉文化学会＝12年）等受賞。青梅市日本中国友好協会員。日本福祉文化学会員。日本ペンクラブ会員。共同研究・分担執筆書『入所更生施設のあり方に関する報告書』（日本知的障害者福祉協会）、『地域社会と福祉文化』（日本福祉文化学会・明石書店）、『施設における文化活動の展開』（あすはの会・文化書房博文社）ほか。エッセー集に『心の花』（審美社）、『心の星』（同）、『娘に乾杯』（同）、『一語一絵』（文化書房博文社）がある。

人の道

2024年3月20日　初版発行

著　者　　熊　木　正　則

発行者　　鈴　木　康　一

発行所　株式会社　文化書房博文社

〒112-0015　東京都文京区目白台1-9-9

電話（03）3947-2034

FAX（03）3947-4976

URL: http://user.net-web.ne.jp/bunka/

印刷・製本　昭和情報プロセス株式会社

乱丁・落丁本はお取替えいたします。

ISBN978-4-8301-1329-1 C0036